Mes braves amis, vous allez me faire l'amitié de trinquer un coup avec moi. — Page 38 .

LA PLACE DES TERREAUX

PAR

ALPHONSE BROT

I. — JÉRÔME ET SÉBASTIEN

Laon est une belle ville dans le département de l'Aisne, dont elle est le chef-lieu, bâtie sur une haute montagne ; son origine date de plusieurs siècles, et tout porte à croire qu'avant de devenir ville, elle fut d'abord forteresse. Assise sur le sommet d'un mont immense, elle semble regarder l'étendue de pays qui forme une vaste ceinture autour d'elle, les campagnes et les riches pâturages qui rampent à ses pieds, et l'Aisne qui les fertilise. Les rues y sont larges, la population aisée et l'air vivifiant. Laon, outre ses remparts naturels, a ses fortifications qui la rendent inexpugnable ; ses promenades du côté des champs, sa cathédrale, qu'on peut regarder comme la sœur puînée de Notre-Dame. L'horizon que le regard embrasse se prolonge à l'infini, et ne s'arrête qu'à Reims, après avoir laissé devant lui Saint-Quentin ; vivre là, c'est vivre deux fois. Cependant, quelque beau, quelque majestueux, quelque sublime que soit le spectacle que vous contemplez de la ville, il n'est un autre plus sublime encore, et d'une majesté plus poétique ; c'est celui qui s'offre à vous lorsque le soir, par une nuit claire et calme, vous arrivez de la campagne dans la cité.

Par une belle soirée du mois de juin, il y a cinquante ans environ, deux hommes qui avaient quitté, vers les neuf heures, le petit bourg de Notre-Dame de Liesse, suivaient la route qui conduit à Laon, chevauchant quelquefois à travers les prairies verdoyantes, afin d'abréger leur chemin. Le premier était un homme dont le visage hâlé annonçait quarante-cinq ans au moins, grand, robuste, vêtu d'une redingote brune, portant sur sa tête un chapeau de cuir verni, et ayant à la main un grand fouet garni en argent. Il montait une grande jument normande, au poil rude, fringante encore, et qui trottait convenablement sans le secours de l'éperon. Le cavalier qui l'accompagnait, âgé de vingt ans à peine, portait un habit noir taillé avec quelque élégance, un chapeau dont la forme triangulaire indiquait qu'il devait recouvrir le chef d'un homme de robe, une cravate blanche nouée négligemment autour du cou, et une culotte de drap noir ; ses mains étaient d'une finesse et d'une blancheur aristocratiques ; ces deux hommes formaient, quoique paraissant tous deux appartenir à la petite bourgeoisie, un étrange contraste.

Ils chevauchaient silencieux, l'un à côté de l'autre. Le jeune homme semblait perdu au milieu de riantes pensées, à en juger par son visage doucement épanoui ; son camarade était grave. Parvenus à moitié route, ils prirent un chemin à gauche, et tout à coup apparurent à leurs regards la ville géante et son imposante cathédrale. La soirée, comme nous l'avons dit plus haut, était belle ; un air embaumé et limpide courait autour d'eux ; les oiseaux, cachés sous la feuillée, faisaient entendre leurs derniers chants ; quelques paysans attardés passaient d'intervalle en intervalle, chargés de leur besace, et s'en retournaient à leur cabane.

— Eh bien ! Sébastien, — dit enfin le plus âgé des deux au plus jeune, — à quoi donc penses-tu, depuis une demi-heure que tu n'as pas desserré une seule fois les dents ?

Sébastien tressaillit en entendant la voix de son compagnon, et lui répondit bientôt.

— Je pense, monsieur Delaunay, que nous avons devant les yeux un bien beau spectacle.

Et, en prononçant ces mots, il étendit la main, comme pour désigner la ville qui se dressait devant eux, au milieu de la nuit sereine, avec ses maisons, ses édifices et ses remparts.

— Ah! c'est à cela que tu songes? — interrompit Delaunay.

— N'est-ce pas magnifique? Voyez, des nuages couleur d'argent forment comme un cortége à la lune, et projettent des lueurs fantastiques sur cette ville silencieuse et endormie au-dessus de nos têtes.

— Ce peut être fort beau, — répliqua Delaunay; — mais j'ai parcouru si souvent le chemin de Notre-Dame de Liesse à Laon; j'ai tant vu de fois ce que tu admires aujourd'hui, que je n'y fais plus attention. Et puis, je te l'avouerai, Sébastien, mes affaires m'intéressent bien autrement que la lune et les nuages... C'est vrai pourtant, — dit-il bientôt et en s'interrompant lui-même, — ce spectacle est fort beau, et, sans ton observation, je ne l'eusse point remarqué.

Dans ce moment, en effet, les nuages qui faisaient une auréole à la lune s'étaient dissipés peu à peu. Un vaste manteau bleu tout parsemé d'étoiles semblait jeté sur le firmament, et du milieu de cet or et de cet azur surgissait Laon, comme un monde enchanté. La cathédrale, la première, s'offrait aux regards; sa tour colossale et noircie se découpait majestueusement sur le ciel, et des éclats de lumière qui venaient la frapper en tous sens ajoutaient à la magnificence du tableau.

Et à mesure que les voyageurs approchaient, à mesure les objets, d'abord indécis, prenaient pour eux une forme distincte; toute la ville enfin leur apparut, avec ses maisons, avec ses grands arbres qui entourent les promenades, avec son terrain sablonneux et couvert de broussailles, et sa montagne coupée par les mille routes qui conduisent à son sommet.

— Et notre fille, Sébastien, tu n'y as donc pas songé une seule fois? — dit M. Delaunay à son compagnon.

Sébastien leva la tête et ne répondit pas.

— Ecoute, — continua Delaunay, — faut être franc, mon garçon: je suis riche, c'est vrai; toi, tu n'as que ton intelligence et ton courage, c'est vrai encore. Tous deux nous sommes enfants de pauvres gens, c'est connu; moi, j'ai fait mon chemin en travaillant sans relâche, et toi, tu as acquis, aussi à force de travail, assez de talent et d'instruction pour arriver un jour à la fortune. Tu es venu, il y a un an, me trouver, et tu m'as dit: « Père Delaunay, Marie est une belle et bonne fille, je l'aime, je crois que je la rendrai heureuse si vous voulez me la donner pour femme: voulez-vous que je tâche de me faire aimer d'elle? » Je t'ai serré la main, et je t'ai répondu: « Mon garçon, fais-toi aimer de ma fille, épouse-la, rends-la heureuse, et c'est bien. »

Et pendant que Delaunay parlait ainsi, Sébastien l'écoutait et semblait.

— Le lendemain, tu es revenu à ma ferme, le surlendemain aussi, puis tous les jours, et j'ai cru m'apercevoir que tu n'étais pas indifférent à Marie; cela m'a mis du baume dans le cœur, parce que j'aime mon enfant plus que ma vie, vois-tu, arce que toi, je t'estime, et que je me suis dit: « Sébastien ne me trompera pas, Marie sera heureuse avec lui, et son bonheur, c'est le mien! » Oui, j'avais pensé cela il y a encore un mois, mais aujourd'hui...

— Eh bien! aujourd'hui? — interrompit Sébastien.

— Je pense différemment.

Sébastien le regarda avec quelque étonnement.

— Que dites-vous, monsieur Delaunay? — répondit-il.

— D'abord, tu m'ennuies, tu m'irrites, tu me fais mal en me disant: monsieur Delaunay; dis monsieur à un étranger, à un homme que tu ne connais pas, dont tu ne dois point épouser la fille; mais moi, ton ami, ton vieil ami, l'ami de ton père, moi, ton futur beau-père, dis-moi Delaunay tout court, j'aime mieux cela.

— A quoi pensais-tu donc, père? — reprit le jeune homme.

— C'est cela, c'est bien cela, — répliqua Delaunay; — à la bonne heure donc. Qu'on fasse des cérémonies chez les grands, chez les nobles, chez les marquis, comme dans la famille de celui où nous allons ce soir, ça se comprend, ils ont tant de biens en superflu, qu'il est de toute justice qu'il leur manque au moins un bonheur, celui de s'aimer, de se le dire! mais nous, qui ne sommes ni gentilshommes, ni nobles, ni marquis, ni ducs, nous, auxquels il manque tant de choses, qu'on nous laisse du moins une bonne amitié, une bonne affection, et de douces paroles pour l'exprimer. Mais j'arrive droit à mon but: serait-il vrai, garçon, que depuis quelque temps tu aimerais moins ma fille, ma bonne Marie, qui pourtant t'aime toujours?

— Et qui a pu vous le faire supposer, père? — répondit le jeune homme.

— Il ne faut pas être bien clairvoyant pour cela; nous faisons route ensemble ce soir, et toi, qui pendant un an m'as parlé sans cesse de mon enfant, ce soir tu n'en as rien dit, tu n'as même pas prononcé son nom; je parierais même dix écus, oui, dix écus, que tu n'as pas pensé une fois à elle...

— Une fois, non; mais cent fois, mais mille fois, mais toujours, mais depuis notre départ de Liesse jusqu'au pied de cette montagne!

— Bien vrai, Sébastien?...

— Si c'est vrai, père Delaunay! mais à quoi eussiez-vous voulu que je songeasse? à ce marquis de La Fare, chez lequel je vais pour examiner si ses baux sont convenablement faits? à la cause que j'ai plaidée hier à Reims? à celle dont je m'occuperai demain?...

— Donne-moi ta main, mon fils, — interrompit Delaunay, — que je la serre encore dans la mienne.

Ils étaient arrivés au bas de la montagne tout en achevant ces paroles. Delaunay descendit de cheval, Sébastien en fit autant; tous deux prirent leur monture par la bride et suivirent le sentier étroit et ardu qui conduit à la ville.

II. — UN REGARD EN ARRIÈRE

Jérôme Delaunay était, comme lui-même prenait souvent soin de le dire avec quelque vanité, fils d'un pauvre garçon de ferme des environs de Saint-Quentin; le hasard l'avait placé, à l'âge de douze ans, dans la métairie d'un riche cultivateur du Mont-Bérand, petit village à une lieue et demie de Laon. Intrépide travailleur, franc, honnête, son maître l'avait remarqué, et de garçon d'écurie le transforma en intendant; le zèle que l'humble garçon d'écurie avait apporté à son dur travail, l'intendant l'apporta dans ses fonctions nouvelles; malheureusement son patron essuya plusieurs mauvaises années, la grêle détruisit ses récoltes, l'incendie dévora ses fermes, et le riche cultivateur fut ruiné; ruiné! et il avait auprès de lui une fille qu'il avait élevée dans une aisance presque luxueuse. Que fit Jérôme? Il travailla sans relâche afin de relever la fortune de son bienfaiteur; s'il n'y réussit pas complétement, au moins il parvint à lui gagner un morceau de pain pour ses vieux jours; tout cela fut fait si noblement, si grandement, que Clara, qui se savait aimée de Jérôme, bien qu'il n'eût jamais prononcé un mot qui pût trahir son secret, lui demanda un jour s'il voulait l'accepter pour femme.

C'était la reconnaissance qui l'avait amenée là, mais la reconnaissance toute seule; Clara n'aimait point Jérôme.

Un autre, à sa place, fût tombé aux genoux de celle qu'il adorait en silence depuis tant d'années; Jérôme comprit que si Clara, belle, jeune, bien élevée, s'en venait lui dire à lui, ancien valet de son père, à lui pauvre diable, qui n'était ni beau, ni riche, ni instruit: « Jérôme, voulez-vous devenir mon mari? » il comprit, qu'en agissant ainsi, elle cédait à un sentiment profond de gratitude, et comme, tout en l'aimant, il avait senti l'énorme et infranchissable distance qui les séparait, et que toute son ambition de bonheur n'avait jamais été au delà d'une adoration silencieuse et éternelle, il regarda Clara sans pâlir, et lui répondit d'une voix qui ne trahissait ni amour, ni émotion: — Mademoiselle, je ne me marierai qu'avec la femme que j'aimerai; je vous remercie d'avoir jeté les yeux sur moi, mais je ne vous aime pas.

Et ces paroles, il les avait prononcées avec calme, avec indifférence. Clara se retira sans répondre, mais non pas sans avoir compris toute la sublimité de cet homme si épais et si grossier en apparence. Quand elle fut partie, Jérôme courut s'enfermer dans son grenier, sanglota comme un enfant, et, pour la première fois, il songea qu'on pouvait se tuer.

Alors, il s'efforça de lutter contre sa passion; ce fut vainement, elle était plus forte que sa volonté. Enfin, un jour, il résolut de quitter le pays, de s'en aller loin, bien loin, et de mourir; mais, la veille de ce jour, Clara se présenta de nouveau à lui, et, lui prenant la main, d'une voix tremblante lui dit: — Jérôme, vous ne voulez donc pas devenir mon mari?

Jérôme sentit comme du feu dans sa tête; un nuage épais, confus, passa devant ses yeux; mais il lutta encore, et, s'appuyant contre un escabeau, puis baissant les yeux, il répondit tristement: — Mademoiselle, promettez-moi de ne pas vous marier?

A peine eut-il achevé ces mots qu'il comprit que c'était un aveu, et il s'enfuit.

Cependant il avait renoncé à son projet de départ: voir Clara, c'était vivre; s'en éloigner, c'était mourir; il demeura donc auprès d'elle, mais sans lui parler jamais de ce qui s'était passé, de ce qui s'était dit.

Deux mois s'écoulèrent; le père de Clara mourut subitement, et Jérôme n'abandonna pas sa fille. Un an après, il était parvenu, à force de tendres soins et de sages paroles, à adoucir un peu sa douleur. Ce fut vers cette époque que Clara, un matin, dit à son ami qu'elle voulait lui parler; puis, l'ayant conduit dans sa chambre, elle le fit asseoir près d'elle et lui dit: — Jérôme, voulez-vous que je sois votre femme?

— Jamais! jamais! — s'écria Jérôme.

— Mais vous ne m'aimez donc pas? — répondit-elle.

— Eh! cela suffit-il, mademoiselle?...

— Oui, Jérôme, car...

D'abord, elle n'osa achever, mais bientôt elle releva avec orgueil sa belle tête pâle, fixa ses grands yeux remplis de douces larmes sur le pauvre Jérôme qui attendait, la bouche ouverte, le cœur palpitant... — Car je vous aime, moi, — reprit-elle.

Quelques semaines plus tard, Jérôme et Clara étaient mariés; dix mois après, Marie vint au monde, et sa naissance donna la mort à sa mère; Jérôme la pleura longtemps. Il était jeune, plusieurs mariages avantageux s'offrirent à lui: il les repoussa, et l'amour qu'il avait porté à Clara se changea en une pieuse affection qu'il reversa tout entière sur son enfant.

Après de longues années de probité et d'un travail assidu, il se trouva possesseur d'une fortune honnête. Marie était devenue grande; il songea à la marier, rencontra Sébastien Dupuis et la lui promit pour femme.

Sébastien, ainsi que Jérôme Delaunay, était fils d'un garçon de ferme; son père, après avoir longtemps vécu dans la pauvreté, fit un petit héritage qui lui permit d'acheter un moulin; alors il songea à l'hymen. Une fille des environs, nommée Janiquette, qu'il aperçut un soir à la danse, le captiva au point qu'un mois après on publiait leurs bans à l'église. Janiquette était une jolie fille, accorte, au teint rose, à l'œil lutin et aux allures dégagées; les amis de Jean Dupuis lui firent nombre de représentations afin de le détourner de ce mariage, dont ils ne prévoyaient rien de bon; mais Jean était amoureux fou, et il se maria. Dès lors Jean n'eut plus un instant de bonheur; il aimait jusqu'à l'adoration Janiquette, qui ne l'aimait point et l'avait épousé par calcul; et la nouvelle mariée continua sa vie dissipée de jeune fille. Jean essaya des observations : on ne les écouta point; il voulut user de son autorité d'époux, on le menaça de le quitter, et le pauvre homme, afin d'éviter le scandale, ferma les yeux sur les actions de sa femme.

Cependant, après une année de mariage, elle devint mère d'un fils, de Sébastien; et Jean, qui avait souffert en silence, espéra que la naissance de cet enfant rappellerait Janiquette à ses devoirs; pendant quelques mois, en effet, elle parut vouloir changer de manière de vivre; elle renonça à la danse, aux promenades, aux plaisirs; Jean s'en réjouissait déjà, lorsqu'un soir, en rentrant chez lui, plutôt qu'on ne l'attendait, il crut entendre une voix appeler sa femme. Surpris, il se jeta derrière un massif d'arbres, et il vit bientôt la fenêtre s'ouvrir, puis Janiquette s'en approcher et répondre à la voix : — Est-ce vous?

— C'est moi, — reprit-on à voix basse; — il est entré dans son moulin, et j'en ai profité pour venir.

Ces paroles pénétrèrent comme une pointe acérée dans le cœur de Jean; un instant, il eut la pensée de se jeter sur eux, puis il réfléchit que rien ne justifierait cette violence, et il attendit encore.

D'autres pas approchèrent; l'homme s'enfuit, et Jean ne put apercevoir son visage. Il ne tarda pas à frapper à sa porte; Janiquette vint lui ouvrir : il la regarda, lui dit bonsoir, et ce fut tout.

Dès ce jour, tout bonheur fut détruit pour lui; la jalousie, l'horrible jalousie, empoisonna sa vie. Vingt fois dans une matinée, sa femme le voyait arriver au moment où elle s'y attendait le moins; elle s'étonnait parfois de l'altération de son visage, et lui adressait des questions auxquelles il refusait de répondre; la nuit, au moindre bruit, il se levait, s'armait de son fusil et faisait le tour de son enclos; souvent il annonçait à Janiquette que des affaires le réclamaient à la ville, et qu'il ne serait de retour que bien avant dans la nuit; puis, dès que la brume commençait à tomber, il revenait en toute hâte, respirant à peine, à demi mort d'émotion et de crainte, se glissait comme une ombre derrière son mur, l'escaladait avec précipitation, s'approchait à pas sourds de sa maison, collait son oreille contre la porte, écoutait avec anxiété, et tout à coup se montrait aux yeux de sa femme épouvantée; et, la voyant tremblante, il lui demandait la cause de cet effroi, et quand elle avait répondu, il se retirait en silence et parcourait sa maison depuis le grenier jusqu'à la cave.

Janiquette, après avoir longtemps cherché à comprendre la conduite de son mari, le soupçonna enfin d'être jaloux; on en arriva bientôt à des explications; elles furent terribles des deux parts. Janiquette, dans un moment d'exaspération, déclara qu'on aurait beau l'épier, la surveiller, l'espionner, elle n'en ferait pas moins à sa guise. Jean alors s'arma d'un couteau, et menaça sa femme de la tuer si elle ajoutait un mot de plus à ce qu'elle venait de dire.

Le mal, certes, était grand, mais il n'eût pas été sans remède si Janiquette eût voulu recourir à la douceur pour ramener son mari. Je n'ai pas ici l'intention d'essayer de justifier la jalousie; c'est une maladie horrible, absurde même, et également fatale à celui qui l'éprouve et à la personne sur qui elle retombe; absurde, en ce qu'une femme aime ou n'aime pas; si elle n'aime pas, la jalousie dont elle est l'objet peut-elle lui donner de l'amour? Loin de là, elle change l'indifférence en haine. Je dirai toutefois que la jalousie est presque toujours la preuve d'un attachement sincère et profond. Or, il est toujours facile à une femme aimée de reconquérir l'amour d'un homme jaloux. Janiquette ne fit rien pour rétablir le calme et la bonne intelligence dans son ménage, et Jean sentit que son bonheur était détruit à tout jamais. Il est vrai pourtant que n'importe à quelle heure il rentrait, il ne lui arriva jamais de surprendre quelqu'un auprès de sa femme, mais le soupçon était dans son cœur et il ne pouvait l'en arracher. Son visage, frais et rond, en quelques mois pâlit et s'amaigrit; ses yeux brillants perdirent leur éclat, et après deux années de mariage il était devenu méconnaissable aux regards de tous; personne n'osait lui demander les motifs de cet étrange changement, chacun d'ailleurs les comprenait, et le plaignait.

Une circonstance horrible, épouvantable, inouïe, acheva de troubler sa raison à demi égarée, d'affaiblir ce corps si robuste.

Depuis que la mésintelligence avait amené Jean et Janiquette à des explications, et que des menaces réciproques en étaient résultées, ils convinrent de continuer à vivre toujours comme mari et femme aux yeux du monde, mais l'un vis-à-vis de l'autre comme deux étrangers; ce divorce moral avait beaucoup coûté à Jean, et cependant il l'avait proposé afin de s'assurer de la valeur de l'attachement de sa femme pour lui. Janiquette avait accepté avec joie, et Jean, trop engagé d'amour-propre et de dignité conjugale, avait courbé la tête sans proférer une plainte, sans verser une larme, et renfermant sa douleur profonde dans son âme mutilée. Or, lorsqu'eut lieu l'événement dont nous allons entretenir nos lecteurs, il y avait déjà quatre mois que durait entre eux ce divorce proposé et convenu.

Un matin donc que Jean s'en allait à son moulin, la tête toute remplie d'idées sombres, une femme dont autrefois il avait refusé la main s'en vint auprès de lui, et après l'avoir retenu quelque temps, lui dit : — Ah çà, maître Jean, nous allons donc devenir papa une seconde fois?

Jean devint blanc comme un linceul, et son visage se contracta horriblement; la femme qui lui avait adressé la parole s'en aperçut et lui dit : — Qu'avez-vous donc?

— Rien, — répondit Jean.

Et il continua sa route.

Une heure après, il inventa un prétexte, rentra chez lui, et examina attentivement sa femme; mais, ne découvrant rien, il pensa que la question de sa voisine n'était qu'une plaisanterie.

III. — LA CATASTROPHE

Jean s'aperçut bientôt avec terreur que sa femme changeait à vue d'œil, et que son visage se couvrait de jour en jour d'une pâleur maladive. Souvent deux et trois fois par jour elle éprouvait le vertige et se plaignait d'une souffrance dont il ne pouvait se rendre compte.

— Janiquette, — lui dit-il un soir, — demain j'irai chercher le médecin et il te guérira.

La malheureuse femme, en entendant ces paroles, sentit ses genoux ployer sous elle, et elle s'évanouit; Jean parvint, après de longs efforts, à la rappeler à la vie.

Il la coucha sur son lit, puis prit son chapeau de paille, son bâton et se dirigea vers la porte. Janiquette se dressa alors sur sa couchette, et d'une voix faible, mais remplie de terreur, lui demanda pourquoi il sortait si tard.

— C'est que, toute réflexion faite, — répondit-il, — il vaut mieux que j'aille chercher le médecin ce soir; ton état m'inquiète, et je ne pourrais dormir tranquille.

— Je vais beaucoup mieux, attends jusqu'à demain; si demain je suis malade, tu iras le consulter.

— J'y vais de ce pas, — interrompit-il; — car, ce n'est pas un motif parce que tu ne m'aimes plus, pour que je te laisse mourir; je veux faire mon devoir...

Il mit la main sur le pêne; Janiquette se leva alors, courut à lui, et lui dit : — Je te défends d'aller chez le médecin!

— Pourquoi ça?

— Je t'en prie, n'y va pas.

— J'irai.

— Mais il est trop tard!

— C'est demain peut-être qu'il serait trop tard, Janiquette, et je ne veux rien avoir à me reprocher.

Il entr'ouvrit la porte; sa femme le retint avec force par ses habits...

— Laisse-moi donc sortir, — lui dit-il.

— Encore une fois, je ne veux pas que tu y ailles, — interrompit-elle; — tu me tueras, mais tu n'iras point.

La terreur, l'émotion, lui donnaient des forces presque surnaturelles; elle ramena son mari jusqu'au milieu de la chambre, retira la clef de la porte, la serra dans son tablier, et s'assit ensuite sur une chaise.

— Qu'est-ce que tout cela signifie? — dit enfin Jean, dont le visage était devenu presque aussi pâle que celui de sa femme; — tu me caches quelque chose que je veux connaître. Pourquoi m'empêches-tu de me rendre chez le médecin?

Janiquette garda le silence.

Jean se leva, et répéta ces mots d'une voix solennelle : — Pourquoi m'empêches-tu de me rendre chez le médecin?

Janiquette joignit les mains.

— Pourquoi m'empêches-tu de me rendre chez le médecin? — dit-il pour la troisième fois.

Janiquette tomba à genoux.

— Parle! parle! — s'écria Jean.

Janiquette se leva rapidement, courut à une hache, la prit, et la mettant aux mains de son mari : — Tue-moi, — lui dit-elle; — car je t'ai trompé, car je suis enceinte!

— Enceinte! — s'écria Jean; — oh! malheureuse!

Il prit la hache, la suspendit un instant sur la tête de sa femme; Janiquette, agenouillée, semblait résignée; son visage était calme, elle attendait la mort sans terreur. Le bras de Jean s'abaissa lentement; il regarda cette femme qu'il avait tant aimée, puis jeta la hache bien loin de lui, releva Janiquette et lui dit : — Je ne serai point aussi lâche que vous, je ne vous tuerai point.

Il lui demanda la clef, ouvrit la porte, sortit, et le lendemain il avait le courage d'annoncer partout qu'il allait devenir père pour la seconde fois.

Cependant il s'était promis de se venger; mais comment découvrir celui qui l'avait déshonoré? Demander son nom à sa femme, il savait qu'elle refuserait de le lui apprendre; publier sa honte afin d'en arriver à connaître cet homme, jamais; il eût préféré mourir cent fois!

Le hasard lui révéla tout.

À la suite d'une fête, un jeune homme de Laon, pris d'ivresse, parla de Jean, vanta beaucoup sa femme; bref, quelques paroles imprudentes lui échappèrent : elles furent rapportées au mari par un de ces amis prévenants qu'on rencontre partout, et Jean ne remit pas au lendemain sa vengeance.

Le soir même il se rendit à Laon, demanda le jeune homme, et quand il fut en face de lui il lui dit : — Je viens pour te tuer ou pour que tu me tues.

L'autre essaya d'entrer en explications.

— Je ne veux rien entendre, — continua Jean; — tu m'as déshonoré, je te tuerai ou tu me tueras! défends-toi!

Il tira de dessous sa blouse deux haches, en jeta une aux pieds du paysan, et s'arma de l'autre.

Le jeune homme voulut appeler au secours.

— Si tu cries, — continua Jérôme, — tu es mort!

Comprenant qu'il n'avait rien à gagner, il s'arma de la hache, et le combat commença. Au bout de quelques minutes, Jean tomba baigné dans son sang.

Sa blessure n'était pas mortelle, mais lorsqu'il revint à la vie, il avait perdu la raison. Janiquette accoucha d'une fille, et mourut peu de temps après; son amant, traduit devant un tribunal sous l'accusation de meurtre, fut condamné à une détention perpétuelle; Jean, après avoir traîné plusieurs années une vie misérable, rejoignit sa femme, laissant son fils dans la misère, et chargé de l'enfant de Janiquette.

Un meunier du voisinage recueillit dans sa maison Sébastien et Marguerite; comme Sébastien annonçait une grande aptitude au travail et d'heureuses dispositions, on le mit à l'école. Puis, de là, il passa au collège de Reims, puis chez un procureur, puis il se fit recevoir avocat.

Lorsqu'il eut atteint sa dix-septième année, il retira sa sœur de chez le meunier qui l'avait élevée, et la fit venir à Reims; mais Marguerite était atteinte d'une de ces maladies fatales qui tuent dans leur germe tant de belles existences: elle mourut d'une maladie de poitrine à l'âge de dix-huit ans. Sébastien l'aimait, il la pleura.

Vers cette époque, il se rendit pour affaires à Notre-Dame de Liesse, fit la connaissance du père Jérôme, aperçut sa fille Marie, se prit d'amour pour elle, la demanda en mariage et l'obtint.

Deux mois encore, et cet hymen si ardemment désiré de Sébastien et de Marie allait se conclure.

IV. — UN MARQUIS D'AUTREFOIS

Le duc de Beaufort était un de ces hommes dont l'histoire et les mémoires surtout nous ont conservé le portrait; c'était un de ces nobles seigneurs dont tout le mérite consistait dans de vieux parchemins qui dataient des croisades l'illustration de sa famille. Celui dont nous allons parler ici avait vécu longtemps à la cour, s'était, à la faveur de son nom et de la souplesse de son caractère et de ses principes, faufilé jusque dans l'antichambre de la Dubarry, et fait le prôneur du cardinal Dubois, qui l'en avait récompensé par des places et des pensions. Le duc de Beaufort avait noblement perdu une partie de sa fortune, étant jeune, dans des tripots; il avait songé d'abord que l'état militaire lui convenait, et grâce à mille génuflexions, il était parvenu à se procurer un régiment; mais bientôt, las de cette existence, il avait obtenu la permission de vendre son régiment, et s'était marié avec une maîtresse inavouée de Louis XV. C'était ainsi qu'autrefois la plupart des grands seigneurs faisaient leur chemin, et le duc de Beaufort espéra bien faire le sien, en prenant le déshonneur pour marchepied de sa grandeur future.

Trompé dans ses calculs, et n'ayant recueilli pour prix de sa bassesse qu'humiliations et sarcasmes à la cour, dégoûté du pénible métier de solliciteur, qu'il avait exercé presque sans fruit pendant vingt années, il songea enfin à prendre ses invalides, et à se retirer dans une espèce de château faisant partie de la dot de sa femme; et un beau matin il quitta la capitale et partit pour Laon, bien décidé à y achever dans la retraite ce qu'il lui restait d'années encore à vivre.

Le duc était devenu père de deux enfants, un garçon et une fille. La fille fut placée dans un couvent, et rien ne fut négligé pour l'éducation du fils, dont son noble père se chargea; c'est dire assez qu'il n'enseigna rien, ou peu de chose du moins, à monsieur le marquis Ernest de Beaufort, son héritier. De tout ce qui était sciences, lettres, beaux-arts, monsieur le marquis ne s'en occupa nullement; mais en revanche, il savait parfaitement déchiffrer les blasons de sa famille; et il aurait pu dire au besoin, à l'âge de sept ans, de quelle année datait la première lettre de noblesse octroyée à ses ancêtres. Son père ensuite se donna beaucoup de peine pour lui apprendre que les nobles et le peuple formaient deux espèces d'hommes bien distinctes; que l'une était venue au monde pour obéir à l'autre, lui payer des taxes, la dîme, etc. Dès l'âge de douze ans, le marquis était un enfant accompli: il avait déjà tiré deux fois sur de pauvres paysans qui traversaient ses terres sans permission; et il n'avait pas atteint sa seizième année qu'il était déjà passé maître en fait de séductions, et que chacun dans les environs le redoutait.

Du reste, le marquis Ernest de Beaufort avait, il faut en convenir, une figure charmante, les plus beaux yeux noirs du monde, une tournure des plus séduisantes, et des façons qui sentaient à une lieue le gentilhomme; grand, svelte, bien tourné, quelque chose de royal dans la désinvolture, tel était le marquis.

Loin de notre pensée l'intention de donner ici un compte régulier de tous les méfaits et fredaines d'Ernest de Beaufort, jusqu'à l'instant où nous le retrouvons; d'ailleurs que pourrions-nous raconter qui pût intéresser un lecteur qui ne cherche dans un livre que l'action et les émotions dramatiques: de pauvres fillettes séduites, et dont on rétablit l'honneur avec quelques écus; des paysans bâtonnés et dont on efface les meurtrissures avec des remises de loyers, ou en les menaçant du lieutenant de police et de la Bas-

tille; une demi-douzaine de maris trompés qui gardèrent le silence; rien de plus, rien de moins; mais quoi de plus vulgaire en ces temps-là? de telles prouesses étaient l'A B C de tout gentilhomme.

Afin de ne pas tenir plus longtemps en haleine la curiosité des personnes qui ont bien voulu ouvrir ce livre, nous allons nous établir leur cicerone, et les conduire dans les appartements de M. le marquis de Beaufort; pendant ce temps, maître Jérôme et son futur gendre Sébastien auront le temps de rendre visite au duc de Beaufort, qui les avait fait mander l'un et l'autre.

Au fond de l'appartement du marquis se trouvait une vaste salle lambrissée, comme toutes les anciennes salles de vieux châteaux; quelques meubles de forme gothique et tout surchargés d'ornements en cuivre massif apparaissaient çà et là, disposés sans ordre et sans élégance; la maison des Beaufort exhalait une odeur de ruines; les tentures grisâtres des appartements, les meubles vermoulus, les allures des valets, tout indiquait une grandeur agonisante. Au milieu de la salle était une vaste table encombrée de verres, de bouteilles et de venaison; et autour de cette table, cinq ou six grands drôles, qui, après s'être livrés à d'amples libations, devisaient sur les choses et sur le temps. Tous, à les entendre, étaient de meilleure maison que le roi; les aïeux de l'un avaient été alliés à Beaudoin, empereur de Constantinople; l'autre remontait à Clovis; celui-ci descendait de Charles-Martel, etc. Après avoir devisé longtemps sur leurs ancêtres, et déploré la triste position de fortune où ils se trouvaient, l'un d'eux, plus raisonnable que les autres, proposa de changer de conversation.

— Et de quoi parlerons-nous, — reprit son reprit son voisin, qui, en ce moment, faisait un minutieux inventaire de son arbre généalogique?

— Buvons d'abord, — interrompit celui qui avait tenté de transporter l'entretien sur un terrain moins battu et moins aride; — buvons, nous puiserons des idées au fond de nos coupes, et si nous n'en trouvons pas de plus riantes, je consens à ce que vous me preniez par les épaules, et me chassiez comme un parvenu, de cette illustre réunion.

— Buvons! — riposta un certain baron de Laval, auquel les dissertations scientifiques de ses amis avaient donné la migraine, et qui jusque-là s'était contenu par dévouement.

Le marquis de Beaufort sonna: une espèce de laquais affublé d'une casaque jaune parut.

— Apporte-nous du vin, — dit le marquis, — et sois prompt; sinon, gare à tes épaules!

Quelques minutes après, le laquais entra chargé de bouteilles. Et l'on but de nouveau.

Pendant quelques minutes les convives du duc étaient restés pour ainsi dire muets; mais le vin du marquis les fit bientôt sortir de la torpeur où ils semblaient plongés, et un brouhaha à briser le tympan le plus solide se fit entendre par toute la salle.

Cette fois, au moins, la conversation avait changé de ton; de sérieuse qu'elle avait été jusque-là, elle devint enjouée, caustique, bizarre, fantasque.

L'un racontait ses exploits auprès des plus jolies femmes de la cour; l'autre, ses amourettes avec de délicieuses grisettes; celui-ci énumérait longuement les mille et une fourberies auxquelles il avait eu recours pour s'introduire dans la maison d'un financier, et comment il était parvenu à lui enlever le cœur de sa femme adorée; l'autre, comme quoi il avait été surpris en flagrant délit de déclaration avec la maîtresse du duc d'Aiguillon; celui-là, combien de fois, après une orgie, il avait cassé des lanternes et rossé le guet. Bref, c'étaient toutes histoires plus divertissantes les unes que les autres; et à entendre ces gentilshommes, il y avait au moins sous l'habit de chacun d'eux l'étoffe de deux Faublas.

Puis, lorsqu'ils eurent bien épuisé leurs récits amoureux, ils en arrivèrent à de nouvelles lamentations sur l'état dans lequel ils vivaient, et firent force élégies sur la rigueur des temps et le discrédit dans lequel était tombée la noblesse.

— Ma foi, — reprit un chevalier de Maugrillon, libertin et joueur s'il en fut, qui avait mangé avec des fillettes et des danseuses d'Opéra cent mille écus en six mois, et auquel il restait à peine dix mille livres à dépenser par an; — ma foi, je ne vois pas trop pourquoi vous vous plaignez, mes drôles, leur dit-il; en quoi donc notre existence est-elle si digne de pitié? Nous avons chacun de quoi faire bombance dans nos châteaux, un carrosse à notre service, des bois où nous pouvons chasser, des paysans qui, de temps à autre, nous prêtent leurs épaules, et de jolies filles qui nous prêtent autre chose, et consentent à faire revivre en notre faveur le droit si charmant dont nos fortunés pères ont usé si largement.

— Il est ravissant, ton droit du seigneur, — repartit un autre; — tâche donc de vouloir en user, et tu verras comme tu seras bien reçu par nos fermiers; ils te tueraient à coups de fusil.

— Je voudrais bien le voir, — reprit le marquis de Beaufort, qui jusque-là était resté silencieux.

— Rien de plus facile, — répliqua le baron; — tu peux en acquérir la preuve d'ici à huit jours, si tu le désires.

— Et comment cela?

— Il y a promesse de mariage entre la fille de Jérôme Delaunay et Sébastien Dupuis; l'hymen doit se célébrer la semaine prochaine; si tu es curieux de t'assurer du cas que le peuple fait de nos personnes et de nos anciens droits, tu peux t'en instruire.

— Et pourquoi pas? — continua le chevalier de Lansac, — qui donc s'y opposerait? Quant à moi, j'engage mon honneur ici, que si Ernest de Beaufort refuse, je prends sa place, et de plus je vous parie mille livres à boire et à manger que la petite est à moi avant six jours.

— Tu es un fou, — interrompit Beaufort; — pourquoi veux-tu
que j'aille m'occuper de la fille de Jérôme, je ne l'ai jamais vue?

— Elle est charmante! — s'écria le baron.

— Bien élevée, — reprit le chevalier.

— Adorable, — poursuivit un troisième.

— Diable! cela pique ma curiosité, — dit le marquis. — Je la
verrai, mais je ne parie rien; d'ailleurs, j'ai une autre conquête
en tête.

— Défaite de Toulousain, monsieur.

— Propos de don Juan qui prend ses invalides.

— Qu'est-ce à dire, messieurs, — interrompit Ernest; — vous
tenez donc bien à ce que je déniaise la fille de ce fermier?

— Nous t'en défions.

— Comment l'appelez-vous?

— J'ignore son nom, — dit le baron.

— Elle se nomme Marie, — reprit le chevalier de Lansac.

— Et à combien fixez-vous le pari?

— A mille livres!

— Et vous me donnez pour triompher de la belle?

— Un mois! — s'écria le baron.

— C'est trop, — dit l'un.

— Ce n'est pas assez, — répliqua l'autre.

— Il en sera pour ses frais, — murmura le baron.

— Et pour ses mille livres, que nous boirons et que nous man-
gerons en nous moquant de lui.

Le marquis ne répondit rien, mais il releva la tête, et promena
sur ses nobles amis un regard assuré et triomphant.

Et pendant ce temps, deux hommes, conduits par une femme,
passaient devant la salle où se tenaient ces propos, afin de se rendre
près du duc qui les avait fait appeler.

— Messieurs, — répliqua enfin le marquis en souriant, — vous
m'avez mis au défi, et voici ma réponse : dans un mois, la fille
du fermier Delaunay sera ma maitresse.

Et les deux hommes qui longeaient le corridor s'arrêtèrent en
entendant prononcer ces paroles, et un froid de glace pénétra jusqu'à leur cœur; ils échangèrent un regard rapide, significatif, et
s'écoutèrent encore comme s'ils doutaient.

Et des rires prolongés succédèrent aux paroles du marquis, et
quand ils eurent cessé, on entendit nouveau, et bien distinctement,
Ernest de Beaufort répéter ces mots terribles :

— Oui, messieurs, avant un mois la fille du père Delaunay sera
sa maitresse.

Et tout à coup la porte s'ouvrit ; les jeunes seigneurs, par un
mouvement involontaire, se retournèrent, et deux hommes parurent
devant eux, tous deux pâles, tous deux le regard étincelant.

Et l'un d'eux, le plus âgé, s'avança vers le marquis, et lui mettant la main sur l'épaule droite : — Monsieur le marquis, — dit-
il d'une voix sourde, — vous pouvez payer *à l'instant les mille livres*
que vous venez de parier, car la fille de Delaunay ne sera jamais
votre maitresse.

Le marquis le regarda avec surprise et dédain.

Et au même instant un autre homme s'approcha lentement de
lui, et lui mettant la main sur l'épaule gauche :

— Monsieur le marquis, — dit-il, — souvenez-vous bien de ceci :
faites à l'instant votre pari, car si vous persistiez à le tenir, je
vous tuerais...

Le marquis dit en riant, à ses amis, qui s'étaient rangés en cercle
autour de lui : — Convenez-en, messieurs, la plaisanterie est charmante.

— Monsieur le marquis, je suis le père de Marie Delaunay, —
dit Jérôme.

— Et moi, le fiancé de Marie Delaunay, — repartit Sébastien
Dupuis.

Après avoir prononcé ces paroles, tous deux se retirèrent en silence. Et quand ils eurent atteint le corridor : — Fils, viens-t'en, —
dit Jérôme à Sébastien, — je ne veux pas rester ici davantage ;
que le duc prenne un autre fermier.

— Et autre avocat, — répondit Sébastien.

— Eh bien ! le pari est toujours maintenu ? — s'écria bientôt le
chevalier de Lansac.

— Non, — répondit le baron.

— Si, — répliqua un autre.

— Messieurs, — dit le marquis Ernest de Beaufort, — je double
l'enjeu.

— Accepté, accepté ! — vociféra-t-on de toutes parts.

<h2 style="text-align:center">V. — LA TENTATIVE</h2>

Le marquis de Beaufort, ainsi qu'on a pu le voir dans le précédent chapitre, n'avait cédé, en acceptant la gageure qu'on lui avait
posée, qu'à un secret mouvement d'orgueil. L'apparition du père
Marie et de son fiancé, Sébastien Dupuis, au lieu de lui inspirer de sérieuses réflexions, n'avait fait que l'exciter à mettre à
exécution son lâche projet. Cependant, lorsque ses amis se furent
éloignés, et que, les fumées du vin s'étant dissipées, il put envisa-
ger de sang-froid le pari dangereux qu'il avait tenu, malgré lui il
éprouva comme un remords. Ce n'est pas qu'il ressentît quelque
peur des menaces qui lui avaient été faites par Sébastien ; il est
juste de convenir que M. de Beaufort était brave, et que la crainte
de la mort même ne l'eût point arrêté dans une question où l'honneur eût été de l'enjeu. Mais, en dépit de la mauvaise éducation
qu'il avait reçue et des idées aristocratiques au milieu desquelles
son enfance avait été bercée, le marquis comprenait que sa con-

duite, en cette circonstance, était injuste, condamnable, cruelle.
S'il eût aimé Marie, il n'eût point hésité un seul instant ; mais il
ne l'avait jamais vue, et il avait juré son déshonneur, celui de son
père, et il tuait de gaieté de cœur, pour satisfaire son orgueil,
l'avenir et le bonheur d'un homme dont la loyauté et le beau caractère étaient cités dans tout le pays.

Il fut sur le point d'annoncer le lendemain à ses amis qu'il se
désistait et s'avouait vaincu avant de combattre ; certes, personne
n'eût pu l'en blâmer.

Une chose le retint ; il songea d'abord à se procurer les mille
livres qu'il avait pariées ; il se rendit donc, le lendemain, auprès
du duc son père, et les lui demanda. Le duc lui répondit que ses
rentrées de l'année avaient été mauvaises, qu'aucun de ses fermiers ne l'avait encore payé, enfin qu'il lui était impossible de
disposer de cette somme pour le moment ; il ajouta, toutefois, que
d'ici à quelques semaines il pourrait la lui remettre, et qu'il
n'avait qu'à attendre.

Le marquis, faute d'argent, se trouva donc dans la nécessité de
commettre une infamie ; il étouffa bien vite les bons mouvements de
son cœur, et cela fait, non sans quelque combat, il résolut de voir
à quel ennemi il allait livrer bataille.

Il apprit bientôt que Marie Delaunay devait aller le surlendemain à Saint-Quentin avec son père, pour affaires de commerce,
et il forma le projet de se rendre aussi à Saint-Quentin ; il y arriva
une demi-heure avant Delaunay, et se mit en embuscade chez un
traiteur, afin d'examiner tout à l'aise cette jeune fille qu'on disait
si belle.

Il l'aperçut bientôt, et dès ce moment il oublia son pari, ses
sages réflexions de l'avant-veille, et ne songea plus ni au chagrin
qui attendait le père Jérôme, ni à celui que ressentirait Sébastien ;
il ne comprit plus qu'une chose, c'est qu'il aimait Marie, c'est qu'il
en était fou, et qu'à tout prix il lui fallait la posséder.

Mais à quel moyen recourir pour arriver à son but ? Se présenter devant Marie, lui avouer qui il était, et l'amour qu'elle lui avait
inspiré ? C'était épouvanter cette jeune fille, car elle devait bien
savoir que jamais elle ne pourrait devenir sa femme. Ensuite, si
elle aimait Sébastien, comment parvenir à détruire cet amour et
à le remplacer par un autre tout à coup ? Le marquis, qui ne
manquait pas d'un certain coup d'œil, ne se dissimula point les
difficultés qu'il rencontrerait.

Il passa, pour la première fois de sa vie, toute une nuit à réfléchir, ce qui, jusqu'alors, lui avait paru complètement ridicule et
tout à fait digne du peuple. Le lendemain, il n'avait rien trouvé.
Se rendre à Notre-Dame de Liesse eût été de la dernière imprudence ; que faire ?

Après avoir bien médité, il apprit, au moment où il s'y attendait le moins, par une brave femme qui vint au château apporter
des dentelles à sa sœur, mademoiselle Laure de Beaufort, que Marie
Delaunay avait, à Saint-Quentin, une vieille tante chez laquelle elle
se rendait souvent, et auprès de qui elle devait passer deux ou
trois jours avant son mariage.

Cette tante était retirée du commerce depuis nombreuses années,
et vivait d'un modique revenu dans une petite maison qui lui appartenait.

Cette découverte le frappa, et il résolut d'en profiter. Il connaissait de longue date la revendeuse à la toilette de sa sœur ; il savait
qu'elle ne passait point pour être rigide, et qu'elle avait gagné
beaucoup d'argent en se mêlant des amours de quelques gentilshommes ; il attendit donc que madame Françoise fût sortie de l'appartement de sa sœur, et il l'emmena dans le sien.

— J'ai un service à vous demander, — lui dit-il.

— Lequel, monsieur le marquis ?

— Mais il faut que vous me promettiez de garder le silence.

— Je serai muette.

Il lui raconta qu'il avait vu Marie Delaunay, qu'il en était éper-
dument amoureux, et qu'il mourrait s'il lui fallait y renoncer.

— Vous ne mourrez pas, — répondit Françoise, — et vous en
séduirez bien d'autres encore après elle.

— Voici comment vous pouvez me servir, — continua le marquis : — vous êtes liée avec la tante de la fille du fermier Jérôme ?

— Oui, monseigneur.

— Vous allez souvent chez elle ?

— Oui, monseigneur.

— Et Marie, m'avez-vous dit, doit passer, avant son mariage,
quelques jours auprès d'elle ?

— Oui, monseigneur.

— Vous m'introduirez dans la maison de cette femme ?

— Mais comment ?

— Que m'importe ! pourvu que vous m'y introduisiez, vous fa-
briquerez un petit ou un gros mensonge, je n'y tiens en aucune
manière ; vous direz, si vous voulez, que je suis votre neveu, votre
gendre, votre fils.

— Mais je n'ai ni sœur, ni beau-frère, ni famille ; je suis seule,
et jamais je n'ai pris mari.

— Très-bien ! — continua le marquis ; — plus l'introduction sera
difficile, et mieux vous serez payée. Est-ce convenu ?

Madame Françoise tendit la main.

— Je comprends, — dit le marquis en souriant, — il vous faut
des arrhes.

— C'est la base de tout marché, monseigneur.

Le marquis lui remit dix écus dans la main, et lui promit de
lui en donner autant le jour où il serait admis dans la maison de
la vieille tante.

Madame Françoise examina la somme, et ne referma point sa

main; debout devant Ernest de Beaufort, elle semblait plongée dans de sérieuses réflexions.

— Eh bien! à quoi donc pensez-vous? — lui dit le jeune homme.

— Je pense, monseigneur, — répondit la digne revendeuse, — que je vois bien des difficultés, bien des obstacles ; je doute que vous réussissiez. Quant à moi, j'hésiste, je n'aime point à me mêler d'affaires qui ne doivent point avoir un résultat heureux, et en acceptant vos offres, je crains de compromettre ma réputation, mon crédit.

— Vrai, vous entrevoyez bien des difficultés?

— D'énormes.

— Et comment les lever?

— Je l'ignore.

— Cherchez donc.

— Ensuite, je suis l'amie de la tante, et c'est mal à moi, sa vieille connaissance, d'introduire chez elle un jeune homme qui... Tenez, — continua-t-elle en faisant un geste comme pour rendre l'argent au marquis, — je préfère que vous vous adressiez à une autre, oui, je l'aime mieux.

Le marquis fouilla dans sa bourse, en tira quelques louis, et les plaçant dans la main de madame Françoise :

— Pensez-vous toujours, — lui dit-il, — qu'aidé par vous, mon projet soit réellement inexécutable ?

— Mais, — répondit la revendeuse, — il y a bien des difficultés; cependant...

— Nous sauterons par dessus à pieds joints, — interrompit Ernest de Beaufort en lui glissant encore dans la main quelques pièces d'or.

— Oui, nous passerons dessus à pieds joints, — reprit madame Françoise.

— C'est convenu?

— Vous avez ma parole.

— Et quand nous reverrons-nous?

— Je vous préviendrai dès l'arrivée de Marie.

— Et vous me conduirez chez la tante?

— Le jour même.

— Au revoir, madame Françoise.

La revendeuse sortit.

Le marquis courut après elle.

— Attendez, — lui dit-il.

— Auriez-vous un autre moyen ? — répondit celle-ci.

— J'en ai un autre.

— Lequel?

— Réflexion faite, il vaut mieux que je sois présenté chez la tante avant l'arrivée de la jeune fille.

— Pourquoi?

— Parce que si la tante est tant soit peu soupçonneuse, elle devinera tout; tandis qu'en arrangeant les choses à l'avance, elle ne doutera de rien. Qu'en pensez-vous?

— Je pense que c'est parfaitement raisonné.

— Alors, j'irai à Saint-Quentin.

— Quel jour?

— Demain.

— A quelle heure?

— Le soir.

— Je vous attendrai dans ma maison.

— N'y manquez pas.

— Comptez sur moi, monseigneur.

Le marquis salua la revendeuse à la toilette, et rentra chez lui.

Il se laissa tomber sur un fauteuil, étendit les jambes, pencha la tête en arrière, et ne tarda pas à s'endormir d'un de ces bons gros sommeils exempts de tout cauchemar.

Il ne se réveilla que vers le soir, monta à cheval, se rendit chez le chevalier de Lansac, et lui dit avec une certaine fatuité :

— Eh bien ! mon cher, j'ai encore vingt-sept jours devant moi; en vingt-sept jours, on fait beaucoup de choses.

— Et l'on en défait encore plus, — répondit gravement le chevalier.

Le marquis éclata de rire en l'entendant parler de la sorte.

Le chevalier lui tourna le dos.

M. de Beaufort le quitta, s'élança sur son cheval, le mit au galop, et s'en vint dîner avec M. le duc son père, et sa sœur, la jolie Laure, dont nous n'avons pas encore eu le temps de nous occuper dignement jusqu'à présent.

VI. — MARIE DELAUNAY

Le marquis se rendit dès le lendemain auprès de dame Françoise, qui le présenta le jour même à la tante; elle le fit passer pour un de ses cousins qui venait à Saint-Quentin avec l'intention d'y prendre un établissement; elle la pria de vouloir bien le diriger dans ses projets, et lui prêter l'appui de son expérience. La tante fut flattée et promit de s'intéresser au jeune homme.

Le père Jérôme n'arriva que cinq ou six jours plus tard; il resta vingt-quatre heures à Saint-Quentin et s'en retourna, en annonçant qu'il viendrait rechercher sa fille, sa chère Marie, à la fin de la semaine. Le lendemain, le marquis accourut, selon son habitude, parut très-surpris de voir une jeune fille chez sa protectrice, et feignit de vouloir se retirer; la tante le retint, et le marquis demeura.

Ce fut vainement qu'il essaya d'adresser une parole à la désolée Marie; la tante ne la quitta pas un instant, et Ernest se retira, très-mécontent des résultats de cette première entrevue.

Le soir, il revint accompagné de la revendeuse, espérant bien que, grâce à celle-ci, il serait plus heureux que le matin auprès de mademoiselle Delaunay; il fut encore trompé dans son attente; à peine s'il put regarder en face la jeune fille, et tâcher de lui faire comprendre avec ses regards l'impression qu'elle avait produite sur lui.

Le lendemain, il n'eut que le temps de lui prendre la main, et de lui dire tout bas : — Marie, j'ai à vous parler, il faut que je vous parle!

La tante tourna la tête ; Marie était pâle et tout épouvantée.

— Qu'as-tu donc, mon enfant? — lui dit sa tante.

— Je n'ai rien, — répondit Marie en hésitant.

— Comme ta voix tremble !

— C'est que j'ai eu peur, — reprit-elle tout naïvement.

— Et qui t'a fait peur ?

Marie laissa tomber son regard sur Ernest de Beaufort ; le marquis la regarda avec des yeux si suppliants, qu'elle ne se sentit pas le courage de rapporter à sa tante ce qui s'était passé entre eux.

Le soir même, le marquis déclara à madame Françoise qu'il fallait absolument qu'elle se procurât la clef de l'appartement de Marie ; elle jeta les hauts cris à cette nouvelle; M. de Beaufort lui ferma la bouche en lui emplissant les mains d'écus, et la revendeuse promit de lui donner cette clef le jour suivant.

Ernest de Beaufort n'alla point chez la tante; il passa une partie de la journée à aviser aux moyens de pénétrer chez la jeune fille; il savait qu'elle occupait un petit pavillon dans le jardin de la tante ; escalader le jardin n'offrait point de difficulté, la rue était déserte, et le mur n'était point élevé; mais pour parvenir à la chambre à coucher de Marie, il lui fallait la clef; vouloir employer la violence pour s'introduire eût été de la dernière imprudence.

Madame Françoise ne put se procurer la clef du pavillon; le marquis en fut irrité; il ne lui restait plus qu'un jour, et il était trop amoureux pour hésiter un seul instant.

Lorsque la nuit fut venue, il se rendit dans la rue qu'habitait la vieille tante, se promena en silence sous les fenêtres, attendit que les lumières eussent disparu, et quand il pensa que tout le monde était couché, il franchit le mur, et sauta dans le jardin.

Il allait se diriger vers le pavillon, lorsqu'il lui sembla entendre des voix à quelque distance de lui; il se cacha derrière un taillis, et bientôt il aperçut Marie et sa tante; elles passèrent à côté de lui. Toutes deux parlaient, mais si doucement qu'il ne put les entendre; toutefois il crut que Marie prononçait son nom.

Après avoir fait quelques tours de jardin, la tante, accompagnée de sa nièce, rentra chez elle; le marquis éprouva un battement de cœur; bientôt Marie reparut, elle était seule. Ernest se décida à l'aborder; il sortit du taillis, et tout à coup se montra aux yeux de la jeune fille.

Elle poussa un cri, mais il courut à elle, lui mit une main sur la bouche, la soutint de son autre bras, et la supplia de se taire. Marie le repoussa avec indignation, le menaçant de crier à son aide s'il ne partait pas.

— Mais je vous aime, — lui dit-il, — je vous aime, Marie, et si je suis coupable en ce moment, ce n'est que de trop d'amour.

Marie lui ordonna de se taire.

Alors, il tomba à ses genoux, et essaya de s'emparer d'une de ses mains; elle se dégagea rapidement, et, se dressant avec fierté :

— Monsieur, — lui dit-elle, — si vous ne vous éloignez pas, j'appelle ma tante.

Prières, supplications, larmes, protestations, serments, tout fut inutile ; le marquis, repoussé, tremblant, fut obligé de se retirer, et il s'en revint chez dame Françoise plus amoureux que jamais, mais plus que jamais aussi décidé à triompher de l'indifférence de **Marie Delaunay.**

De retour chez son père, Marie lui fit l'aveu de ce qui s'était passé ; et Jérôme, qui avait présentes toujours à la mémoire les paroles du marquis de Beaufort, pensa avec raison que lui seul devait s'être introduit à son insu chez sa belle-sœur. Comme il lui importait d'éclaircir ses soupçons, il se rendit sans plus de retard à Saint-Quentin, et ce qu'il apprit, et le signalement qu'on lui donna du cousin de madame Françoise, ne lui laissa plus aucun doute. Il comprit alors qu'entre lui et M. de Beaufort c'était une lutte dont l'enjeu était le déshonneur de sa fille ; et après de longues réflexions, il pensa que ce qu'il avait de mieux à faire, c'était de hâter son mariage. Il alla donc trouver Sébastien, lui raconta tout, et lui demanda s'il n'approuvait pas sa résolution. Sébastien lui tendit la main, répondit qu'il pensait comme lui, et l'union projetée fut hâtée de huit jours.

Le marquis, lorsqu'il apprit ces détails, ne put contenir sa fureur; elle éclata en terribles menaces contre Jérôme ; puis, ce premier mouvement un peu calmé, il avisa à déjouer les projets de ses adversaires. Nous allons voir comment il s'y prit.

Le mariage devait avoir lieu le lendemain. Jérôme avait rassemblé ses amis dans sa ferme, et leur avait annoncé, au milieu d'un franc et joyeux repas, sa détermination ; puis, à huit heures, chacun s'était retiré, Sébastien avait embrassé sa fiancée au front, et lui avait dit : — A demain, Marie.

Jérôme s'était retiré dans sa chambre et son enfant dans la sienne.

Vers le milieu de la nuit, un coup de feu se fit entendre et répandit l'alarme dans toute la ferme; Jérôme s'éveilla en sursaut, passa sa blouse, s'arma d'un bâton et descendit s'informer de ce qui s'était passé. Un garçon de ferme accourut et lui apprit qu'ayant vu rôder pendant toute une grande heure un homme dont il n'avait pu voir le visage, et que lui ayant crié plusieurs fois inutilement de se retirer, il avait fait feu sur lui au moment où il cherchait à s'introduire dans la grange.

Jérôme donna l'ordre sur-le-champ de faire des perquisitions partout afin de saisir le voleur dans le cas où il serait parvenu à s'introduire; on ne trouva personne, et chacun s'en retourna se coucher. Cette scène, ce coup de feu surtout avait jeté l'épouvante dans l'âme de Marie; elle ne voulait point quitter son père, elle voulait demeurer auprès de lui jusqu'au jour.

— Tu es enfant! — lui répondit Jérôme; — que crains-tu? l'on a cherché de tous côtés, et le malfaiteur, ou le voleur, n'a pas été découvert: donc il est parti.

— Je ne sais ce que j'éprouve, mon père, — reprit Marie; — mais j'ai dans l'âme de funèbres pensées: il me semble que cette nuit me sera fatale si je m'éloigne de toi. Près de toi, au moins je serai sans inquiétude.

— Oui, et demain, Sébastien te trouverait pâle, moins jolie que de coutume, et une jeune fille doit être jolie le jour de son mariage; allons, mon enfant, remonte à ta chambre, et repose bien; demain tu auras oublié tes frayeurs de cette nuit.

Il l'embrassa au front, la reconduisit jusqu'à sa chambre et lui souhaita le bonsoir.

Deux heures s'écoulèrent, et tout fut calme; les garçons de ferme, croyant le danger passé, s'en retournèrent, les uns au moulin, les autres à la grange. Vers les trois heures du matin, un homme se glissa de nouveau le long des murs qui entouraient la propriété de Jérôme Delaunay, escalada une porte, traversa rapidement et avec précaution la cour, et disparut bientôt.

Une demi-heure plus tard, une fumée épaisse s'élançait d'une écurie où la veille on avait placé des foins; le corps de logis qu'habitait Marie était assis sur cette écurie, et le feu sortit bientôt par bouffées, et cependant tout dormait, tout était silencieux dans la ferme; et la flamme venait d'embraser tout le premier étage.

Des cris horribles se firent entendre presque aussitôt; en un instant Jérôme fut debout, en un instant tous les garçons furent rassemblés; cependant la flamme avait envahi le second étage, et Marie, à demi étouffée par la fumée qui venait de pénétrer dans sa chambre, parut à la fenêtre et tendit les bras vers son père.

Jérôme aussitôt plaça une échelle contre le mur, monta dessus, disparut au milieu de l'incendie, brisa avec une hache la fenêtre que sa fille avait, dans son épouvante peut-être, refermée, s'élança dans sa chambre, appela avec angoisse Marie, et Marie ne répondit point à son appel.

Il courut vainement partout, il ne la trouva point.

Cependant le feu gagnait toujours; le plafond craquait sous les pieds de Jérôme, et il cherchait toujours son enfant; trois fois il visita l'étage, de chambre en chambre, malgré la fumée qui l'étouffait, malgré les flammes qui lui brûlaient les mains; il ne sentait rien, et il n'éprouvait aucune douleur, son amour pour sa fille le rendait plus fort que la souffrance.

Un quart d'heure se passa, et l'inquiétude commença à se répandre parmi ses garçons, qui s'attendaient toujours à le voir reparaître. Le pauvre père, inaccessible à toute terreur, après avoir lutté longtemps contre les flammes qui serpentaient sur sa tête, grondaient comme des vagues devant lui, derrière lui, sous ses pieds, était tombé enfin suffoqué et à demi mort.

Ce fut en ce moment qu'un meunier, plus hardi que les autres, pénétra dans la chambre de Marie, et trouva Jérôme; il le chargea sur ses épaules et le descendit; on chercha à lui porter secours, mais il était trop tard: il avait cessé de vivre.

Le matin seulement Sébastien apprit cette triste nouvelle, et courut à la ferme, où une autre douleur l'attendait: Marie n'avait point été retrouvée; quelques-uns prétendirent qu'elle avait dû mourir étouffée, dès le commencement de l'incendie. Sébastien, à demi fou de désespoir, voulait se tuer; ce ne fut qu'après de longs efforts qu'on parvint à l'en empêcher.

Le lendemain il recueillit avec calme les détails de ce triste événement; mais lorsqu'on lui apprit que le jour de l'incendie on avait vu un homme se glisser le long du mur, il fut frappé d'une idée subite, terrible, et à laquelle personne n'avait songé; c'est que l'homme qu'on avait vu rôder avait sans doute mis le feu à la ferme.

Mais dans quel but? Jérôme était aimé de tous; les malheureux du pays n'avaient qu'à s'adresser à lui, et ils ne sortaient jamais de sa maison les mains vides. Le feu n'avait donc pu être mis par vengeance; par imprudence, tout prouvait le contraire.

De plus, la disparition de Marie semblait inexplicable; un seul homme se l'expliqua: ce fut Sébastien.

Il alla droit au château du marquis de Beaufort, demanda à être admis en sa présence, et ne tarda pas à être introduit.

— Monsieur le marquis, — lui dit-il, — je viens savoir ce que vous avez fait de Marie?

Ernest de Beaufort pâlit en entendant ces paroles; puis, se remettant bientôt, lui répondit qu'il ne comprenait rien à ses questions.

— Oh! si, monseigneur, vous me comprenez bien, — répliqua Sébastien, — ou vous y mettez de la mauvaise volonté; en tous cas, je vais m'expliquer d'une manière plus claire: vous avez dit un jour que vous posséderiez Marie; pour l'avoir, vous vous êtes lâchement introduit chez une femme âgée, et vous avez insulté celle qui lui était confiée; repoussé avec indignation, vous avez voulu vous venger de ses refus, et pour y parvenir vous avez incendié la ferme de Jérôme, et tué son père! oui, tué, monseigneur, car il s'est lancé au milieu des flammes afin de sauver son enfant, et quand on l'a retiré, il était mort.

Le visage du marquis devenait de plus en plus pâle à mesure que Sébastien parlait, et Sébastien s'aperçut de sa pâleur.

— Vous avez ruiné une famille, tué un honnête homme, continua-t-il; un seul de ces crimes entraînerait, pour un homme du peuple, une condamnation à mort; mais vous êtes noble, marquis, et il ne vous sera rien fait. Qui sait? l'on vous fera compliment, peut-être, de votre stratagème; mais moi, monseigneur, j'ai voulu empêcher cela, et je viens vous demander ce que vous avez fait de Marie, de ma fiancée, de la femme que j'aimais.

— Je ne sais, encore une fois, ce que vous voulez dire, — interrompit le marquis; — je vous ai écouté jusqu'à la fin, sans vous ordonner de vous taire, parce que je prends en compassion la position dans laquelle vous vous trouvez, mais ma complaisance est à bout; sortez d'ici, monsieur.

— Avec Marie, monseigneur, pas autrement!

— Sortez! vous dis-je.

— Où est-elle? il me la faut, je la veux!

Le marquis sonna.

Sébastien s'élança vers la porte, la ferma à double tour, et regardant le marquis avec calme:

— Monseigneur, — lui dit-il, — cet instant est suprême: qu'avez-vous fait de Marie?

Le marquis se prit à rire.

— Monseigneur, qu'avez-vous fait de ma fiancée? — continua Sébastien d'une voix plus calme encore.

Le marquis lui tourna le dos.

— Monseigneur, qu'avez-vous fait de ma femme? — continua de nouveau Sébastien, en se contenant toujours.

Le marquis siffla en le regardant avec mépris.

— Monseigneur, je vais vous tuer! — reprit Sébastien.

Le marquis haussa les épaules.

Sébastien lui tira un coup de pistolet à bout portant dans la poitrine.

Deux mois après, le marquis montait à cheval.

Deux mois après, Sébastien, qu'on avait jeté à la Bastille, obtenait sa grâce du roi Louis XVI, à la condition, toutefois, qu'il quitterait la France.

Et Marie n'avait point reparu.

Ceci est le prologue du drame que nous allons raconter.

VII. — LE BANNI

Sébastien, qu'une main inconnue avait fait sortir de la Bastille, quitta donc la France; retracer les angoisses, les souffrances qu'il éprouva en voyant disparaître les côtes de son pays natal, nous serait impossible; il est de ces grandes douleurs qui se ressentent et ne se racontent point. Les deux plus fortes passions qui peuvent torturer le cœur d'un homme l'agitaient et le dévoraient: l'amour et la vengeance. Toutes deux avaient grandi dans son âme pendant sa captivité; toutes deux également impérieuses, également ardentes. Pendant le silence et l'obscurité de ses nuits solitaires, il n'avait demandé à Dieu qu'une seule chose, une heure de liberté, afin d'aller tuer l'homme qui avait tué si lâchement son bonheur, et de venir ensuite auprès de Marie lui dire: Je t'ai vengée.

Eh bien! la vengeance lui échappait; on l'avait fait libre, c'est vrai, mais à une condition, c'est qu'il replierait son âme sur elle-même, et consentirait à renoncer aux projets qu'il avait formés. Il partit donc, mais la blessure de son cœur ne se cicatrisa point; la plaie était toujours saignante, et il comprenait que rien ne pourrait la fermer. Un moment cependant, il espéra que la vue d'autres cieux, d'autres climats, apporterait quelque soulagement à sa misère, et il s'embarqua, comme passager, sur un vaisseau qui faisait voile pour l'Amérique; Washington était alors dans toute sa gloire, et Sébastien se fit l'un des plus zélés partisans de l'indépendance du nouveau monde; il s'arma d'un fusil, entra en campagne en qualité de volontaire, assista à plusieurs batailles, fut blessé trois fois, refusa les grades qu'on lui offrit, et continua de combattre; et cependant cette vie active, aventureuse, fertile en dangers toujours renaissants; les marches, les contre-marches, les fatigues, les champs de bataille, les victoires; enfin, tout ce qui séduit, entraîne, enthousiasme une âme jeune et noble, il la trouva froide, insensible. Il traînait partout, comme deux mauvais génies invisibles, cet amour et cette vengeance qui étaient toute sa vie.

Las bientôt des périls qui n'émoussaient même pas son profond désespoir, le soldat jeta le mousquet avec insouciance, dédain, et n'ayant pu trouver la mort un jour de combat, il la chercha au milieu de lointains voyages; seul, sans armes, sans argent, il résolut de visiter les déserts de l'Amérique, et s'enfonça sous les forêts sauvages et vierges, que nul pas humain n'avait osé fouler. Il franchit des déserts jusqu'alors crus infranchissables, et, après une année d'absence, il revint à Philadelphie, riche d'importantes découvertes, vieilli, usé avant l'âge, et non pas guéri de son amour.

Ce fut alors qu'il apprit quels grands événements s'étaient passés en France: le soulèvement du peuple, la mise en accusation du roi, son jugement, sa condamnation, et la république substituée à la monarchie; ce fut alors qu'il apprit qu'après s'être rendu libre, le peuple avait dressé des échafauds pour les nobles, et que leurs têtes, chaque jour, tombaient sur la place de la Révolution; et il comprit que si le peuple avait pris sa revanche de dix siècles d'asservissement et de honte, lui aussi, il avait un compte sanglant à venir demander à un noble, à un grand seigneur d'autrefois.

Il quitta l'Amérique et il regagna la France.

Il courut à Laon et se rendit au château du duc de Beaufort, où il ne trouva que des ruines. Il demanda ce qu'il était devenu avec son fils; on lui répondit qu'ils avaient quitté la ville depuis un mois, et qu'on ignorait s'ils étaient restés en France ou passés à l'étranger. Et Sébastien remercia le ciel, car il avait craint un instant que le marquis, arrêté dans son château, reconduit à Paris, traduit à la barre de la Convention, n'eût été jeté dans un cachot, puis guillotiné. Il remercia le Ciel, car maintenant qu'ils n'étaient plus séparés l'un de l'autre par un exil forcé, il était bien certain de le retrouver et d'obtenir la terrible réparation qu'il avait rêvée pendant six ans!

Revenu cependant de la joie, du délire où l'avait jeté cette nouvelle, il songea aux moyens à employer pour découvrir M. de Beaufort; bien des difficultés se présentaient, car en supposant qu'il n'eût point abandonné son pays, comment connaître la retraite qu'il s'était choisie pour échapper à la tourmente révolutionnaire; et, d'un autre côté, en admettant qu'il fût parvenu à fuir à l'étranger, où s'était-il réfugié? Beaucoup d'émigrés s'étaient sauvés en Angleterre, beaucoup en Allemagne, beaucoup en Amérique; lui faudrait-il fouiller tout le continent afin de l'y chercher, ou retourner en Amérique pour l'y rejoindre?

Il avait employé cinq années de sa vie à méditer sa vengeance, et il ne voulut pas courir le risque de la perdre par trop de précipitation; il pensa d'ailleurs que si le duc et le marquis de Beaufort étaient toujours en France, les agents du pouvoir républicain devaient en être avertis et avoir ordonné des recherches; il quitta donc Laon, et partit pour Paris.

Dès son arrivée, il se rendit chez Camille Desmoulins, qu'il avait connu pendant sa jeunesse. Il lui apprit tout, déclarant qu'il voulait se venger, et lui demanda de lui fournir les moyens; Camille Desmoulins comprit ce qu'il y avait de légitime dans ce terrible sentiment, et il lui promit de savoir si le marquis n'avait point émigré.

Un mois s'écoula, et Sébastien Dupuis n'apprenait rien; un soir, comme il se disposait à rentrer chez lui, en traversant la rue de Vaugirard, il aperçut un homme qui se glissait avec précaution le long d'un mur; l'inquiétude, le soin que mettait cet homme à ne pas être vu, frappa Sébastien, et malgré lui, il se reporta au jour fatal où l'on avait vu un homme se glisser, pendant la nuit, derrière la ferme de Jérôme Delaunay, et sans y songer, il suivit involontairement cet homme.

Celui-ci doubla le pas et prit une des rues étroites qui coupent la rue de Vaugirard; et Sébastien, poussé comme par un pressentiment, entra dans la même rue; l'homme se retourna au même instant; Sébastien le regarda, tous deux reculèrent.

— Sébastien! — murmura le marquis de Beaufort, car c'était lui.

— Vous! — s'écria Sébastien.

Et il l'étreignit au bras; mais le marquis opposa la force à la force, une lutte s'engagea entre eux; Sébastien fut renversé, et le marquis prit la fuite.

Sébastien se releva, courut après lui, mais ne put le rejoindre.

Le lendemain, il alla chez le représentant du peuple Desmoulins, et lui annonça que le marquis était à Paris; mais il le supplia de ne point le signaler aux autorités avant de l'avoir prévenu du lieu où il se réfugiait.

Desmoulins le lui promit encore, et Sébastien, pour la première fois depuis cinq ans, éprouva quelque consolation.

Nous nous trouvons forcés encore, arrivés ici, de reporter un instant nos regards en arrière, afin de mettre nos lecteurs au courant de ce qui s'était passé dans la chambre de Marie pendant l'incendie de la ferme; l'on n'a pas été sans penser que l'homme qu'avait aperçu, rôdant autour de l'habitation de Jérôme Delaunay, un garçon d'écurie, n'était autre qu'un envoyé du marquis, chargé d'incendier la maison du malheureux fermier.

M. de Beaufort avait songé, qu'à la faveur de l'incendie, il lui serait facile d'enlever Marie et de la transporter évanouie dans son château; ce projet arrêté, il envoya, comme nous l'avons vu, un homme mettre le feu; puis il plaça lui-même une échelle derrière la maison, et brisa un des carreaux de la fenêtre du carré; si bien que, lorsque Marie, éveillée par les cris des paysans, suffoquée par la fumée, et courant à travers les flammes qui faisaient craquer le plancher de sa chambre, s'élança à la croisée et tendit les mains à son père pour lui demander secours, un homme se précipita en même temps dans la chambre, la saisit à bras le corps, et, malgré ses cris, l'entraîna. Parvenue sur le carré, elle essaya de se débattre, car elle venait de reconnaître dans son libérateur le cousin de l'ami de sa tante de Saint-Quentin; mais le marquis, pour empêcher que ses cris ne fussent entendus, la bâillonna; Marie perdit bientôt connaissance; le marquis la porta à quelques pas; un cheval l'attendait; il monta sur le cheval, tenant toujours dans ses bras son précieux fardeau, le recouvrit d'un manteau et regagna le château de Beaufort. Il donna ordre à l'instant qu'on attelât les chevaux à la voiture, y transporta Marie, et se fit conduire à cinq ou six lieues de la ville, dans une petite propriété que son père possédait; il y enferma la fille de Jérôme, lui laissa des provisions pour plusieurs jours, et retourna en toute hâte à Laon.

Le lendemain, toute la ville déplorait l'affreux désastre de Jérôme Delaunay; le marquis le déplora comme les autres, et lorsque Sébastien Dupuis se présenta devant lui, il consentit à le recevoir, afin d'échapper à ses soupçons. Nous avons vu quels furent les résultats de l'entrevue; le duc de Beaufort, qui avait entendu la détonation, accourut le premier, et vit son fils baigné dans son sang. Le médecin fut appelé et déclara que la blessure n'était pas mortelle : la balle, mal dirigée, avait fracassé seulement le bras du marquis, et, avec des soins, la blessure devait être bientôt fermée et guérie.

Le duc, furieux de cet attentat, écrivit en toute hâte au ministre, sollicita et obtint une lettre de cachet, et deux jours après Sébastien fut saisi, ramené par des soldats à Paris, et jeté dans un cachot.

Le marquis, lorsqu'il ouvrit les yeux, fit appeler celui de ses gens qui, d'après son ordre, avait mis le feu à la ferme de Jérôme Delaunay; il l'envoya auprès de Marie, en lui recommandant de veiller sur elle, et d'avoir soin que rien ne lui manquât.

Une fois rétabli, M. de Beaufort demanda l'élargissement de Sébastien Dupuis; mais, redoutant qu'il n'essayât de nouveau de se venger, il sollicita son exil qu'il obtint.

Alors il se rendit près de Marie.

Un matin, la jeune fille, étendue sur un matelas, et tout habillée, reposait, lorsque la porte de sa chambre s'ouvrit; elle s'éveilla en sursaut, jeta un cri, se dressa tout debout, et se trouva devant le marquis; il s'était vêtu simplement, et rien dans son costume n'annonçait le grand seigneur.

Marie, en l'apercevant, pâlit, et toute la frayeur qu'elle éprouvait passa sur son visage.

— Que me voulez-vous? monsieur, — lui dit-elle.

Le marquis lui fit signe de se taire, ferma la porte, et avança une chaise à la jeune fille; mais elle refusa de s'asseoir, et lui dit :

— Je veux voir mon père, je veux voir Sébastien; pourquoi me retenez-vous loin d'eux?

— L'ignorez-vous, — répondit M. de Beaufort d'une voix triste et douce; — ne savez-vous pas que je vous aime?

— Mais moi, je ne vous aime pas!

— Vous m'aimerez un jour, reprit le marquis.

— Jamais, — interrompit Marie.

— Et pourquoi?

— Parce que je vous méprise.

Ernest de Beaufort baissa la tête; il se sentait accablé par les paroles de cette jeune fille, à qui il avait fait tant de mal.

— Je veux voir mon père, — reprit-elle bientôt; — où est-il? monsieur, où suis-je moi-même?

— Dans un endroit où personne ne viendra vous chercher.

— Et pourquoi m'y avez-vous conduite?

— Parce que je vous aimais.

— Je vous méprise doublement, — répondit Marie : — comment! vous avez profité d'un incendie qui dévorait la maison de mon père pour m'entraîner de force; oui, de force, ici! Et maintenant, vous m'y retenez, malgré ma volonté, malgré le mépris que vous me savez pour vous! Vous avez pensé peut-être, monsieur, — continua-t-elle, — que vous parviendriez à vaincre ma résistance; mais, je vous l'ai dit, j'en aime un autre; et je ne l'aimerais point, que vous ne pourriez pas me faire changer, à votre égard, de sentiments, car le mépris n'a jamais enfanté l'amour.

— Vous voulez donc que je meure? — répliqua le marquis.

— Et vous, — interrompit la jeune fille, — êtes-vous moins inflexible? Vous savez que me garder ici c'est me tuer, tuer mon père, tuer celui que j'avais choisi pour époux; et cependant, vous ne m'en retenez pas moins votre captive. Qu'avez-vous à répondre? Comment essayerez-vous de vous justifier?

— Ma justification est dans ces mots : Marie, je vous aime!

— Vous êtes un lâche! — reprit Marie en se détournant avec dégoût.

— Encore une parole, — dit le marquis; — eh bien, consentez à m'être moins cruelle, à moins me détester, à m'aimer... Oh! rien qu'un jour, rien qu'une heure, et je vous rends la liberté.

— Avec le déshonneur, n'est-ce pas? J'aime mieux mourir! Écoutez-moi, monsieur, continua-t-elle, — je ne sais pas votre nom, je ne sais pas quelle position vous occupez dans la société; mais si je dois en croire certaines pensées qui me sont venues depuis que vous êtes ici, vous n'êtes pas ce que vous paraissez être; vous ne devez point appartenir à la classe dont vous prétendez faire partie. Non, monsieur, un homme du peuple a quelque dignité; sachant qu'il n'était pas aimé, il n'eût point eu recours à la force pour obtenir ce qu'on lui refusait : un homme du peuple aurait souffert en silence, et se serait éloigné; pour avoir agi autrement, il faut que vous ne soyez point du peuple, que dédaignent les grands, mais qui est si généreux et si noble; oui, il faut que vous soyez du nombre de ces nobles qui sont si vils, malgré leurs titres et leur noblesse; de ces nobles à qui rien ne doit résister, à les entendre, et qui, pour arriver à l'accomplissement de leurs projets, ne reculent ni devant un crime ni devant une trahison. Eh bien, monsieur, je vous le déclare, prières, larmes, violence, vous emploierez tout, que vous n'obtiendrez rien de moi; vous me tuerez auparavant! Or, c'était où je voulais en venir; un jour arrivera où le hasard, la Providence, que sais-je? un événement que je ne puis préciser, mais que j'entrevois, me rendra libre! Alors, monsieur, je tirerai de vous une éclatante vengeance; plus vous m'aurez fait souffrir, et plus ma vengeance sera terrible; rien ne m'arrêtera; pour obtenir justice, j'irai, s'il en est besoin, me jeter aux pieds du roi, et je lui dirai : « Sire, un de vos sujets, un de vos nobles, un des gens de votre cour, s'est emparé de moi, malgré moi, m'a jetée dans une prison, m'y a tenue enfermée pendant tant d'années, espérant que je consentirais à devenir sa maîtresse; or, pendant ce temps, mon père m'a pleurée comme on pleure une fille chérie que l'on croit morte; mon fiancé m'a pleurée comme on pleure celle dont on était aimé et qu'on a perdue; moi, sire, je les ai pleurés tous deux chaque jour; mes larmes ont usé mes yeux; j'ai langui loin de mon père, loin de mon fiancé; ma vie, qui promettait d'être si belle, s'est changée, par le caprice d'un homme, en une torture de tous les instants; et, maintenant, sire, justice! je demande justice! »

— Et vous ne l'aurez point, — s'écria le jeune homme, — car vous ne sortirez point d'ici, car cette maison deviendra votre tombeau !

— Mais, à défaut de la justice des hommes, croyez-vous que la justice divine ne vous atteindra pas....

— Dieu ! — reprit le marquis, — mais je n'y crois pas...

Il se leva, ouvrit la porte et disparut.

Marie tomba à genoux.

— Seigneur, — murmura-t-elle en joignant les mains, — ayez pitié de moi !

VIII. — LA RENCONTRE

Pendant trois ans, le marquis de Beaufort se rendit chaque jour à la prison dans laquelle il avait jeté toute vivante l'infortunée Marie ; pendant trois ans, il essaya de dompter l'aversion qu'elle éprouvait pour lui, et de triompher de sa résistance, mais tout fut inutile ; alors la haine remplaça l'amour, et la malheureuse fille s'en réjouit, car au moins si elle était prisonnière, elle se trouvait délivrée des assiduités du marquis. Arriva la révolution ; le duc et son fils quittèrent Laon ; Marie recouvra la liberté, et son premier soin fut de courir à Notre-Dame de Liesse. Là, elle apprit que son père était mort dans l'incendie, que Sébastien, après avoir subi la prison, avait été condamné à l'exil, et la malheureuse femme, se voyant seule au monde, et nourrissant toujours dans son cœur l'espoir de retrouver un jour l'homme qu'elle aimait, quitta la France et se rendit en Amérique.

Pendant que le vaisseau à bord duquel elle était montée débarquait sur les rivages du nouveau monde, Sébastien Dupuis arrivait en France. Nous n'avons point oublié sans doute comment, après de longues et pénibles recherches, le hasard l'avait mis enfin sur les traces de son implacable ennemi ; nous avons raconté aussi quelles avaient été les suites de cette rencontre, et par quel moyen le ci-devant marquis lui avait échappé.

Hâtons-nous de le dire afin de justifier Sébastien Dupuis, il aurait voulu une noble vengeance, une vengeance d'homme à homme, d'épée à épée, une réparation enfin les armes à la main. Il l'avait un instant espérée ; mais lorsqu'il vit que l'ancien marquis la refusait, et s'était soustrait lâchement par la fuite à son ressentiment, alors sa haine ne connut plus de bornes, tout moyen pour ressaisir la vengeance lui parut permis, juste, légitime.

Il dénonça Ernest de Beaufort, et il apprit bientôt son arrestation ; mais il apprit aussi que le marquis n'avait point été arrêté seul, qu'une jeune fille avait voulu le suivre dans sa prison, et Sébastien sentit pour la première fois une passion horrible, qu'il n'avait pas soupçonnée même jusque-là, entrer dans son cœur et le torturer, et cette passion fut la jalousie.

Il pensa que le marquis était parvenu à se faire aimer de Marie, et qu'elle s'était, par amour, condamnée à partager son cachot, elle qui sans doute avait autrefois joui de la moitié de ses richesses et de son château.

Il s'informa avec un soin exact, minutieux, de l'âge de cette jeune fille, et l'on confirma dans sa première pensée ; on lui dit qu'elle avait vingt ans à peine, qu'elle était grande, svelte, d'une beauté remarquable, enfin on lui donna un signalement complet, signalement qui offrait beaucoup de ressemblance avec celui de Marie.

Dévoré par sa jalousie, il demanda et obtint de voir dans sa prison le marquis ; après beaucoup de sollicitations, on lui accorda cette permission ; et ce fut une rage dans le cœur qu'il se rendit à la maison Lazare, où le marquis avait été transporté. En passant sous la voûte qui conduit dans l'intérieur de la prison, il éprouva une défaillance telle qu'il ne se sentait point la force d'aller plus loin ; un gardien eut pitié de lui et l'aida à gagner le cachot du marquis.

La porte ouverte, il entra, et il aperçut près de M. de Beaufort une jeune femme, grande, svelte, pâle, celle enfin qu'on lui avait désignée, et il respira librement, et il remercia dans son cœur le Seigneur, car cette femme n'était point Marie ; le marquis était assis sur un mauvais banc, et à ses pieds, étendue sur un peu de paille, les mains croisées sur la poitrine comme une sainte, reposait sa sœur. Ni le bruit que fit la porte qu'on venait d'ouvrir, ni le bruit des pas de Sébastien, ni le bruit des voix, ne purent arracher à son profond sommeil la pauvre créature couchée sur le sol froid et humide.

Sébastien, en voyant son doux visage pâli par la souffrance et la fatigue, par la privation et le manque d'air, eut le cœur serré ; il n'avait jamais vu la sœur du marquis, et dans ce moment même, il pensait que la femme qui dormait à ses pieds était ou sa femme ou une parente, ou plutôt une amie qui ne l'avait pas abandonnée dans l'adversité. Une candeur angélique était répandue sur le visage de cette femme, et sous le costume grossier et sale qui la recouvrait, l'on devinait tout de suite que celle qui le portait avait dû, autrefois, se vêtir de riches habits, tant il y avait de grâce indéfinissable et de charme secret autour de sa personne. Malgré lui, il en eut pitié ; mais à la compassion succéda bientôt la colère, car le marquis, s'étant levé, se rapprocha de lui et lui dit avec une voix pleine de dédain : — Eh bien ! êtes-vous content ?

Sébastien le regarda avec des yeux brillants de rage, croisa froidement les bras sur sa poitrine et lui répondit : — Pas encore !

Il y avait dans ces deux paroles prononcées simplement tant de haine et d'expansion, que M. de Beaufort éprouva un secret mouvement de terreur ; mais il eût eu honte de se laisser deviner par son ennemi, et imitant César, qui, se voyant attaqué de toutes

parts et condamné par ses assassins, s'enveloppa dans sa toge et attendit la mort, il s'enveloppa, lui, dans son orgueil, et il répondit d'une voix ferme : — Je ne crains pas l'échafaud.

— Nous verrons, — répliqua Sébastien en jetant sur lui un regard cruellement ironique.

— Vous verrez, dit l'autre.

Et il s'alla rasseoir sur son banc.

Sébastien, après avoir longtemps réfléchi, frappa sur l'épaule du marquis ; ce dernier se retourna, et lui lançant un regard terrible :

— Vous avez été libre de me dénoncer, — dit-il, — et je ne vous l'ai point reproché comme une infamie ; vous êtes venu me trouver dans ma prison, et je ne vous ai pas fait comprendre qu'il y avait lâcheté à venir insulter un ennemi renversé ; j'ai tout gardé en moi, un homme de mon rang et d'une naissance comme la mienne ne voulant pas descendre à une explication avec un homme comme vous. Maintenant, vous vous approchez de moi et me frappez sur l'épaule... Arrière, monsieur ! retenez bien ceci : un homme comme vous fait tomber la tête d'un homme comme moi, mais il n'a pas le droit de s'en venir traiter avec moi d'égal à égal ! Je suis de ces gens dont on coupe la tête, mais qu'on ne déshonore pas !

Sébastien lui frappa de nouveau sur l'épaule

— Monsieur le marquis, — lui répondit-il, — un homme en vaut un autre ; ce n'est point la naissance qui donne ou retire l'illustration, c'est le caractère ; vous en êtes la preuve ! car vous, noble ; vous, marquis ; vous, fils de duc, vous avez commis une lâche action autrefois ; une action pour laquelle, si vous aviez été du peuple, l'on vous eût pendu, oui, pendu, monsieur le marquis ; vous étiez noble, et l'on a fermé les yeux ! Tout à l'heure vous me disiez qu'un homme comme moi ne devait pas frapper sur l'épaule d'un homme comme vous, et vous avez raison, car ce serait me salir la main.

— Insultez-moi, — interrompit M. de Beaufort, — mais insultez-moi donc encore ; vous pouvez le faire, vous ne courez aucun danger.

Le sang monta avec force à la tête de Sébastien, le sang avec la colère.

— Autrefois, — répliqua-t-il, — il y a cinq ans environ, vous veniez de commettre une action infâme, une action ignoble : vous aviez incendié une ferme pour pénétrer chez une femme, vous avez tué le père pour posséder l'enfant, causé le désespoir d'un homme de cœur pour satisfaire un de vos caprices de libertin, alors je me suis présenté devant vous, je vous ai demandé réparation, et vous me l'avez refusée.

— Vous m'avez assassiné, voilà tout.

— Je vous ai demandé réparation, monsieur le marquis...

— Non, vous m'avez demandé dans quel endroit j'avais caché Marie, et je n'ai pas voulu vous le dire...

— Ah ! vous convenez donc que vous l'avez cachée ?

— Je n'ai pas dit cela.

— Vous mentez, monsieur le marquis.

— Eh bien ! oui, je l'ai cachée, cette Marie que vous avez tant aimée ; oui, je l'ai placée dans un lieu sûr, et j'en ai fait ma maîtresse, et quand j'en ai été fatigué, je l'ai chassée !

Sébastien ne respirait pas, sa poitrine oppressée se soulevait avec force ; un nuage passa sur ses yeux, et il éprouva le vertige ; le marquis s'aperçut de son émotion, et voulant à son tour se venger de lui : — Oui, — reprit-il, — quand j'en ai été fatigué, je l'ai chassée.

— Oh ! dites-moi où elle est ? — s'écria Sébastien, — dites-le-moi.

M. de Beaufort garda le silence.

— Je vous en supplie, — continua Sébastien, — apprenez-moi quels lieux elle habite maintenant, afin que je l'y aille retrouver. Oh ! Marie ! Marie !

M. de Beaufort garda encore le silence.

— Vous refusez de me l'apprendre ? — ajouta le jeune homme. — Oh ! je vous en supplie, ne soyez pas inflexible, vous m'avez déjà fait tant de mal ! épargnez-moi aujourd'hui, ayez pitié de moi ; dites-moi où elle est. Eh bien ! votre crime, ma haine, j'oublie tout ! J'oublie que j'avais juré de me venger de vous, j'oublie que vous avez déshonoré celle que j'aimais... et je vous sauverai !

Un instant M. de Beaufort eut la pensée de profiter de l'amour de Sébastien, et de s'en servir pour s'évader ; puis bientôt il réfléchit qu'une fois revenu à la raison, il exigerait de lui des détails circonstanciés et l'aveu de la retraite où était Marie, et comme il l'ignorait, il ne devait point s'attendre à ce que Sébastien faciliterait gratuitement son évasion, ou obtiendrait son élargissement ; il se résigna donc et lui répondit : — Je ne veux point vous devoir la vie.

— Si vous saviez comme je l'ai aimée, comme je l'aime encore... Oh ! rendez-la-moi, et demain, non, ce soir, vous serez libre.

— Tout à l'heure menaçant et maintenant suppliant, oh ! oui, c'est bien là le lâche sang du peuple qui coule dans vos veines...

— Mais, songez-y, monsieur le marquis, — interrompit Sébastien, — si vous n'avez point peur de la mort, cette jeune femme qui est là, endormie, sur cette paille...

Ici le marquis éprouva un frémissement partout son corps.

— Et que vous aimez peut-être... mourra comme vous, et pourtant elle est innocente... Apprenez-moi où est Marie, et je vous apporte votre grâce à tous deux !...

— La marquise Laure de Beaufort, ma sœur, saura mourir avec moi, — répliqua le marquis.

— Ainsi, vous refusez ?

— Je vous méprise, — dit M. de Beaufort en lui tournant le dos, — voici ma réponse.

Ces paroles rendirent à Sébastien toute sa raison et toute sa haine; il se repentit d'avoir été si faible devant son implacable ennemi; il s'approcha de lui, et, lui frappant sur l'épaule pour la troisième fois : — Monsieur le marquis, — lui répondit-il froidement, — dans huit jours, souvenez-vous-en bien, vous aurez la tête coupée.

Puis il sortit du cachot.

— Pauvre sœur, — dit le marquis, demeuré seul avec Laure, — et toi aussi, tu mourras donc!...

Il s'agenouilla en silence et pria Dieu.

IX. — LE VERDICT

Le septième jour, le marquis Ernest de Beaufort comparut devant le tribunal révolutionnaire. Les crimes dont on l'accusait étaient ceux qui avaient fait condamner à mort des centaines de nobles : on lui reprochait sa naissance, sa fortune, ses principes politiques; on lui faisait un crime d'être resté en France; on lui prouva que c'était afin d'entretenir des intelligences avec l'étranger. Le marquis ne répondit point; il savait à l'avance qu'essayer de se défendre ne servirait à rien; la pauvre Laure, traînée devant le tribunal avec son frère, fut accusée des mêmes crimes; ce fut alors que Sébastien s'avança et déclara que ni le marquis ni sa sœur n'avaient conspiré; qu'ils n'avaient en aucune sorte attenté à la sûreté de l'État; mais il déclara en même temps que le marquis de Beaufort avait mérité la mort pour crime d'incendie, de rapt et de séduction. Il raconta tout ce que vous savez; il se porta lui-même son accusateur, et demanda vengeance au nom de l'humanité, au nom du père Jérôme, dont il avait anéanti la fortune; vengeance au nom du père Jérôme qu'il avait tué, et de sa fille Marie, qu'il avait condamnée à la misère et au déshonneur.

Le marquis tint la tête baissée tant que Sébastien parla; pour la première fois, il sentit tout ce qu'il y avait eu de bas et de vil dans sa conduite; pour la première fois, il comprit qu'avant de naître noble on naît homme, et que le désespoir est égal pour tous. Laure était pâle, elle écoutait avec terreur les crimes dont on chargeait son frère; la pauvre enfant avait cru que son frère avait été dénoncé lâchement, et jeté dans un cachot parce qu'il était noble et riche; mais les rôles étaient changés : Sébastien n'était plus à ses yeux un misérable délateur, mais un homme qui demandait la mort d'un grand seigneur, parce que ce grand seigneur l'avait frappé dans son honneur et dans son amour. Un instant, un seul, elle oublia quel était celui sur qui Sébastien faisait tomber ses terribles accusations; elle ne vit plus en lui que l'homme qui tuait parce qu'on avait tué; qui était sans pitié parce qu'on avait été sans pitié; et elle trouva Sébastien beau, grand, sublime, digne d'admiration; et elle comprit que s'il existait une belle noblesse, celle de la naissance, il y en avait une autre bien préférable à celle-ci, la noblesse du cœur.

Puis ses regards, qui venaient de rencontrer ceux de Sébastien, s'abaissèrent lentement, et alors elle songea à son frère, et lui dit : — Mon frère, vous êtes bien coupable!

Le marquis lui serra la main.

Et quelques minutes après, le tribunal prononça une double sentence de mort!

— Cette jeune fille est innocente! — s'écria alors Sébastien; — elle ne m'a rien fait, elle ne vous a rien fait à vous; les crimes de son frère ne sont pas les siens; oh! grâce pour elle! je ne voudrais point être cause de sa mort.

On imposa silence à Sébastien, et les condamnés furent emmenés.

C'était le lendemain que devait avoir lieu l'exécution.

Sébastien obtint d'entrer dans le cachot du marquis de Beaufort. Le soir même on l'y introduisit; un douloureux spectacle l'y attendait.

Laure tenait dans ses bras son frère, dont on voulait le séparer cruellement, et des soldats s'efforçaient de l'en arracher : — Non, non, — s'écriait-elle, — je ne veux pas le quitter; je veux mourir avec lui!

Le marquis était debout, pâle, mais de cette pâleur qui ne trahit aucune faiblesse.

— Sœur, — lui disait-il, — sois courageuse jusqu'au bout; c'est moi qui t'ai entraînée dans le précipice où nous allons tomber; une dernière résignation, un dernier courage : montre-toi jusqu'à la mort digne du nom que nos pères ont porté sans tache, sans honte pendant des siècles entiers.

Laure, obéissante à la voix de son frère, se retourna vers les soldats, et leur dit : — Messieurs, emmenez-moi; — puis elle tendit la main au marquis, et s'élança hors du cachot en disant : — Adieu, frère, à bientôt dans le ciel!

Les soldats l'entraînèrent.

Le guichetier fit signe à Sébastien de sortir; mais il lui montra un papier signé du président du tribunal révolutionnaire, et le guichetier s'éloigna après avoir fermé la porte.

Le marquis de Beaufort s'était assis sur son banc; il laissa tomber, se croyant seul, sa tête dans ses mains, et dit en sanglotant : — Ma pauvre sœur!

— Elle ne mourra pas, — lui répondit une voix.

Le marquis se retourna stupéfait; il aperçut Sébastien, et il lui dit : — Que me voulez-vous?

— Eh bien! — reprit le jeune homme, — vous ai-je tenu parole, monsieur le marquis? Je vous avais dit : « Dans huit jours, vous aurez la tête coupée; » et c'est demain le huitième jour, et demain vous aurez la tête coupée.

— Demain, tout sera fini pour moi, — interrompit M. de Beau-

fort; — demain, à pareille heure, j'aurai cessé de vivre, cessé de souffrir! Mais vous, — continua-t-il, — demain n'envierez-vous pas mon sort? Vous me tuez, c'est vrai, j'en conviens; mais vous n'avez fait en ceci qu'agir de représailles, car je vous ai frappé à mort aussi, moi! Ce désespoir que depuis si longtemps vous avez traîné partout comme votre ombre, sur les mers orageuses, au milieu des solitudes d'Amérique, sur les champs de bataille; partout, enfin, ne vous quittera que lorsque votre âme vous abandonnera. Vous me donnez, vous, une mort prompte, solennelle, glorieuse même; la mort que je vous ai donnée, moi, est une mort de tous les jours, de tous les instants, un supplice, une torture éternelle; enfin, vous m'avez livré au bourreau; moi, je vous ai livré à toutes les angoisses du désespoir; et, après tout, j'aime mieux mourir comme je vais le faire que vivre comme vous.

— Toujours orgueilleux! — murmura tristement et sans colère Sébastien; — oui, vous voilà bien, vous autres messieurs les gentilshommes, insolents dans la bonne fortune, et plus insolents encore dans la mauvaise! Afin de cacher la plaie qui vous ronge le cœur, vous étouffez vos sanglots; vous vous mettez un masque sur le visage, et vous êtes fiers de vous! Mais vous ne pensez donc pas à votre pauvre sœur, monsieur le marquis? à cette douce enfant que la guillotine va faucher comme vous; à cette naïve jeune fille dont Dieu fera un ange demain?

Le marquis tressaillit, et détourna la tête pour cacher son émotion.

— Ah! ne vous détournez pas, — dit Sébastien; — ce qui vous fait honte à vous, vous rehausse à mes yeux; c'est un sentiment si naturel, si tendre, que celui que vous regrettez en ce moment!

— Êtes-vous venu, monsieur, pour m'apporter des consolations? — interrompit M. de Beaufort avec ironie.

— Oui, monsieur, je suis venu vous en apporter.

— Et lesquelles?

— Je suis venu pour vous dire que si je ne sauve pas votre sœur, c'est que si mon père existait, il me serait impossible de le sauver.

— Ma sœur saura mourir, monsieur.

— Elle vivra, monsieur le marquis; je ne veux pas vous laisser en mourant le regret de l'avoir tuée.

Il sortit, et, quelques minutes après, le cachot de Laure, marquise de Beaufort, s'ouvrit sur Sébastien; il s'avança en silence, mit un genou en terre devant la jeune fille, qui semblait calme et résignée, et il lui dit : — Mademoiselle, les bourreaux, autrefois, venaient dans la prison des condamnés leur demander pardon avant de leur trancher la tête; moi, cause involontaire de votre mort, et qui cependant vous donne la mort, je m'agenouille devant vous et vous demande pardon.

Laure de Beaufort laissa tomber un regard sur Sébastien, qui tenait sa tête inclinée, et elle lui répondit d'une voix douce et calme : — Et les condamnés répondaient à leur bourreau, n'est-ce pas, qu'ils lui pardonnaient leur mort? Et moi, je vous réponds à vous : Monsieur, je vous pardonne.

Elle lui tendit la main.

Sébastien y posa ses lèvres froides, puis il sortit.

X. — NICOLAS VII

Parmi les serviteurs attachés à l'illustre famille des Beaufort, en était un du nom de Nicolas; — les Nicolas, depuis trois siècles, servaient les ducs de Beaufort; ils pouvaient, à part l'orgueil de la naissance, se dire aussi anciens que leurs maîtres. Les Beaufort avaient rendu d'immenses services autrefois à l'État, et, de tout temps, les Nicolas en avaient rendu aux Beaufort; un sire de Beaufort avait, à la bataille de Pavie, dégagé François Ier. Un Nicolas, Nicolas III, avait, dans une émeute pendant la Ligue, sauvé deux Beaufort des mains du peuple; — mêmes services, même dévouement, même fidélité, l'un à son roi, l'autre à son maître. Les Nicolas et les Beaufort pouvaient marcher au même rang. Louis Nicolas, ou plutôt Nicolas VII, était le dernier rejeton de la famille des Nicolas; le marquis Ernest était pareillement le dernier rejeton de l'illustre famille des Beaufort; toutes deux avaient dû commencer en même temps, toutes deux devaient s'éteindre le même jour.

Lorsque le volcan qui devait détruire la monarchie jusque dans ses derniers fondements commença à gronder, tous les vieux serviteurs de la maison de Beaufort se détachèrent un à un du maître qui les avait nourris et allèrent chercher fortune ailleurs; un seul resta, ce fut Nicolas VII. Ni les observations, ni les conseils de ses amis, ni le danger qu'il courait à demeurer près du duc, rien ne put le détourner de son projet. — Je suis ici dans le château des Beaufort, répondait-il, et je mourrai avec eux; j'ai partagé leur pain lorsqu'ils étaient riches, les abandonner dans l'adversité serait une lâcheté.

Il ne les abandonna pas.

Quand le marquis, traqué de toutes parts, se vit obligé de quitter Laon, Nicolas VII lui demanda, les larmes dans les yeux, de lui permettre de l'accompagner; mais le marquis, qui ne comprenait point le noble dévouement de son vieux serviteur, s'y opposa.

— Vous me chassez donc? — lui répondit ce dernier.

— Non, — reprit le marquis; — mais les temps sont mauvais, et en voulant demeurer auprès de moi, tu me compromettrais inutilement.

Puis il lui tourna le dos.

Nicolas VII s'agenouilla devant lui, et lui demanda, comme dernière faveur, de lui baiser la main. Le marquis, que toute cette ridicule sensibilité — c'est ainsi qu'il traitait le dévouement de Nicolas — fatiguait, fit semblant de ne pas entendre et s'éloigna.

Le pauvre vieillard eut le cœur navré ; mais il garda sa douleur en lui-même, et, se relevant, il jura de rester fidèle à la famille des Beaufort. Le marquis, le soir du même jour, était parti pour Paris ; Nicolas VII n'y arriva que le lendemain, et alla se loger dans un mauvais grenier en face de la maison qu'habitait l'ex-marquis ; chaque matin il le voyait à sa fenêtre ; il épiait tous ses pas, toutes ses actions, et, chaque soir, quand il était certain que son maître avait échappé encore aux agents du gouvernement, il bénissait le Ciel de veiller sur lui.

Mais un jour vint où le marquis fut arrêté, et la douleur du vieillard fut grande, quoique résignée ; puis il chercha ensuite à quel moyen il recourrait afin de le sauver ; il s'arrêta enfin à celui-ci : se présenter à la prison où était retenu le marquis, et tâcher de s'y faire admettre comme porte-clefs ou geôlier, ou n'importe quoi, pourvu qu'il pût communiquer avec son maître, et le sauver au risque même de sa vie. Nicolas VII allait mettre ce projet à exécution, lorsqu'il pensa que sans doute on ne le recevrait point à la prison, et que ses démarches pourraient compromettre le marquis sans lui être utile.

Et le pauvre vieillard se prit à pleurer : il avait élevé Ernest ; tout enfant, il le berçait sur ses genoux comme s'il eût été son fils ; il l'avait vu grandir avec joie, avec orgueil même, et Ernest allait mourir sur un échafaud ! Cet excès de douleur un peu calmé, il avisa à d'autres moyens ; et, tout à coup, son visage devint rayonnant, et se laissant tomber devant un crucifix qu'il avait emporté avec lui du château de Beaufort, il remercia Dieu avec ferveur.

Le lendemain, le marquis trouva un petit papier qu'on avait glissé sous la porte de sa prison. Il l'ouvrit et il lut :

« Soyez sans inquiétude, monsieur le marquis, l'on veille sur vous... »

Ernest ne fut pas médiocrement étonné de recevoir ce message, et se perdit en mille conjectures touchant la personne qui le lui avait adressé.

Ce fut le soir du même jour qu'il eut la visite de Sébastien Dupuis, et le peu d'espoir que lui avait donné la lettre anonyme tomba bientôt devant les menaces d'un implacable ennemi.

Deux jours après, le marquis trouva encore une lettre sous la porte ; voici ce qu'elle contenait :

« A demain, cinq heures. »

Nous avons vu que le marquis avait été séparé de sa sœur, et cette séparation lui fut bien cruelle, car il aimait Laure non-seulement avec toute la tendresse d'un frère, mais avec l'amour d'un père, d'un amant ; ensuite, il se reprochait de lui avoir donné volontairement la mort, car sans la haine que lui portait Sébastien, le marquis n'eût point été arrêté, et sa sœur n'eût pas été, comme lui, condamnée à mourir. Le second billet qu'il avait reçu avait ranimé un peu son espérance ; puis il songea avec effroi qu'il n'était point question de sa sœur, et il se promit bien de ne pas fuir sans elle ; il attendit avec impatience que le lendemain fût venu ; cinq heures enfin sonnèrent, et bientôt la porte de son cachot s'ouvrit, et un vieillard tomba dans ses bras... Ernest recula de surprise à la vue de son ancien valet...

— Que venez-vous faire ? — lui dit-il.

— Vous sauver, — répondit l'autre.

— Vous êtes fou !...

— Non, monseigneur, — reprit Nicolas VII, — et la preuve, la voici.

— Qu'est-ce cela ? — dit Ernest.

— Une permission, signée de Saint-Just, afin de demeurer auprès de vous deux heures.

— Eh bien ! après ?...

— Après ! vous ne comprenez donc pas ? — interrompit le vieillard ; — mais si je suis ici, c'est que je veux vous sauver...

— Et comment ? — reprit avec incrédulité le vicomte.

— Écoutez, — dit le vieillard, — nous n'avons pas une minute à perdre ; dans deux heures l'on viendra me reprendre ici ; mais, deux heures, ce serait trop attendre ; il faut en finir à l'instant. Dans une demi-heure la nuit sera venue, il faut nous hâter : donnez-moi vos habits, et je vais mettre les vôtres...

— Y songez-vous, Nicolas ? — répondit le vicomte avec hauteur...

— Oh ! je conçois, monseigneur, vous rougiriez de vous abaisser, ce fût-il même pour sauver votre vie, à vous couvrir des habits qu'a portés un de vos valets, et vous avez raison ; mais il y va aujourd'hui de votre existence, et vous y regarderez à deux fois.

— Et ma sœur, quels moyens as-tu imaginés pour la tirer de son cachot ? car tu dois bien penser que je n'aurais pas la lâcheté de la laisser mourir ici, tandis que moi je fuirais lâchement.

Nicolas VII regarda le marquis avec stupeur.

— Monseigneur, — lui répondit-il, — je vous avouerai sincèrement que je n'avais pas songé à mademoiselle Laure, je n'ai pensé qu'à vous.

— En ce cas, tu peux te retirer, — répliqua Ernest, — je ne veux plus fuir.

Le vieillard tomba à ses genoux.

— Monsieur le marquis, — lui dit-il, — je vous en supplie, ne demeurez pas une minute de plus ici ; vous ne savez pas sur quel volcan nous marchons ; d'un moment à l'autre il peut nous engloutir. Au nom du ciel, acceptez la vie que Dieu vous envoie !

Le marquis s'assit sur un mauvais escabeau, croisa les bras, et ne répondit pas.

— Mais vous voulez donc mourir ! — s'écria Nicolas VII.

— Oui...

— Cela est impossible ; vous êtes jeune, monsieur, et, à votre âge, on ne renonce pas volontairement à la vie ; car vous ne savez pas, dit-il en le regardant en face, c'est jusqu'à demain seulement que vous avez à vivre ; demain, l'on viendra vous chercher dans votre prison, et l'on vous conduira à l'échafaud.

— Il faut que tu sauves aussi ma sœur.

— Monsieur le marquis, — interrompit Nicolas VII, — je vous aime, je vous suis dévoué ; mais il est quelque chose que j'aime plus que vous encore, et à qui je suis plus dévoué encore, c'est à votre nom ! Vous guillotiné, ce beau et noble nom des Beaufort est éteint, et moi j'avais pensé le voir renaître et briller avec éclat. J'aime votre sœur, mais, à mes yeux, elle n'est pas le représentant d'une illustre famille ; car son vieux nom, si elle vit, elle le changera contre celui de l'homme qu'elle épousera ; tandis que vous, vous resterez fidèle au vôtre comme j'y reste fidèle, moi, comme vos ancêtres y sont restés fidèles ; ils vous l'ont transmis pur, et vous le transmettrez pur à vos arrière-petits-neveux ! Vous mort, ce beau nom s'éteint, il disparaît de l'histoire, votre généalogie s'oublie, et votre race tombe, comme tant d'autres, dans la nuit des temps.

Le marquis releva la tête en écoutant ces étranges paroles ; jamais il ne lui était venu le soupçon seulement que Nicolas VII, qui, jusqu'à ce jour, avait été un valet vulgaire, et dont tout le mérite consistait à bien s'incliner devant le duc de Beaufort, et à présenter avec un respect senti le nom de monseigneur, pût avoir conçu de telles pensées ; un instant il crut rêver, mais devant lui était le visage imposant de Nicolas, à demi éclairé par un dernier rayon de soleil, qui, passant par un des barreaux en croix qui servaient de croisée au cachot, et, disons-le tout d'abord, rendu presque solennel par la circonstance ; et il comprit que l'homme qui se trouvait devant lui était un type, une exception, une nature que les événements venaient de grandir et avaient rendu presque sublime en le plaçant sur un grand théâtre. Nicolas VII venait de se transfigurer, pour ainsi dire ; ce n'était plus un valet de grand seigneur cherchant à se dévouer, comme tant d'autres l'avaient fait, par amour pour son maître ; c'était un valet de grand seigneur se dévouant pour le nom de son maître ! Ce nom de Beaufort était le premier qui avait frappé tout enfant ses oreilles ; son père, son grand-père ne lui en avaient parlé qu'avec vénération ; pour lui, c'était tout ce que la France, tout ce que le monde renfermait de grand, de noble, d'illustre ; et au moment où ce nom illustre, noble et grand, allait s'éteindre, il voulait le ranimer, le faire vivre ; car ce nom était sa vie, son orgueil, sa joie ! Dix mille à Paris, à cette époque, étaient prêts à mourir pour l'honneur et le triomphe de leur opinion ; vingt mille se seraient fait tuer si Louis XVI, sortant du tombeau, leur eût dit : « Royalistes, il faut placer mon fils sur le trône de ses pères ! » Nicolas VII, lui, avait juré de mourir ou de conserver à la France le nom des Beaufort.

Le marquis lui tendit la main et voulut la serrer dans la sienne ; Nicolas recula comme effrayé de l'action de son maître : il était plus chatouilleux sur le point d'honneur que le marquis Ernest lui-même.

— Eh bien ! monseigneur, — lui dit-il, — serez-vous assez bon pour accepter la vie ?

— Je te l'ai dit, mon brave Nicolas, — répondit le marquis, — je ne puis accepter si tu ne peux sauver ma sœur.

— Ah ! — fit Nicolas, — mais vous me feriez presque supposer que vous n'êtes pas un Beaufort. Comment ! un homme de rien, un homme du peuple, à cause de je ne sais quelle peccadille, vous a voué une haine profonde ; cet homme vous a fait jeter ici ; il a été assez hardi pour vous faire arrêter, et quand je vous offre de vous sauver, vous n'acceptez pas ! Votre père, monsieur le marquis, en eût agi bien différemment : il eût d'abord accepté pour sauver son nom, puis pour se venger de l'insolent qui eût osé le faire jeter dans un cachot. Que vous refusiez la vie par dédain pour la vie, bien ; mais que vous la refusiez lorsqu'elle vous apporte la vengeance, oh ! monsieur le marquis, permettez-moi de vous le dire, c'est une conduite...

— Une conduite ?...

— Bien lâche !...

— Nicolas...

— Monseigneur, pardonnez-moi ; mais je dis ce que je pense, et c'est par amour pour vous que je vous parle ainsi.

— C'est vrai, — reprit le marquis en souriant et se remettant de sa colère.

— Que parlez-vous de votre sœur ! — continua bientôt Nicolas ; — vous l'aimez, elle va mourir : votre mort ne la sauvera pas. Eh bien ! monsieur le marquis, acceptez la vie pour venger votre sœur, et votre tâche sera belle et digne de vos ancêtres ; voulez-vous ?

— Tu as raison, — s'écria Ernest, dont toute la rage venait de se réveiller, — venger la mort de ma sœur doit être désormais mon seul but, mon seul besoin, et je la vengerai, Nicolas !

Nicolas VII retirait sa veste, le pantalon de grosse toile rouge qu'il avait passé par-dessus son pantalon à la livrée des Beaufort ; le marquis s'affubla de tout cet accoutrement. Le geôlier ne tarda pas à rentrer ; la nuit était obscure, il fit signe au marquis de le suivre, le prenant pour Nicolas ; le marquis serra la main à son vieux serviteur, qui cette fois n'osa retirer sa main, puis il traversa les longs corridors, puis aperçut le ciel ; la dernière porte de la prison s'ouvrit et se referma sur lui ; il était libre ! il respirait un air pur, il pouvait espérer de vivre.

Le lendemain, Nicolas VII était traîné sur une charrette ; le lendemain il mourait victime de son dévouement, mais grandi par lui... Le marquis, qui cependant s'était rendu au lieu de l'exécution, n'avait pas aperçu sa sœur; par quel hasard ne l'avait-on pas comprise parmi les victimes que l'on avait envoyées à l'échafaud? Il ne le sut que vingt ans après.

Mais n'anticipons pas sur les événements; nous allons raconter simplement ce qui se passa dans la prison le jour de l'évasion du marquis de Beaufort.

Le lendemain, le geôlier, en se rendant dans le cachot du prisonnier, fut bien étonné d'y retrouver un vieillard, lui qui y avait laissé un jeune homme. Il courut avertir l'autorité; on comprit que le marquis avait échappé à la guillotine; mais comme les têtes qui devaient tomber le lendemain étaient comptées, l'on prit celle de Nicolas pour le récompenser de son dévouement, puis l'on mit de nouveau à prix celle du marquis. Quant au geôlier, il fut destitué de ses fonctions. Apprendre à nos lecteurs que Nicolas mourut avec courage doit être chose inutile; nous dirons seulement que lorsqu'il fut sur l'échafaud, il regarda le ciel, murmura : « Vivent les Beaufort ! » et plaça son cou sous le couteau fatal.

Telle fut la fin de Nicolas VII; en lui s'éteignit une des plus grandes et des plus rares gloires du dernier siècle; un des plus beaux dévouements qu'aurait dû mentionner l'histoire.

Maintenant, nous allons expliquer pourquoi le marquis Ernest de Beaufort ne trouva point sa sœur parmi *la fournée* que, le lendemain, on guillotina sur la place de la Concorde.

XI. — UNE RÉSURRECTION

C'était le lendemain que devait mourir **Laure de Beaufort**, et Sébastien Dupuis était plongé dans une profonde douleur; il se reprochait sa haine comme un crime; il se disait qu'il avait été lâche; qu'il aurait dû, puisque le marquis s'était cru trop grand autrefois pour se battre avec lui, le mépriser, et non pas le livrer comme un vil délateur. Puis il songea au moyen de sauver la jeune fille; mais comment y parvenir? La fuite était impossible. En sortant du cachot où était enfermée Laure, cette pensée le poursuivit sans relâche, et, tout à coup, il tressaillit; ce moyen qu'il recherchait avec tant d'ardeur, qu'il appelait de tous ses vœux, de tous ses désirs, de toutes ses prières, il venait de le trouver; il rentra dans la prison, prit à part un geôlier, sur la fidélité duquel il pouvait compter, et il lui demanda s'il n'avait pas le cœur navré de voir une jeune fille, belle, douce, innocente, qui allait mourir uniquement parce qu'elle était noble.

— C'est vrai, — répondit le geôlier, — et tout républicain que je suis, je te l'avoue, citoyen, cette pauvre petite me fait de la peine à voir; je ne puis m'accoutumer à la pensée que demain ce joli cou si blanc, si délicat...

Et il fit un geste avec la main, geste horrible et rempli d'expression, car Sébastien détourna la tête avec dégoût. — Mon Dieu, oui! —continua-t-il, — ce sera pourtant comme ça, à moins que Dieu n'ait pitié d'elle et ne la fasse mourir cette nuit...

— Que dis-tu? — murmura Sébastien Dupuis au citoyen Brutus, — c'est l'idée qui m'est venue tout à l'heure, et, si tu le veux, nous empêcherons cette pauvre enfant de monter sur un échafaud.

— Comment cela, citoyen?...

— Oui, si tu le veux, elle n'ira point demain porter sa tête sur la guillotine.

— Et comment cela?

— Il faut qu'elle meure cette nuit.

— Qu'elle meure!

— Oui.

— Mais le moyen?

— C'est toi qui me l'as donné.

— Moi!

— Toi.

— Et quel est-il?

— Apporte-moi ses aliments avant de les lui donner, et sois tranquille.

— Que dis-tu? — s'écria Brutus; — y songes-tu, citoyen? Non, non, jamais!

— Eh bien! quoi qu'il arrive, puisque tu as peur, — continua Dupuis, — jure-moi de ne pas raconter la conversation que nous avons eue ensemble; du reste, je pourrais bien te charger toi-même, car tu m'as paru blâmer les rigueurs des républicains et leur cruauté, en voyant cette pauvre jeune fille...

— Je serai muet comme un sépulcre, — répondit Brutus, — qui tremblait de tous ses membres.

— C'est bien, — dit Sébastien, — et maintenant, ouvre-moi.

— Mais je n'ai point reçu l'ordre.

— Je suis médecin des prisons, et je t'ordonne de m'ouvrir.

Il n'y avait pas à répliquer; Brutus ouvrit donc, et Sébastien se trouva devant mademoiselle Laure de Beaufort. Elle était étendue sur un peu de paille humide et sommeillait; elle se leva en entendant ouvrir, et parut étonnée de voir encore Sébastien Dupuis.

— Mademoiselle, — lui dit-il, — avez-vous du courage?

La jeune fille le regarda afin de comprendre le but de cette question.

— Pourquoi cela, monsieur? — dit-elle d'une voix bien lente et bien douce.

— Parce qu'il vous en faut dans les cruelles circonstances où vous allez vous trouver.

Laure jeta sur lui un long regard plein de fermeté et de résignation.

— A quelle heure, monsieur, — répondit-elle, — aura lieu demain l'exécution?

— A trois heures de l'après-midi.

— Je serai prête, monsieur, et je mourrai sans faiblesse.

— Oh! je le crois, — interrompit Sébastien, — une seule parole m'a suffi pour me prouver que vous ne trembleriez pas devant la mort. Mais cette mort est horrible; songez donc, être traînée au milieu d'une foule altérée de sang; être offerte en spectacle à cette populace qui vous jettera des malédictions.

— Monsieur, vous me haïssez donc aussi? — interrompit à son tour avec douceur mademoiselle Laure de Beaufort.

— Moi, vous haïr!

— Oui, monsieur...

— Oh! vous ne le pensez pas...

— Mais ce que vous me disiez tout à l'heure serait plutôt fait pour me retirer du courage que pour m'en donner, — reprit Laure, — si j'étais moins résignée...

— C'est pour vous en donner, mademoiselle. Écoutez, vous n'avez point peur de mourir?

— Non, monsieur.

— Et cette mort même qui vous attend, cette mort publique, hideuse, solennelle...

— Arrêtez, monsieur! — dit Laure en tremblant un peu; — pourquoi ces paroles?

— Parce que je viens vous apporter une autre mort, mademoiselle.

— Vous!

— Moi! oui, je viens vous apporter une autre mort; au lieu d'un trépas terrible, une mort rapide, sans souffrance, et qui tue à l'instant...

— Et lequel?...

— Tenez, voici, — dit Sébastien en lui montrant une liqueur rougeâtre renfermée dans une petite fiole; — voulez-vous?

— Oh! merci, monsieur, — répondit la jeune fille, — je n'en attendais pas moins de vous!

— Et vous consentez à mourir?

— De suite, monsieur, le temps de faire ma prière et de demander pardon à Dieu.

Elle s'agenouilla, demeura quelques minutes comme plongée dans les saintes extases du recueillement; quand elle se leva, on eût dit que la grâce venait de descendre dans son âme, tant sa figure était calme et sereine. Elle se tourna vers Sébastien, lui prit la fiole et la vida sans prononcer un mot.

Sébastien alors ouvrit la porte, appela Brutus, lui montra Laure du doigt et lui dit : — Citoyen, j'ai renoncé à mes projets, tu vois que cette jeune fille est vivante; si le Ciel, dans sa clémence, la tuait, souviens-toi que lorsque je suis sorti de son cachot je l'ai laissée pleine de vie et de jeunesse.

Brutus hocha la tête en signe de doute, et regardant Sébastien s'éloigner, il murmura entre ses dents : — Camarade, il y a quelque chose sous jeu; mais nous verrons bien.

Deux heures après, en entrant dans le cachot de la jeune marquise de Beaufort, le citoyen geôlier recula; Laure était étendue par terre, pâle et sans mouvement.

— Quand je disais qu'il y avait quelque chose de caché sous ses paroles, — pensa-t-il, — je ne me trompais pas.

Toute la prison fut en émoi; mais le citoyen Brutus, qui tenait aux émoluments de sa charge et surtout à sa tête, se garda bien de révéler ce qui s'était passé entre lui et Sébastien Dupuis. Cependant, comme la mort de la jeune fille paraissait suspecte, on envoya chercher un médecin, et ce fut Sébastien qui accourut. Après avoir examiné Laure, il déclara qu'elle était bien morte, et il demanda son cadavre, ce qui lui fut accordé sans la moindre objection.

Voilà pourquoi le lendemain il manqua une victime à l'échafaud; maintenant voici ce qui se passa dans la maison de Sébastien le lendemain :

Le lendemain, à la nuit tombante, un jeune homme était dans une petite pièce faisant partie d'un appartement assez proprement meublé; assis sur un fauteuil, devant un lit, il regardait avec beaucoup d'attention une jeune fille qui, placée sur son lit, pâle et sans mouvement, ressemblait à une morte; on eût dit, à le voir, qu'il cherchait, penché sur ce cadavre, à saisir une étincelle d'existence sur ce visage blanc et inanimé.

Ce jeune homme, c'était Sébastien Dupuis, et la jeune fille, Laure de Beaufort. Le sommeil profond dans lequel était plongée Laure durait depuis trente-six heures, et comme aucun signe précurseur du retour de l'existence ne se manifestait en elle, Sébastien commençait à redouter de lui avoir donné la mort en voulant la sauver; son angoisse était grande, et le temps, qui s'écoulait avec une effrayante rapidité, redoublait ses terreurs. Il demeura ainsi jusqu'à minuit, interrogeant sans relâche le pouls de Laure, et mettant de temps à autre sa main sur son cœur, et aucune preuve d'existence n'apparaissait. Eperdu, épouvanté, il accusait déjà la science de mensonge, lorsque, s'étant approché de la fenêtre et l'ayant ouverte afin de rafraîchir un peu son front brûlant, il lui sembla, à travers l'obscurité, voir une masse blanche s'agiter; il s'élança à demi fou vers le lit, et il poussa un cri de joie : Laure venait d'étendre un bras.

Il tomba involontairement à genoux, et remercia le Ciel de la grâce inespérée qu'il lui faisait.

Il lui prit le bras, et il sentit son pouls qui s'agitait; il posa la main sur son cœur, et il le sentit battre; cependant la jeune fille était retombée dans son immobilité; au bout d'une demi-heure elle étendit de nouveau le bras, une plainte s'échappa de sa bouche, puis tout à coup elle se leva sur son séant, sembla étonnée de se trouver dans l'obscurité, et demanda d'une voix faible où elle était.

— Chez un ami, — lui répondit la douce voix de Sébastien.

Elle poussa un cri de terreur; Sébastien essaya de la calmer, mais ce fut en vain. Il alluma sa lampe. Laure jeta sur lui un regard épouvanté, le reconnut et s'écria : — Je ne suis donc pas morte !

— Non, — répondit Sébastien, — ce que vous avez pris pour du poison, c'était de l'opium; mais je voulais que chacun vous crût morte, afin qu'on n'en soupçonnât rien; et c'est ce qui est arrivé !

— Mais, où suis-je donc ? — interrompit avec curiosité Laure.

— Chez moi, — murmura Sébastien; — comme chacun était persuadé que vous n'étiez plus, j'ai demandé et obtenu votre corps; et maintenant, mademoiselle, vous êtes à l'abri de tout danger.

— Oh! monsieur, soyez béni ! — répondit Laure en laissant tomber sur son sauveur un regard plein d'une tendre reconnaissance.

Sébastien lui serra la main.

— Vous êtes libre, — continua-t-il, — et cependant, mademoiselle, vous serez toujours prisonnière, du moins pendant quelque temps; votre nouvelle prison sera un peu moins triste que l'autre, car ici au moins vous pourrez voir le ciel, respirer le soir un air frais et pur, mais ce sera toujours pour vous une prison. Nous tâcherons de vous y retenir le moins possible; et sitôt qu'une occasion se présentera de vous rendre sans danger la liberté, je m'empresserai de le faire.

— Oh! vous êtes une noble créature, monsieur !

— Mais non, — dit Sébastien; — en agissant ainsi je n'ai fait que ce qu'eût fait à ma place tout homme; en voulant me venger du marquis de Beaufort, j'ai compromis votre salut, et je vous devais une réparation.

— Oh! oui, vous aviez des motifs pour haïr mon frère, — interrompit Laure, — mais maintenant qu'il est mort...

— Il est vivant ! — s'écria Sébastien.

— Vivant ! et sauvé par vous, sans doute...

— Non, mademoiselle, jamais je n'aurais eu ce courage, — répondit-il; — celui qui l'a sauvé est un de ses anciens valets, un pauvre vieillard nommé, je crois, Nicolas; il a sauvé votre frère, et on lui a coupé aujourd'hui la tête, afin de le récompenser de son noble et sublime dévouement.

— Pauvre Nicolas ! — murmura Laure. — Et savez-vous ce qu'est devenu Ernest ? — dit-elle d'une voix craintive à Sébastien.

— Non, mademoiselle, et je ne veux pas le savoir, car...

Laure s'empara d'une de ses mains, et la portant à ses lèvres :

— Monsieur, — lui dit-elle, — je vous remercie de m'avoir sauvé la vie, et ma reconnaissance sera aussi grande que grande a été l'offense que vous a faite mon frère...

Sébastien passa la main sur son front comme pour en éloigner un pénible souvenir, puis, regardant avec des yeux de bonté la jeune fille : — Mademoiselle, — lui dit-il, — cette chambre sera désormais la vôtre; votre intérêt exige que vous demeuriez, quelque temps du moins, dans cette maison où personne ne vous sait, où personne ne viendra vous chercher. Vous êtes ici maîtresse absolue; quand vous désirerez me voir, vous ouvrirez cette porte et je viendrai vers vous; quand elle sera fermée, je ne troublerai sous aucun prétexte votre douleur ou votre méditation.

Et il lui remit une clef.

— Je n'en veux point, — répondit Laure; — ce serait vous faire injure, monsieur, que de vous craindre, vous qui avez été si grand; je suis ici chez vous, et vous entrerez ici quand bon vous semblera, et comme vous feriez si votre sœur demeurait avec vous.

Elle lui tendit la main.

Sébastien la serra dans la sienne.

Un mois après, le marquis de Beaufort, après avoir cherché inutilement à savoir ce qu'était devenue sa sœur, passa en Angleterre.

XII. — QUATRE ANS APRÈS

La tourmente révolutionnaire s'était calmée ; la guillotine se reposait, et le sol de la France, longtemps agité et remué, rentrait dans son repos ; Sébastien Dupuis avait longtemps cherché Marie Delaunay, car son amour pour elle ne s'était pas effacé de son cœur, et ses recherches avaient été inutiles. Laure avait vécu auprès de lui, bonne, charmante et résignée ; sa vie lui semblait si douce que, dans les longs entretiens qu'ils avaient le soir, quand il lui parlait de ses grandeurs passées, elle lui assurait qu'elle ne regrettait rien de sa vie écoulée, et qu'elle se trouvait plus heureuse dans sa petite chambre qu'autrefois dans son château.

Un an après, Laure pouvait sans danger se montrer ; on ignorait d'ailleurs qu'elle eût jamais existé ; mais, pour plus de sûreté, Sébastien la fit passer pour une de ses parentes, et il lui loua une petite chambre dans la maison qu'il habitait, car Laure ne voulut jamais consentir à demeurer loin de son frère ; elle eut déjà beaucoup de peine à se décider à renoncer à la petite chambre qu'elle aimait tant ; et il fallut qu'il employât son autorité fraternelle pour l'obliger à la quitter ; encore ce ne fut pas sans larmes.

Cependant elle se résigna à lui obéir ; mais elle lui fit jurer solennellement qu'il ne l'abandonnerait jamais, et que toujours ils demeureraient l'un à côté de l'autre, comme deux parents, comme deux amis. Sébastien le promit en riant, et Laure parut plus heureuse. Laure travaillait pour une lingère, et Sébastien s'occupait de médecine. Le travail de Laure la faisait vivre, sinon splendidement, du moins avec aisance ; Sébastien, lui, avait déjà une assez jolie clientèle ; tous deux paraissaient heureux, et tous deux cependant ne l'étaient point. Quand ils étaient ensemble, ils affectaient de n'avoir aucun chagrin, aucune peine secrète, et cependant par moment Sébastien tombait dans une profonde rêverie, et entendait à peine les paroles que lui adressait sa sœur : c'est ainsi qu'il nommait Laure ; ou bien, lorsque par hasard sa voix venait frapper son oreille, il s'éveillait comme en sursaut, et lui faisait répéter sa phrase.

— Vous êtes très aimable, — lui disait Laure ; — depuis une heure, monsieur, je vous parle, et vous vous occupez si peu de moi que vous ne vous êtes seulement pas donné la peine de m'entendre. Une autre fois, — continua-t-elle, — vous pourrez rester chez vous, si vous voulez être aussi maussade.

— Pardonnez-moi, — répondait Sébastien, — mais je ne sais ce que j'ai aujourd'hui ; je souffre, je me sens malade, tout m'ennuie, Paris m'obsède...

— Oui ; et vous voudriez que je vous laissasse partir, et pour aller où, puisque vous ne savez pas où elle est ?...

— Laure, changeons de conversation...

— C'est toujours ce que vous me dites quand je vous parle d'elle, mon ami ; pourquoi ne voulez-vous pas que j'en parle ? Le nom de ceux que nous avons aimés nous sont toujours chers, et prononcés quelquefois, ils nous réjouissent le cœur...

— C'est bien, Laure !

— Alors, vous ne me direz plus, à moi, que vous voulez quitter Paris, me quitter, moi, que votre absence laisserait sans soutien, sans appui, sans ami. Oh! monsieur, vous croyez que l'on se charge de sauver une jeune fille, et que cela n'impose pas de graves devoirs... de lourds sacrifices... Tenez, — continua-t-elle en souriant, — convenez que si c'était à recommencer, vous ne le feriez pas.

— Vous êtes une petite folle !...

— Et vous, le plus maussade frère que je connaisse, monsieur...

— Voyons, incomparable sœur, quels sont donc les énormes griefs que vous avez à me reprocher ?...

— D'abord, monsieur, comme vous le dites, ils sont énormes ; et, tenez, voulez-vous que je vous compte ici tous les torts dont vous vous êtes rendu coupable envers moi depuis ce matin ?...

— Je serais curieux de les connaître.

— Si cela encore pouvait vous empêcher de retomber dans les mêmes fautes ; mais vous êtes incorrigible...

— Allons! je ferai tous mes efforts pour me corriger ; êtes-vous contente ?

— Approchez-vous, monsieur ; encore un peu... encore... Ah ! c'est bien ; et maintenant, écoutez-moi.

Sébastien s'était tout à fait rapproché du fauteuil de Laure, qui, grave et sérieuse, le regardait avec un petit air pédant qui eût déridé le front le plus sévère.

— Premier chapitre d'accusation, — dit-elle : — ce matin, vous vous êtes levé si doucement, que je n'ai pu vous entendre, et cela a été cause que j'ai dormi deux heures de plus que je ne le dois ; vous m'avez donc volontairement, et je dirai même avec préméditation, encouragée dans ma paresse ; vous me devez, monsieur, les dix sous que j'ai manqué à gagner ; de plus, je vous condamne à dormir demain trois heures de plus, parce que si vous continuez à travailler comme vous le faites, vous vous rendrez malade, et vous ferez beaucoup de tort aux malades qui comptent sur vous.

Tout cela fut dit avec une volubilité charmante ; elle poursuivit bientôt : — Deuxième motif du premier chapitre d'accusation : non content de vous être levé deux heures plus tôt que de coutume, vous êtes parti sans entrer dans ma chambre, et sans venir m'embrasser comme nous en sommes convenus depuis fort longtemps ; en agissant de la sorte, vous avez manqué à un serment, ce qui est très grave, et à l'amitié que vous prétendez me porter, ce qui est impardonnable ; pour vous en punir, monsieur, je vous condamne à m'embrasser deux fois demain. — Troisième motif du premier chapitre d'accusation : au lieu de revenir, comme vous le faites habituellement, vers le midi, je ne vous ai pas vu ; ce qui m'a rendue très-inquiète, monsieur. J'ai craint d'abord qu'il ne vous fût arrivé quelque chose ; puis j'ai songé que vos occupations pouvaient vous avoir retenu, et cette pensée m'a apporté quelque consolation.

— En effet, j'ai été retenu chez un malade, — interrompit Sébastien, — mais j'ai pensé à vous.

— Premier motif du second chef d'accusation, — continua la jeune fille en se rapprochant du jeune homme. — Ah çà ! dites-moi, monsieur, ce que vous avez depuis quelque temps : vous êtes d'une tristesse que je ne vous ai jamais connue ; lorsque vous entrez ici, votre front est sévère, et je tremble toujours que vous ne me fassiez des reproches ; quand je me hasarde à vous adresser la parole, vous ne répondez jamais à mes questions et changez toujours d'entretien ; dites-moi ce que vous avez ?

— Ma chère Laure, — reprit Sébastien, — ce que vous me dites est plus grave que tout le reste, et je vais vous répondre franchement : je ne reviendrai pas sur le passé, vous le connaissez, car je n'ai jamais eu de secret pour vous ; je vous ferai seulement l'aveu de mes nouvelles souffrances ; sachez donc que depuis quatre ans je ne songe et ne pense qu'à une chose.

— Je l'ai bien deviné, — murmura Laure.

— L'amour de Marie était pour moi la vie, — continua Sébastien Dupuis. — Eh bien! depuis quatre ans, je cherche dans cette ville Marie, que je croyais s'y être réfugiée; je ne l'ai pas trouvée, et comme l'absence, au lieu d'affaiblir mon amour, l'a doublé, décuplé, je suis décidé à courir le monde jusqu'à ce que je l'aie rencontrée.

— Oh! mon frère !...

— Ma résolution est prise...

— Mais si elle est morte, — interrompit Laure ; — car, enfin, puisqu'elle vous aimait autant que vous l'aimiez, elle vous eût donné de ses nouvelles...

— Que me dites-vous ? — s'écria Sébastien.

— Je dis qu'elle ne vous aime pas ou qu'elle est indigne de vous, puisque depuis votre séparation elle ne vous a pas écrit...

— Oh ! marquis de Beaufort ! marquis de Beaufort ! — dit d'une voix terrible le jeune homme.

— Grâce pour lui ! — reprit Laure.

Sébastien sortit.

Les mois s'écoulaient, et Sébastien ne retrouvait pas Marie. Cependant Laure changeait à vue d'œil de jour en jour ; les roses de son teint se fanaient, ses yeux perdaient de leur éclat, et par moment elle tombait dans des rêveries si profondes, que la présence même de son frère bien-aimé ne pouvait la distraire ; Sébastien s'aperçut avec terreur de ce changement, et, pour la première fois peut-être, il comprit que si Marie avait eu tout son amour, Laure avait toute son affection, et que la perdre serait pour lui une horrible chose. Il lui demanda avec douceur ce qu'elle éprouvait, mais elle s'obstina à garder le silence, et il se promit de connaître la cause de son mal. Comme la plupart des jeunes filles de haute naissance, Laure était d'une santé délicate et frêle ; faible plante, il semblait en la voyant que le moindre aquilon devait la renverser ; singulier privilège, en effet, des natures distinguées : toutes, énergiques d'âme et de cœur, sont étiolées de corps ; leur force est en elles-mêmes.

Une langueur maladive succéda bientôt à l'abattement de Laure ; à peine avait-elle la force de marcher ; depuis longtemps elle avait renoncé à ses promenades le matin sous les arbres touffus du Luxembourg ; rarement elle se plaçait à sa fenêtre pour se réchauffer aux rayons du soleil ; elle ne sortait point de sa chambre, et passait ses journées à travailler ou à penser.

— Laure, — lui dit un jour Sébastien les larmes aux yeux, — je vous en supplie, apprenez-moi ce que vous avez...

Laure jeta sur lui un regard rempli de tristesse et de douceur, puis lui répondit, ce qu'elle lui répondait toujours, qu'elle ne souffrait pas.

— Mais vous n'êtes plus la même, — continua Sébastien ; — je vois bien que chaque jour votre mal augmente ; où s'arrêtera-t-il ? Savez-vous s'il ne doit pas vous enlever ?...

— Eh bien ! je mourrai, — dit Laure.

— Vous, mourir ! mais que deviendrais-je, moi, si vous mouriez ! Croyez-vous que je pourrais vivre ?...

— Sébastien, — répondit Laure gravement, — si je meurs, vous me pleurerez pendant quelque temps, puis vous m'oublierez bientôt.

— Ah ! vous le croyez !

— Je le crois...

— Et qui vous le fait supposer ?

— Pensez-vous que j'ignore que vous ne m'aimez pas ? — interrompit Laure. — Du reste, — continua-t-elle, — je ne puis vous en faire un reproche : on ne peut aimer deux fois.

Sébastien crut rêver en entendant ces paroles ; il regarda la jeune fille avec étonnement, Laure baissa les yeux et rougit ; puis, comprenant qu'elle venait de dévoiler les secrets de son cœur, elle reprit : — Je suis injuste, Sébastien, mais je souffre. J'étais folle de vous reprocher de ne pas m'aimer, vous qui, depuis cinq ans, ne passez pas un jour sans me combler de vos bienfaits, sans me donner des preuves continuelles de votre affection, oh ! pardonnez-moi !...

Et elle lui tendit la main.

Sébastien serra la main de Laure et la sentit frissonner ; Laure pencha sa tête sur l'épaule de son frère et se prit à sangloter.

— Calmez-vous, — murmura Sébastien, — la santé vous reviendra, ma sœur, j'en suis certain.

— Sa sœur ! — pensa Laure, — toujours sa sœur, jamais un nom plus doux.

— Est-ce qu'elle m'aimerait ? — pensait le jeune homme ; — oh ! non, — se dit-il bientôt ; — non, c'est impossible.

XIII. — IL ÉTAIT TEMPS

Quelques mois se passèrent encore, pendant lesquels s'opéra un grand changement dans le cœur de Sébastien ; jusqu'au jour où Laure lui avait involontairement révélé son amour, il n'avait vu en elle qu'une jeune fille jetée seule sur la terre, et n'ayant d'autre appui, d'autre protecteur que lui, et il avait saintement rempli la mission qu'il s'était imposée.

Du moment où il s'aperçut que l'affection jusqu'alors si innocente et si paisible de celle qu'il regardait comme sa sœur s'était métamorphosée en un plus tendre sentiment, pour la première fois il se prit à l'examiner avec plus de soin et d'intérêt. Quelque grand que puisse être l'amour qu'un homme porte à une femme, lorsque cette femme est loin de lui, lorsque tout espoir de la revoir lui est presque interdit, et qu'il rencontre une jeune fille douée de tous les charmes qui attirent, de toutes les qualités qui forcent à admirer, et que cette jeune fille est devant vos yeux, qu'on peut la voir, la contempler à chaque heure du jour, et qu'on acquiert la certitude que cette jeune enfant, qui n'a jamais aimé, vous aime de son premier amour ; que vous êtes pour elle la vie, la joie, le bonheur, quelque grand que soit votre premier amour, il doit finir par tomber devant ce nouvel amour, si rempli de séductions et d'entraînement. Malgré vous, vous vous laissez aller à cette pente sur laquelle vous glissez sans vous en apercevoir ; peu à peu les anciens souvenirs s'effacent, et l'amour malheureux fait place à l'amour partagé, à l'amour riche et jeune et plein d'illusions, qui vient s'offrir à vous. Par moment, votre passion ancienne se réveille, vous agite, vous transporte ; une voix intérieure vous crie que vous êtes coupable, criminel ; puis viennent les luttes, les victoires, les défaites ; vainqueur d'abord, vous êtes vaincu ensuite, parce que l'ennemi est toujours là, devant vous, vous attaquant à votre insu, triomphant de vous quelquefois même sans combattre.

Ce fut ce qui arriva à Sébastien Dupuis ; du jour où il connut l'amour de Laure pour lui, Laure devint plus intéressante à ses yeux. Rarement il lui advenait de ne pas l'aller visiter dans le charmant petit réduit qu'elle occupait. Puis, Laure, outre sa beauté, sa jeunesse, son éducation et sa douceur, devait être si pleine d'intérêt aux yeux d'un homme capable de profondément sentir ! Le contraste de sa vie présente et de sa vie passée offrait quelque chose de si attachant : la fille d'une des plus anciennes familles de France vivant, comme une obscure enfant du peuple, dans une modeste chambre, gagnant son pain avec son travail, elle qui avait vécu dans un château ; elle qui avait eu à ses ordres des valets, des fermiers, des vassaux ; et puis l'orgueil de se dire en la voyant : « Valets, fermiers, vassaux, fortune, titres, château, elle ne regrette rien, car à ses yeux je suis tout ! » Oh ! cette pensée eût suffi pour donner de l'amour à l'homme le plus indifférent.

Venaient ensuite de terribles réflexions : Sébastien, souvent, la tête dans ses mains, songeait à Marie et se demandait ce qu'elle devait être devenue depuis si longtemps qu'il ne l'avait vue ; si elle avait conservé de lui un aussi tendre souvenir que celui qu'il avait conservé d'elle, en supposant qu'elle vécût encore. Puis il pensait au marquis, et il s'interrogeait afin de s'expliquer l'effrayant mystère qui enveloppait sa vie et celle de Marie ; par moment il se disait que l'amour d'une femme ne peut lutter contre la force, contre les privations, contre le temps, et il se représentait sa fiancée livrée aux violences du marquis, sa fiancée déshonorée et indigne de lui ; et, dans ces instants, son ancien amour se changeait en rage ; il aurait voulu avoir en sa puissance l'homme infâme qui lui avait pris son bonheur et l'avait foulé sous ses pieds, et la femme qui n'avait pas eu assez d'amour pour résister à tout, aux menaces, aux séductions, à la violence.

Irrité, il se levait, se promenait comme un homme en démence dans sa chambre, et il ne revenait à lui que lorsque la douce voix de Laure calmait la tempête qui s'était élevée dans son cœur. Laure lui prenait avec inquiétude la main, et lui demandait en tremblant ce qu'il avait. Sébastien détournait ses yeux afin de cacher ses larmes, mais pas assez pour que Laure ne les aperçût point et ne l'accablât de ses questions.

Peu à peu Sébastien revenait à lui, s'asseyait sur un fauteuil, et Laure se plaçait à côté de lui, et le suppliait naïvement de lui raconter les motifs de son chagrin.

— Je n'ai rien, — lui répondait-il.

— Oh ! vous souffrez, — continuait-elle. — Apprenez-moi toutes vos afflictions, afin que je les partage.

— Vous êtes un ange, — lui dit-il un jour.

Et il lui prit la tête à deux mains et lui couvrit le visage de ses baisers.

Laure, étonnée, poussa un petit cri, et, levant les yeux, aperçut Sébastien qui lui tendait les bras ; elle se pencha sur lui à demi folle et à demi délirante de joie.

— Oh ! oui, je t'aime ! — s'écria Sébastien, la serrant sur son cœur ; — oui, je t'aime ! et toute ma vie sera employée à te le prouver !

Laure, qui croyait rêver, releva doucement la tête, et ses yeux pleins de larmes se posèrent un instant sur ceux du jeune homme, qui la serra de nouveau avec force contre son cœur.

Ce transport, ce délire, ou plutôt cette fièvre passée, Sébastien fut presque honteux de n'avoir point été maître de ses passions, et, s'accusant d'oubli envers Marie, il résolut de tout faire pour détruire les espérances que ses paroles avaient pu donner à Laure ; aussi, dès qu'il fut revenu à lui, s'approchant d'elle, il eut le courage de lui dire : — Laure, je vous demande pardon des paroles qui me sont échappées tout à l'heure : j'en ai prononcées que je ne pensais pas, et je m'accuse et me repens.

Laure le regarda, doutant encore de la vérité de ce qu'il disait ; mais le visage de Sébastien était si froid, si sévère, si impassible, qu'elle sentit un frémissement s'emparer de son cœur...

— Ainsi, — reprit-elle, — vous me trompiez...

Et il y avait tant de douleur naïve et profondément sentie dans ces paroles, que le jeune homme balança un instant s'il ne presserait pas Laure sur son cœur ; mais le devoir l'emporta sur la passion.

— Je vous trompais, Laure, mais sans le vouloir, — reprit-il...

Laure pâlit, s'appuya contre une chaise et tomba à la renverse ; elle était évanouie, ou plutôt mourante : ces paroles cruelles avaient brisé son cœur.

Sébastien était immobile de terreur.

Le lendemain et les jours qui suivirent, Laure de Beaufort fut obligée de garder le lit ; la secousse qu'elle avait éprouvée avait si fortement agi sur elle, qu'en peu d'heures sa vie fut mise en danger. Assis au pied de son lit, Sébastien ne la quitta pas un seul instant ; il n'avait pas permis que quelqu'un veillât auprès d'elle, et il s'établit son garde-malade. A la fin du troisième jour, Sébastien fut assuré que la malade ne courait plus aucun danger, et il en pleura de joie.

Après douze heures d'un délire effrayant et un sommeil de quinze heures, Laure ouvrit enfin les yeux ; et la première personne sur qui se posèrent ses regards fut Sébastien. Elle le contempla longtemps et avec joie ; puis, lorsqu'elle eut bien la certitude qu'elle n'était abusée par aucun songe, et que l'homme qui était à côté d'elle était Sébastien, elle lui tendit une main qu'il saisit avec avidité et qu'il porta à ses lèvres ; elle ouvrit la bouche pour parler, mais Sébastien lui mit la main sur les lèvres et lui fit signe de se taire, et la jeune fille se tut.

Vers les deux heures du matin, Sébastien était encore auprès de sa malade, et, malgré les douces prières de celle-ci afin qu'il prît un peu de repos, tout fut inutile; il s'obstina à passer la nuit près d'elle. Le lendemain, Laure se leva un peu; et comme les rayons du soleil se jouaient à sa fenêtre, elle témoigna le désir de se réchauffer à leur pénétrante chaleur, et, s'appuyant sur le bras de Sébastien, elle vint se placer à sa croisée. Le jeune homme tremblait, car il sentait le cœur de sa sœur bien-aimée battre contre son bras, et par moment il avait envie de la presser dans ses bras et de la couvrir de ses baisers.

Et il passa la nuit qui suivit encore près d'elle, et, placé à son chevet, il lui fit la lecture afin d'appeler le sommeil sur ses yeux; mais le sommeil ne venait pas, et Sébastien frissonnait. Vêtue d'une légère robe blanche, Laure, pâle et amaigrie par la maladie, ne ressemblait point à une femme, mais à un de ces êtres aériens qui la nuit nous apparaissent dans nos songes et nous abandonnent après nous avoir fait sentir cruellement leur absence. Malgré lui Sébastien laissa son livre glisser de ses mains, et, se livrant à une muette contemplation, ses regards considérèrent longtemps en silence sa chère Laure. Laure, interdite d'abord de cette contemplation, puis y lisant sans doute de l'admiration, ou bien attirée par une force invincible, le regarda à son tour, et leurs regards doux, enivrants, se mêlèrent; et Sébastien, dans un moment, ouvrit ses bras, et, les étendant vers la jeune fille, l'enlaça doucement. Laure ne fit aucun effort pour se détacher de ce doux enlacement, et ses lèvres murmurèrent : — Sébastien! Sébastien! — puis elle pencha sa tête sur l'épaule du jeune homme, puis leurs visages et leurs cheveux se rencontrèrent, puis leurs haleines s'unirent, puis leurs lèvres, comme par une convulsive étreinte, se rapprochèrent. Sébastien n'avait jamais ressenti ce qu'il éprouvait alors : c'était du feu qui courait dans ses veines. Laure, éperdue, mourante, avait passé ses bras autour du cou du jeune homme, et, tout entière à son amour, oubliant le danger qu'elle courait, obéissant au sentiment impérieux qui l'entraînait au-devant des baisers de Sébastien, elle murmurait ce nom chéri d'une voix éteinte.

Sébastien tout à coup se leva, se dégagea des bras de Laure, ouvrit la porte de la chambre et disparut.

Le lendemain, Laure le retrouva veillant près de son lit, et elle rassembla ses idées pour chercher à se rappeler ce qui s'était passé. Sébastien lui prit la main et lui dit : — Laure, je vous aime; voulez-vous être ma femme?

Laure, pour toute réponse, fondit en larmes.

— Calmez-vous, — continua Sébastien, — et répondez-moi sincèrement; j'ai cru m'apercevoir que je ne vous étais pas indifférent, et il m'a fallu cette circonstance pour oser vous parler ainsi.

— Cela ne se peut, — interrompit Laure.

— Et pourquoi?

— Parce que vous aimez une autre femme, et qu'en m'épousant vous n'agissez que par dévouement.

— Laure, — dit Sébastien, — je vais vous ouvrir mon âme tout entière : il est vrai que j'ai beaucoup et longtemps aimé une femme; mais, devant Dieu je vous le jure, cet amour a été remplacé par celui que vous m'avez inspiré; cet amour, jamais je ne vous en aurais fait l'aveu, car l'intervalle de naissance qui nous sépare...

— Et que m'importe la naissance, — interrompit la jeune fille, — n'en sommes-nous pas moins les enfants du même Dieu? Parce que je suis née d'un duc et vous d'un homme du peuple, vous me croyez plus noble que vous; ah! la noblesse n'existe que dans le cœur, et à défaut de la noblesse de la naissance, vous avez celle du cœur...

— Eh bien! Laure, devant Dieu, je vous le jure, toute ma vie, si vous voulez m'accepter pour époux, sera employée à vous rendre heureuse; dites, le voulez-vous?

— Si je le veux! oh! oui, Sébastien, car je vous le dis, si je n'avais pu être votre femme, le désespoir m'eût tuée.

XIV. — UNE RENCONTRE

Un mois après, ils étaient mariés. Nous ne raconterons pas l'histoire de leur bonheur, chacun le comprendra, celui de Laure surtout. Ils avaient quitté leur ancienne maison et étaient venus s'établir dans la rue de la Ville-l'Évêque, à quelques pas des Tuileries. La lune de miel de leur union fut des plus douces et semblait devoir être éternelle; jamais femme n'avait été plus aimable, plus tendre, plus affectionnée que Laure; jamais époux plus dévoué et plus simple que Sébastien. Avant d'avoir aimé Laure comme une femme, comme une maîtresse, il l'avait aimée comme une sœur; et ces deux sentiments s'étaient si bien fondus dans un seul, qu'il eût été impossible de dire si dans l'affection qu'il portait à sa femme, il y avait plus d'amour que de tendresse fraternelle, ou de tendresse fraternelle que d'amour.

Laure voyait son rêve réalisé : l'amour qu'elle ressentait pour Sébastien avait pris naissance dans un sentiment également grand et également puissant, dans l'admiration qu'elle avait éprouvée pour lui, lorsque le voyant accuser son frère devant le tribunal révolutionnaire, elle lui avait entendu dire quel motif dictait sa conduite. La clientèle de Sébastien s'augmentait de jour en jour; aimé, estimé, instruit, chacun le recherchait et se faisait une fête de lui être utile. Six mois après son mariage, son état pouvait lui rapporter de cinq à six mille francs par an, et, en apportant de l'économie dans un ménage, il était facile de vivre, sinon splendidement, du moins honorablement.

Les goûts de Laure étaient excessivement simples : elle ne faisait aucun cas de sa toilette; qu'elle fût vêtue avec grâce et bon goût, peu lui importait le reste. Il n'y a guère d'ailleurs que les femmes qui n'aiment pas leur mari qui se passionnent pour la toilette; ordinairement la femme qui ne cherche à plaire qu'à son mari dédaigne ces petits moyens pour y arriver, et rougirait d'essayer de faire l'assaut de son cœur, grâce à un cachemire ou à une robe nouvelle.

Cependant, disons-le de suite, malgré le bonheur qu'elle éprouvait, Laure n'était pas constamment heureuse; d'une âme vive, ouverte, passionnée, elle voulait être aimée avec la même ardeur qu'elle aimait. Et, malgré elle, le souvenir de l'ancien amour de son mari la préoccupait; elle se demandait si cet amour était bien mort au fond de son cœur, s'il avait été aussi grand que celui qu'elle éprouvait pour lui, et, par instant, elle se sentait jalouse, et des larmes venaient briller dans ses yeux. Puis elle s'accusait d'injustice, d'ingratitude; elle se disait que Sébastien ne l'avait pas trompée, qu'il ne lui avait point caché l'amour qu'il avait ressenti pour Marie, et qu'elle n'était pas en droit de lui adresser de reproche. Et cette pensée la calmait un peu, mais ce calme n'était qu'apparent, et dès qu'elle surprenait un peu de tristesse sur le visage de Sébastien, ses terreurs lui revenaient; et ne croyez pas qu'elle se plaignît : non, elle renfermait ses douleurs en elle-même; ses larmes, personne ne les voyait couler; ses sanglots, personne ne les entendait; elle souffrait, mais en silence, mais avec résignation; elle souffrait avec le courage des anciens martyrs qu'on mutilait, et auxquels la douleur n'arrachait aucune larme, aucun sanglot, aucune plainte.

Par moment, Sébastien, la voyant pâle et le visage plein d'anxiété, la questionnait afin de connaître les motifs de sa pâleur; mais elle lui souriait alors, et tout se bornait là, et Sébastien ne soupçonnait rien.

Un jour, Sébastien Dupuis lui annonça qu'il était obligé de se rendre à Rouen pour une cure importante; il devait partir le soir même et ne revenir qu'à la fin de la semaine; l'on était au lundi, et Laure fit de tendres reproches à son mari.

— Que veux-tu? — lui dit-il, — voilà notre état : nous ne nous appartenons pas, nous sommes tout entiers aux autres, et nous n'avons même pas le temps d'être heureux.

— Et que vas-tu faire à Rouen? — interrompit Laure; — il n'y a donc pas de médecin dans cette ville, qu'il leur faille nous enlever ceux de Paris?

— Il s'agit d'une cure, très-importante, ma chère Laure; il y a beaucoup de médecins à Rouen, mais aucun n'a osé entreprendre la guérison du malade : je l'ai entreprise, moi, dans l'intérêt de ma réputation; si je réussis, j'adresse un rapport à l'Académie de médecine à mon retour, et ma fortune est faite...

— Et c'est aux dépens de notre bonheur que tu l'achètes, — dit Laure.

— Allons, mauvaise, si j'écoutais vos discours, je deviendrais d'une fatuité impardonnable; ne dirait-on pas que je suis si indispensable à votre félicité, que lorsque je suis absent, vous êtes malheureuse?

— Et si c'était vrai?

— Si c'était vrai, ma petite Laure, tu aurais du courage, tu penserais que moi aussi je souffre de m'éloigner de toi, mais que cependant je me résigne.

— Et qui vous empêche, puisque cela vous contrarie comme moi, qui vous empêche de m'emmener? Je n'ai jamais vu Rouen; une fois débarrassé de cette cure importante, vous me conduiriez jusqu'au Havre et me feriez voir la mer, que j'aurais tant de bonheur à contempler.

— Cela est impossible, ma Laure.

— Pourquoi impossible?

— Parce que...

— Ah! ce sont là toutes vos raisons...

— Allons, tu vas me faire la guerre. Voulez-vous tout de suite quitter cette laide et maussade figure; et maintenant, embrassez-moi.

— Tu pars déjà?

— Non, je ne partirai que ce soir.

Le soir Sébastien Dupuis partit, en promettant de revenir le plus tôt possible; Laure éprouva à son départ un serrement de cœur dont elle ne put se rendre compte; c'était la première fois qu'elle se voyait séparée de lui, et un vague pressentiment lui disait qu'elle ne le reverrait plus, ou que si elle le reverrait il ne serait plus le même pour elle; elle s'enferma toute la journée du lendemain dans sa chambre, et ne reçut personne.

Vers le soir, sa douleur s'apaisa un peu, et des pensées moins tristes l'absorbèrent. Elle se reportait aux lieux où était Sébastien; comme lui elle partageait son espérance, comme lui elle se disait que cette cure allait le mettre en évidence, le tirer de l'obscurité studieuse où il avait vécu jusqu'alors, et elle se trouva consolée un peu.

Elle s'endormit, bercée dans ces douces idées. Le lendemain le ciel était beau, le soleil brillant, et elle résolut de faire une petite promenade aux Tuileries. Elle était assise depuis une demi-heure sous les marronniers qui longent l'avenue de la terrasse, un livre à la main, et souvent elle oubliait ce qu'elle lisait pour penser à Sébastien, quand il lui sembla entendre une voix douce qui lui parlait.

Elle tourna la tête rapidement et aperçut, en effet, timidement placée derrière elle, une pauvre femme simplement mise, mais dont la toilette n'annonçait pas même l'aisance, malgré le soin qu'on avait dû employer à lui donner quelque élégance. Laure fut surprise de voir cette femme, qu'elle ne se rappelait pas avoir jamais vue, ainsi debout derrière elle. Par un mouvement involontaire, elle se leva.

— Oh! demeurez assise, madame, — lui dit la pauvre femme en baissant les yeux, — et pardonnez-moi de vous avoir troublée dans votre lecture.

— Vous ne m'avez pas troublée, madame, — interrompit Laure; — mais, dites-moi, ai-je l'honneur d'être connue de vous?

— Non, madame, — reprit timidement la pauvre dame.

— Et qu'avez-vous à me dire?

— Mais je ne sais plus trop, — murmura-t-elle tout émue et en voulant s'éloigner.

Laure l'arrêta : — Pardon, madame, — lui dit-elle, — mais vous aviez quelque chose à me dire, et...

Elle n'acheva point sa phrase.

— Non, en vérité, — interrompit la pauvre femme.

— Est-ce donc un secret? — dit Laure.

— Vous me paraissez bonne, — interrompit la pauvre femme, — et si vous me le permettez, je vous parlerai franchement.

— A la bonne heure, — reprit madame Dupuis en l'attirant doucement auprès d'elle; — eh bien, parlez, je vous écoute.

— Oh! madame, vous êtes bonne, — dit la pauvre femme, — je ne vous avais donc pas mal jugée...

— Ouvrez-moi votre cœur, et, croyez-moi, vous n'aurez pas tort.

La pauvre femme s'assit sur le banc de pierre à côté de Laure.

— Eh bien, je suis prête à vous entendre.

— Madame, je ne sais si j'oserai.

— Vous n'êtes pas heureuse! pardon si je vous parle ainsi; mais pardon, — continua-t-elle, — pardon si je me suis trompée.

— Vous avez dit la vérité, madame.

— Eh bien, dites-moi en quoi je puis vous être utile, en quoi je puis vous servir, et nous verrons après...

— Mon histoire est triste, et je vous en ferai grâce, madame.

— Non, parlez, je vous écoute.

— Madame, j'ai vingt-deux ans, — reprit la pauvre femme, — et j'implore votre pitié...

— Dites, que puis-je pour vous?

— J'ai quitté Paris depuis quatre ans, madame, et je suis sans ressource ; j'aurais pu, comme tant d'autres, mendier, et je ne l'ai pas fait.

Laure la regarda avec bonté.

— Je ne suis pas riche, — interrompit-elle; — mais vous pouvez vous ouvrir à moi, je puis peut-être vous être utile.

La pauvre femme prit les mains de madame Dupuis et les serra dans les siennes.

— Je vous ferai une confession franche, — lui répondit-elle, — mais vous n'en accuserez que vous seule, car si vous ne m'aviez pas encouragée à vous parler, je me serais éloignée.

— Voyons, parlez, — dit madame Dupuis.

— Que voulez-vous que je vous apprenne, — interrompit la pauvre femme, — mon histoire est celle de toutes les personnes qui souffrent. Depuis six ans, madame, j'ai horriblement souffert. J'ai été retenue captive pendant la révolution par un homme que je haïssais, que je méprisais; cet homme était puissant, la révolution est venue et j'ai été délivrée; et puis, j'avais une fortune autrefois, mais quand la liberté m'a été rendue, cette fortune était perdue. Tous ceux que j'aimais et sur lesquels je pouvais compter sont morts, et maintenant je suis seule en ce monde.

Ces paroles, prononcées avec résignation, firent impression sur madame Dupuis, qui se souvenait de ce qu'elle avait été autrefois.

— Oui, — répondit-elle, — la révolution a amené bien des bouleversements dans les familles et même dans les plus hautes; mais apprenez-moi tout.

— Ma vie sera bien simple à vous raconter, madame; heureuse jusqu'à l'âge de seize ans, entourée d'une famille qui m'aimait et que j'adorais, j'en ai été brutalement arrachée, et maintenant je suis sans pain et sans asile.

Ce peu de paroles, prononcées avec simplicité, allèrent au cœur de Laure et la touchèrent profondément.

— Donnez-moi le bras, — répondit-elle à la pauvre jeune femme, — et venez chez moi; — puis, lorsque toutes deux furent arrivées, elle lui demanda comment elle se nommait?

— Marie, madame.

— Eh bien, Marie, asseyez-vous et écoutez-moi, — reprit madame Dupuis; — je ne suis pas riche, mais l'état de mon mari nous fait vivre dans l'aisance, vous êtes venue sans doute à Paris avec l'intention de vous y placer convenablement?

— L'on m'avait donné une lettre de recommandation pour entrer chez le marquis d'Uzès : je me présentai chez lui et j'appris qu'il était en Amérique depuis six mois, et que l'on ignorait à quelle époque il devait revenir.

— Eh bien, vous demeurerez chez moi jusqu'à son retour, ou bien jusqu'à ce que vous ayez trouvé un emploi, Marie; est-ce convenu, est-ce entendu?

— Mais, madame, je ne sais si...

— Vous refusez?...

— Mais c'est que je suis confuse de votre bonté; quoi! sans me connaître, sans savoir qui je suis, d'où je viens, vous m'ouvrez ainsi votre maison, vous me recevez chez vous?

— N'êtes-vous pas malheureuse?...

— Mais votre mari, madame, croyez-vous qu'il approuve votre conduite? Ne devez-vous pas craindre qu'il vous blâme d'avoir agi si légèrement, et à son insu. Oh! tenez, madame, laissez-moi partir; je me repentirais trop si je devais vous causer quelque chagrin.

— Eh bien, c'est convenu, vous demeurerez ici, — interrompit madame Dupuis; — d'ailleurs, — ajouta-t-elle en riant, — la femme d'un médecin doit avoir au moins près d'elle une dame de compagnie; eh bien, Marie, vous serez ma dame de compagnie et mon amie, — dit-elle en lui tendant la main.

— Comment vous refuser, madame?

— Je vous parle ainsi pour que vous ne me refusiez pas, — reprit Laure; — maintenant venez à votre chambre, je vais vous la montrer, et vous pourrez vous y installer dès cet instant même.

Elle la prit par la main et la conduisit à une jolie petite chambre située à un étage au-dessus; elle était petite, comme nous venons de le dire, mais elle était entourée d'un beau papier bleu, une fenêtre donnait sur les jardins, et un air pur montait jusqu'à cette fenêtre.

— Eh bien, comment vous trouverez-vous ici? — dit madame Dupuis; — la vue est charmante, et lorsque vous serez fatiguée de notre société, vous viendrez ici rêver à votre aise.

— Madame, — répondit Marie en baisant la main de Laure, — je ne sais comment vous remercier de votre bonté, de votre générosité, mais permettez-moi de vous ouvrir mon cœur : je ne puis accepter qu'à une seule condition; je resterai chez vous comme vous le voulez, mais je vais écrire à mon pays pour que l'on m'envoie mes papiers, afin que vous puissiez être convaincue que je ne vous ai pas trompée. Puis, lorsque je les aurai reçus, je vous demanderai la faveur de demeurer chez vous, non pas en qualité d'amie, ni de dame de compagnie, mais en qualité de domestique...

— Y pensez-vous?

— Oui, madame, il n'y a pas de honte à travailler pour vivre, il y a de la honte à recevoir l'aumône.

Laure lui prit la main, la serra affectueusement dans les siennes, ouvrit la porte et laissa Marie seule dans sa chambre.

Le premier soin de Marie fut de tomber à genoux et de remercier le ciel, qui enfin avait cessé de la poursuivre. Marie paraissait avoir vingt-cinq ans, mais on devinait qu'elle n'était point si âgée. Son visage, fatigué et usé prématurément, annonçait une vie orageuse et remplie de malheurs. En la regardant on se sentait involontairement pris de pitié, et tout disposé à lui être agréable.

L'ambition de madame Dupuis avait toujours été d'avoir près d'elle une domestique; mais Sébastien lui avait fait observer qu'ils n'étaient pas encore assez riches pour cela, et qu'ils feraient bien d'attendre quelque temps encore...

— Mais je puis devenir enceinte, — répondait Laure, — et alors...

— Et alors je te donnerais une bonne, — interrompait son mari en lui serrant tendrement les mains.

Quoi qu'il en soit, Laure avait loué à tout hasard une petite chambre dans la maison, destinée d'avance à la domestique qu'ils ne devaient pas tarder à avoir. Voilà ce qui explique comment Marie se trouva installée le jour même chez madame Dupuis.

Seule dans sa petite chambre, Marie se jeta sur son lit, car elle était accablée de fatigue; le sommeil ne tarda pas à s'emparer d'elle, et, quoique nouvelle fût des plus heureuses et des plus inespérées, elle fit d'horribles rêves et s'éveilla en sursaut et couverte d'une sueur glacée. Elle se jeta lestement à bas de son lit; en ce moment on frappa à la porte, et la voix douce de Laure se fit entendre.

— Ma bonne amie, — disait-elle, — le dîner est servi : voulez-vous venir.

Marie se hâta de descendre.

XV. — LE RETOUR

Le lendemain Marie se leva de grand matin, rangea tout dans sa petite chambre, descendit dans l'appartement de madame Dupuis, et mit tout en place. Laure fut bien surprise, en se levant, de voir tout rangé et le déjeuner prêt à être servi, mais elle en fit de tendres reproches à son amie : — Ecoutez, — lui dit-elle, — je vous le répète, vous n'êtes point ici et ne serez jamais à mes yeux, ni à ceux de mon mari, une domestique; ainsi, à l'avenir, ne vous occupez nullement du ménage et de travaux qui ne conviennent qu'à une domestique.

— Mais vous vous donniez bien cette peine! — répondit Marie.

— Moi, c'est différent, je le puis sans nul inconvénient : je travaille pour moi.

— Eh bien, me permettrez-vous au moins de vous aider et de partager la moitié de votre peine?

— Nous verrons, — répondit Laure.

Après le déjeuner elles firent une courte promenade aux Tuileries, et toutes deux, par un sentiment indéfinissable, s'allèrent asseoir sur le banc où la veille elles s'étaient rencontrées.

— Est-ce que vous venez souvent vous promener ici, madame?

— Dites donc Laure, — interrompit madame Dupuis.

— Je ne pourrai jamais m'y accoutumer, — répondit Marie en rougissant; — mais, dites-moi, avez-vous donc coutume de venir ici?...

— C'est la quatrième fois que j'y viens.

— Oh! le ciel m'a évidemment protégée en vous conduisant hier ici, madame.

— Et moi également, Marie, il m'a protégée, puisqu'il m'a fait rencontrer une amie...

— Vous êtes bonne, mais je redoute une chose; croyez-vous que votre mari ne vous blâme pas : je ne sais pourquoi, mais j'ai peur de votre mari sans le connaître...

— Vous le verrez, et quand vous l'aurez vu vous l'aimerez. Oh! moi, je l'aime tant! — continua-t-elle; si vous saviez ce qu'il a fait pour moi! je vous conterai tout un jour.

A peine étaient-elles rentrées, que le facteur monta et frappa la porte. Laure alla lui ouvrir et il lui remit une lettre. Dès qu'il fut parti, madame Dupuis bondit de joie et dit à Marie : — C'est une lettre de lui, de mon Sébastien!

— Sébastien! — reprit involontairement Marie.

— Oui, — dit Laure; — mais qu'avez-vous donc? comme vous êtes pâle! vous sentiriez-vous malade?

— Non, ce n'est rien, — répondit Marie en souriant, — ce nom seulement que vous venez de prononcer m'a rappelé de bien cruels souvenirs; pardon de vous avoir interrompue.

— Voyons, que peut-il m'écrire? — continua Laure, qui avait déjà oublié l'effet que le nom de Sébastien avait produit tout à coup sur Marie; — il dit sans doute, — continua-t-elle en hésitant à ouvrir la lettre, — qu'il ne peut revenir encore, sans cela pourquoi m'eût-il écrit?

Et elle tenait toujours sa lettre à la main et n'osait l'entr'ouvrir, dans la crainte d'y trouver une fatale nouvelle; enfin la curiosité l'emporta, et elle lut :

« Ma chère Laure,

» Ma cure a été des plus heureuses, je l'ai terminée le lendemain de mon arrivée; si je suis demeuré quelques jours de plus à Rouen, c'est que tous les Rouennais se prétendaient malades afin que je les guérisse; toute la ville, à l'entendre, était enrhumée ou phthisique; enfin, je vais être débarrassé sous deux jours de tous les honneurs qu'on me rend, et je prendrai immédiatement la diligence; dans trois jours, au plus tard, je serai près de toi. Je ne vous demanderai pas, méchante, comment vous êtes trouvée de mon absence, je suis persuadé que vous n'avez pas pensé à moi la vingtième partie des fois que j'ai pensé à vous; vous m'apprendrez tout cela à mon retour, et vous n'exagérerez ni ne diminuerez le nombre des souvenirs que vous m'avez accordés.

» Adieu, ou plutôt au revoir, ma petite femme.

» SÉBASTIEN DUPUIS. »

En entendant prononcer ce nom, Marie sentit un frisson parcourir tout son corps; elle voulut se lever, afin de s'assurer par elle-même si elle avait bien entendu; mais ses forces trahirent sa volonté, elle fit quelques pas, entr'ouvrit la bouche, étendit les bras et tomba évanouie. Laure, effrayée de cet événement et ne sachant à quoi l'attribuer, songea d'abord à lui porter secours. Marie ne revint à la vie que deux heures après, encore était-elle si faible, que Laure ne put apprendre les motifs de son évanouissement. Laure passa une partie de la nuit auprès d'elle, malgré ses prières.

Le lendemain Marie allait mieux.

— Oh! mon Dieu! — se dit-elle quand elle fut seule, — ai-je bien entendu? Oui, c'est bien le nom de Sébastien qui a frappé mes oreilles : Sébastien Dupuis! Mais non, ce ne peut être ce Sébastien qui, autrefois... Mais ces deux noms mis l'un à côté de l'autre... quelle effrayante similitude!

En ce moment madame Dupuis entra.

— Eh bien, comment vous sentez-vous? — lui dit-elle.

— Très bien, grâce à vos bons soins, madame.

— Mais qu'avez-vous donc eu?

— Je l'ignore. Un malaise subit et que je ne comprends pas, et auquel je ne suis pas accoutumée... Mais vous, à mon tour, permettez-moi de vous adresser un reproche : passer une partie de la nuit auprès de moi... Savez-vous que votre mari, s'il arrivait, vous adresserait de graves reproches.

— Sébastien est bon, généreux, et il ne me blâmerait pas d'avoir passé une nuit près de vous, qui étiez malade, souffrante.

— Mon Dieu! vous l'aimez bien, votre mari, et, sans le connaître, je vous donne raison; mais je vous semble ridicule une troisième fois : eh bien! je ne sais pourquoi, je suis sûre qu'il vous reprochera de m'avoir reçue ici en son absence.

— Pas le moins du monde; quand il vous verra, il fera comme moi, il vous aimera.

— Puissiez-vous dire vrai!...

— Vous en doutez encore?

— Vous l'avouerai-je?...

— Parlez sans détour...

— Eh bien, oui! je crains son arrivée...

— Et vous voulez me quitter?...

— J'hésite...

— Vous ne m'aimez donc pas? — lui dit Laure.

— Si je vous aime, madame! Qui ne vous aimerait pas? vous êtes si noble, si grande...

— Mon Dieu! quelle idée vous faites-vous donc de mon mari? — interrompit Laure en souriant.

— Tenez, vous savez que souvent on se crée à tort ou à raison des portraits, ainsi que des caractères; lorsqu'on a parlé beaucoup de quelqu'un qu'on s'attend à chaque instant à voir, l'imagination revêt cette personne de formes et de signes le plus ordinairement faux. Je vais vous faire le portrait de votre mari.

— Voyons, — reprit Laure, — je suis curieuse de savoir comment vous allez me rendre mon bon Sébastien.

— D'abord, il a trente ans...

— Non...

— Trente-cinq, alors.

— Encore moins...

— Il est très-grand...

— Vous êtes dans l'erreur; il est d'une taille ordinaire...

— Gros de corps...

— Pas le moins du monde, ma chère amie...

— Il a de beaux favoris noirs.

— Il ne porte point de barbe... et il est blond.

Ici, Marie s'appuya sur sa chaise, et son visage, d'animé qu'il était, devint blanc.

— Qu'avez-vous donc? — lui dit Laure.

— Je continue mon portrait, — se hâta d'ajouter Marie; — voyons si le reste offrira plus de ressemblance...

— Il a le teint rose, frais, quelques légères couleurs...

— Il est pâle, — répondit Laure.

— Je ferais un fort mauvais peintre, — se hâta d'ajouter Marie, dont la pâleur augmentait visiblement.

— Allez toujours, — reprit Laure, — que toutes ces suppositions amusaient...

— Que voulez-vous que je vous dise, madame?

— Et ses yeux?...

— C'est juste, j'oubliais; ils sont grands et bleus...

— Grands et bleus, vous avez deviné cette fois; mais vous n'avez pas dit qu'ils étaient d'une douceur d'ange. Ainsi, vous voyez, ma chère amie, que vous vous êtes complétement trompée à l'égard de mon mari : vous m'en avez fait un homme que je ne pourrais que détester, tandis que, lui, je l'aime à l'idolâtrie.

Chacune des paroles de Laure entrait comme un trait acéré dans le cœur de Marie; mais sa position l'obligeait au silence; et d'ailleurs, qu'eût-elle pu dire? Sébastien était marié, et elle se trouvait devant sa femme; elle renferma donc sa douleur en elle-même, et feignit même de sourire, afin de ne donner aucun soupçon à madame Dupuis.

— Eh bien! il en est de même pour son caractère, — dit-elle; — vous le supposez tout autre qu'il n'est; mais vous ne lui aurez point parlé une heure, que bien vite vous reviendrez de l'opinion que vous vous en étiez faite, et vous direz avec moi que Sébastien est le plus noble des hommes.

— Oh! madame, je n'en doute pas, — répondit Marie avec une expression étrange.

— J'aime à vous entendre parler, — dit Laure. — Oh! si vous saviez, je voudrais que tout le monde aimât mon mari.

— Et vous en seriez bien vite jalouse!...

— Oh! je m'explique sur le mot aimer; j'entends par là dire de l'estime...

— Et je le pense comme vous, madame. D'ailleurs, bonne, jolie et aimable comme vous l'êtes, quelle femme espérerait vous remplacer dans le cœur de M. Dupuis?...

— Et quelle femme, surtout, pourrait l'aimer autant que moi? — dit Laure en prenant la main de Marie.

— Moi, sans doute, — pensa la pauvre femme; — qui sait même si je ne l'ai pas aimé plus que vous?

Lorsque Marie fut seule, elle se livra à tout son désespoir. Maintenant, elle n'avait plus d'hésitation, d'incertitude, l'homme qu'elle avait tant aimé, celui pour lequel elle avait consenti à vivre malheureuse pendant plusieurs années; celui dont elle avait prononcé le nom chaque matin en s'éveillant depuis leur séparation; celui auquel elle aurait volontiers fait le sacrifice de sa vie; cet homme qui avait juré de n'aimer qu'elle, qui le lui avait dit tant de fois, dans les yeux duquel elle l'avait lu si souvent autrefois, cet homme avait manqué à ses serments, renoncé de sang-froid à ses promesses, oublié celle qu'il avait dû épouser, puis il s'était marié à une autre.

Cette pensée était horrible.

Marie avait toujours aimé Sébastien; absent, son image ne l'avait pas quittée; pendant ses plus grandes souffrances, une idée seule l'avait soutenue, c'était celle qu'un jour elle retrouverait Sébastien, et qu'il lui ferait, à force d'amour, oublier ses chagrins passés; et cet homme elle le retrouvait parjure, oublieux et marié!

Toute une tempête s'éleva dans son cerveau; par moment, elle était folle; elle formait tantôt le projet d'attendre le retour de Sébastien, d'aller ouvrir elle-même, et de lui dire : « C'est moi qui suis ta femme! »

Tantôt elle songeait à tuer cette bonne Laure, qui l'avait accueillie si généreusement; puis de dire à Sébastien : « C'est toi qui l'as frappée! »

Ou bien, elle était résolue de ne rien avouer à Laure, et à vivre heureuse entre elle et son mari; puis bientôt elle repoussait avec dégoût cette pensée.

Cependant elle n'avait plus que deux jours devant elle pour prendre un parti. Elle descendit donc auprès de Laure.

— C'est très aimable à vous de me venir tenir compagnie, — lui dit Laure; — je commençais à m'ennuyer toute seule ici, et je me disposais à monter chez vous, lorsque vous m'avez prévenue. Avancez cette chaise, et approchez-vous de moi, nous causerons, et, si vous le voulez, nous parlerons de lui...

Marie demeurait debout, pâle et immobile.

— Eh bien! qu'avez-vous donc, que ne vous asseyez pas?

— Non, madame.

— Et pourquoi?

— Parce que je viens vous faire mes adieux.

— Vos adieux!

— Oui, madame.

— Comment! vous me quittez?

— J'y suis forcée.

— Mais qui vous y oblige?

— Je ne puis vous le dire.

— Mais, c'est donc bien grave?

— Bien grave et si vous le saviez...

— Si je le savais?...

— Vous m'engageriez...

— Je vous engagerais ?...

— A prendre le parti auquel je me résous.

— Mais le motif qui vous engage à me quitter me concerne donc aussi ?...

— Non, madame...

— Vous me le jurez ?...

— Je vous le jure...

— Mais, hier, vous pensiez différemment ?

— C'est que, depuis hier, j'ai réfléchi.

— Oh ! je suis désolée de vous voir me quitter.

— Et moi aussi, madame, — reprit Marie, dont le cœur était gros et dont les yeux étaient pleins de larmes, — moi aussi, car je vous aime... Mais je vous reverrai plus tard, ou plutôt, je vous écrirai, et vous comprendrez que j'ai eu raison...

— Que ne me le dites-vous de suite ?

— Cela m'est impossible...

— Et vous me quittez ?...

— A l'instant...

— Mais, vous ne partirez pas sans me dire adieu, n'est-il pas vrai ?

— Vous me prenez donc pour une ingrate ?

— Oh ! pardon !

— Dans une heure, je viendrai vous faire mes adieux, madame...

— D'ici là, vous réfléchirez encore.

— Mon parti est pris...

— Le Ciel veuille que vous ne vous en repentiez pas !...

Un quart d'heure s'était à peine écoulé depuis le départ de Marie que Laure entendit frapper à la porte ; elle pensa que son amie avait changé de résolution, et elle se hâta d'aller ouvrir ; elle poussa un cri et tomba dans les bras de Sébastien. Les premiers épanchements passés, tous deux s'assirent l'un près de l'autre.

— Tu ne m'attendais pas sitôt ? — lui dit Sébastien.

— Je ne comptais te voir que demain ; mais quel heureux hasard a donc avancé ton arrivée d'un jour ?...

— Un hasard, comme tu le dis ; la voiture qui devait partir hier est partie avant-hier, et afin d'être deux jours plus tôt auprès de toi, je l'ai prise.

— Et je t'en remercie.

— Voyons, — dit Sébastien, en asseyant tendrement sa femme sur ses genoux, — dis-moi ce que tu as fait depuis que je suis parti... Combien de fois avez-vous pensé à moi ?... Oh ! ne vous pressez pas de me répondre ; je sais à l'avance que vous allez me flatter, même aux dépens de la vérité ; mais je vous déclare que si vous exagérez, je ne croirai pas un mot de ce que vous me direz.

— Et vous, monsieur, qui, depuis votre retour ici, ne faites que parler, dites-moi si vous avez pensé, je ne dirai pas beaucoup, mais quelquefois, à moi. Vous êtes-vous bien amusé dans votre ville de Rouen ? y avez-vous fait une cour assidue aux dames ?

— Mais il y a quelque vérité dans tout ce que vous me dites là, ma chère amie ; j'ai pensé un peu à vous, et j'ai trouvé les Rouennaises charmantes.

— Ah ! eh bien, moi, monsieur, en votre absence, je me suis beaucoup amusée, divertie ; j'ai chanté une partie de la journée, et, quand il faisait beau, j'allais me promener aux Tuileries...

— Eh bien ! mon enfant, tu as bien fait... Et quelles rencontres as-tu faites aux Tuileries ?...

— J'en ai fait une, — dit tout bas et avec mystère Laure, en se penchant sur le visage de Sébastien...

— Une, rien qu'une ?...

— Rien qu'une, mais elle en vaut dix...

— Et, sans doute, c'est un cavalier charmant ?...

— Charmant !... yeux noirs, figure pâle, taille élégante, voix douce comme celle d'une femme ; enfin, c'est un cavalier accompli.

— Ah !...

— Eh bien ! vous voyez, monsieur, que si vous vous occupez des Rouennaises, nous avons également des yeux pour admirer et voir.

— Et ce cavalier vous a parlé ?...

— Oui, il m'a abordée, comme j'étais assise sur un banc ; je lui ai répondu, et au bout d'une demi-heure, nous étions les meilleurs amis...

— Et de quoi avez-vous parlé ?...

— Oh ! oh ! de beaucoup de choses... puis de vous...

— Ah ! de moi !...

— Oui, mais il ne m'a guère témoigné le désir de vous connaître.

— Je le comprends, — dit en riant Sébastien, — les maris sont des épouvantails aux yeux des galants... Et êtes-vous restée longtemps dans sa société ?

— Depuis trois jours il ne me quitte pas...

— Vraiment ?...

— C'est la vérité.

Ici le visage de Sébastien parut se rembrunir un peu ; Laure s'en aperçut, et, comme elle voulait se venger de l'indifférence simulée de son mari, elle continua. Cependant Sébastien fit bientôt réflexion que tout ceci n'avait été qu'une plaisanterie, et il voulut voir jusqu'où irait Laure dans la fabrication de sa petite histoire.

— Et ce cavalier me connaît-il ?

— Non...

— Il est jeune, m'as-tu dit ?

— Il a vingt-deux ans...

— Et il doit venir aujourd'hui ?

— Avant une demi-heure il sera ici...

— Bien vrai ?

— Je te le promets...

— Eh bien ! je vais l'attendre... Mais, je pense, lorsqu'il sonnera, qui ira lui ouvrir ? Faut-il que ce soit moi ?

— Oh ! c'est inutile ; il a ma seconde clef, et il entrera tout seul...

— A merveille !...

Sébastien venait de s'étendre dans son fauteuil, riant en lui-même du récit de sa femme, lorsqu'on ouvrit la porte ; involontairement il se leva en disant : — Qui donc entre ainsi ?...

— Le cavalier dont je t'ai parlé.

Et une seconde porte s'ouvrit ; Sébastien commençait à trouver la plaisanterie d'assez mauvais goût ; la porte du salon s'ouvrit également, Marie parut. Laure s'avança en riant près de Sébastien, mais il venait de reculer involontairement, et regardant Marie en face, Marie qu'il venait de reconnaître, il poussa un petit cri... Marie, à sa vue, en poussa un autre, et, à son tour, recula tout anéantie.

Ce mouvement avait été rapide comme l'apparition de Marie, mais Laure l'avait suivi avec attention ; elle s'approcha toute bouleversée près de son mari, dont le visage était pâle et violemment ému, et lui dit : — Mais qu'as-tu donc, Sébastien ?

— Je n'ai rien, — répondit-il.

— Et vous, Marie, qu'avez-vous ?

— Rien.

— C'est étrange ! — pensa-t-elle en portant ses regards de son mari sur la femme qu'elle avait reçue dans sa maison, — l'étonnement ne peut produire de semblables effets ; ils s'étaient donc vus déjà autre part ! ils se connaissaient donc ! ils se...

Elle n'acheva point.

XVI. — SOUPÇONS

La situation dans laquelle nous avons laissé nos personnages était des plus embarrassantes : Laure tenait ses yeux levés sur son mari, et tâchait de lire dans son regard ce qui se passait au fond de son cœur ; Sébastien, debout, immobile, semblait absorbé par une foule de pensées contraires ; de temps à autre, pourtant, ses yeux se reportaient de Marie sur Laure, et de Laure sur Marie : devant la réalité il doutait ; il voyait ces deux femmes, et il se demandait s'il n'était pas sous l'empire d'un funeste rêve ; la vue de ces deux femmes élevait toute une tempête dans son cœur. Deux sentiments également forts, violents, impérieux, s'y succédaient rapidement ; le premier, c'était le souvenir de son amour pour Marie : cet amour si longtemps étouffé, enseveli, anéanti, ressuscitait de ses cendres mal éteintes, et une seule minute avait suffi pour lui rendre sa force d'autrefois. En voyant Marie, toute l'histoire de sa jeunesse, de sa vie, se présentait à sa pensée, et dans ces souvenirs il y avait un amour infini ; Laure, sur qui retombaient ensuite ses yeux, complétait ce roman sévère ; l'une était le principe de son bonheur, l'autre celui de ses infortunes : ce n'étaient pas deux femmes, c'étaient le bon et le mauvais génie que Dieu avait placés à ses côtés ; mais toutes deux lui avaient coûté des larmes, il les avait aimées toutes deux, et il ne se sentait point la force d'en choisir une parmi elles et de repousser l'autre.

Toutes deux faisaient partie de son existence, y étaient étroitement liées, et pourtant il fallait qu'il éloignât toujours de lui l'une de ces femmes, et cette pensée le rendait pâle de terreur.

Quant à Marie, tremblante, les yeux baissés, elle n'osait respirer, elle n'osait faire un pas ; elle aurait voulu être bien loin de cette maison, bien loin des regards de Laure, bien loin de la présence de l'homme qu'elle avait tant aimé, et qui avait si mal payé son amour, afin de pleurer en silence et à son aise, car son cœur était brisé.

— Eh bien, — dit Laure en se rapprochant de son mari, et en s'appuyant avec intention sur son bras, — que penses-tu, mon ami, du cavalier dont je t'ai parlé ? N'es-tu pas enchanté de la surprise ?

Sébastien regarda sa femme, afin de bien s'assurer qu'elle attachait aux paroles qu'elle venait de prononcer, et son regard, qui plongea pour ainsi dire dans celui de Laure, épouvanta la jeune femme, tant elle y trouva de douleur et de dureté ; involontairement elle lui quitta le bras, et Sébastien lui répondit en appuyant sur chaque mot : — Vous ne pouviez me faire une surprise plus agréable, je vous en remercie, Laure.

Laure comprit l'ironie, et un froid mortel pénétra jusqu'à son cœur ; elle ne pouvait s'expliquer ce qu'elle ressentait maintenant devant Marie, mais un secret pressentiment lui disait que c'était de la jalousie. Quant à Marie, elle demeurait debout comme une coupable, les regards toujours baissés, et prête à courber la tête devant ses juges. Sébastien eut pitié d'elle et admira sa résignation ; il s'avança donc vers elle, et lui dit : — Madame, vous m'excuserez de vous avoir si froidement reçue, mais, et ma femme vous le dira, je ne m'attendais pas à trouver ici une dame. J'ignore encore quel hasard vous a amenée dans cette maison, mais soyez la bienvenue : ce que ma femme a fait est bien fait, et j'y donne mon assentiment.

Marie fit un violent effort sur elle, et répondit à Sébastien : — Monsieur, je vous suis reconnaissante de vos bonnes intentions à mon égard, mais j'allais me disposer à quitter cette maison au moment où vous y êtes entré ; il ne me restera donc qu'à vous remercier d'une bienveillance dont je ne puis profiter. Adieu, monsieur, adieu, madame, je ne vous oublierai ni l'un ni l'autre.

Elle jeta un coup d'œil plein de tristesse sur Sébastien en prononçant ces mots, et elle fit un pas en arrière pour se retirer.

Laure suivait attentivement les diverses émotions qui se peignaient sur le visage de Sébastien, pendant que Marie parlait ainsi ; car, disons-le, si l'effet de cette entrevue avait éveillé ses soupçons, l'embarras de la jeune fille et la stupeur de son mari les avaient redoublés ; vingt fois elle s'était interrogée pour se demander si tout ce qu'elle voyait, si tout ce qu'elle entendait n'était point un effet du hasard, et vingt fois un pressentiment vague, incertain, lui avait répondu que ses craintes étaient bien fondées, que ses soupçons étaient légitimes, et qu'il résulterait de tout cela pour elle bien des larmes et bien des regrets.

L'amour de Laure pour Sébastien était un de ces amours profonds tels qu'une femme n'en éprouve qu'une fois dans sa vie; c'était un de ces amours dont on meurt et qu'on ne brise pas. Tant de liens d'abord l'unissaient à Sébastien : la reconnaissance, l'amitié, l'affection, et une admiration sans bornes; pour elle, il n'existait qu'un homme, Sébastien! qu'une noblesse, celle du caractère, et son mari à ses yeux la possédait complètement. Un autre homme que lui n'aurait point eu son amour, à moins qu'il ne lui eût apporté des titres, une fortune, une position élevée; lui, sa noblesse, sa générosité, lui tenaient lieu de tous les avantages que donne une haute naissance; et d'ailleurs, son amour pour lui, amour immense, réfléchi, remplaçait tout le reste.

Elle avait bien entendu dire autrefois à son mari, lorsqu'il n'était encore que son frère, qu'il avait aimé une jeune fille, mais pas un instant elle n'avait pensé que cette jeune fille pût sortir comme de dessous terre, se présenter devant elle et détruire son bonheur. Non, pas une fois cette triste pensée ne lui était venue. Et puis, belle, jeune, aimante, ne devait-elle pas espérer de détruire à force d'amour, l'amour de Sébastien pour une femme qu'il n'avait point possédée.

Mais, faible comme tous ceux qui aiment et jalouse comme toutes les nobles âmes, Laure, qui soupçonnait son mari depuis cinq minutes seulement, et qui pendant ces cinq minutes avait éprouvé d'horribles tortures, résolut de ne point laisser partir Marie avant que tout se fût expliqué. Maintenant une foule de circonstances, qui d'abord ne l'avaient point frappée, lui semblaient comme autant d'accusations méritées; elle se rappelait le subit refus de Marie de rester davantage dans cette maison, et elle se souvenait que ce refus n'était venu qu'après qu'elle eut appris à Marie le nom de son époux; elle repassa avec attention le tout dans sa tête, et sa conviction profonde fut qu'on se jouait d'elle.

Que lui restait-il à faire? pleurer, se jeter aux pieds de son mari, lui demander à mains jointes la vérité, apprendre une trahison, peut-être, et la lui pardonner. Laure ne se sentait pas capable d'un aussi grand courage. Elle résolut donc de faire tout au monde pour obliger Marie à rester, ne fût-ce qu'un seul jour, dans sa maison, espérant en vingt-quatre heures tout découvrir; et bien décidée à quitter, malgré son amour, Sébastien, s'il lui était infidèle. Mais tous ses projets s'évanouirent lorsqu'elle entendit Marie parler de se retirer à l'instant même, et le coup d'œil que cette dernière échangea avec Sébastien entra droit dans son cœur.

Il n'y avait donc plus qu'à la laisser partir, et désormais à surveiller Sébastien, à épier chacun de ses pas, jusqu'à ce que la vérité lui fût toute dévoilée; elle se résigna, quoique dans le fond de son âme pleine de mépris pour ces petits moyens indignes de ceux qui ont quelque conscience de leur dignité.

Marie, après avoir prononcé les mots que nous avons rapportés plus haut, s'inclina avec humilité devant Laure et salua froidement Sébastien. Mais, comme si ce dernier effort eût brisé toutes les fibres de son cœur, elle sentit ses genoux se dérober sous elle et tomba évanouie dans les bras de Sébastien.

Ce contre-temps remplit de joie Laure; elle se hâta de voler au secours de Marie, et sans adresser aucune observation à Sébastien sur cet évanouissement, elle le pria de l'aider à transporter la jeune femme sur le divan; Sébastien s'y prêta de bonne grâce. Marie ne tarda pas à rouvrir les yeux. Elle parut étonnée de se voir étendue dans une vaste pièce; puis, regardant autour d'elle, elle aperçut Laure, dont le regard ne l'avait pas quittée, et Sébastien qui, assis sur un fauteuil à quelques pas d'elle, suivait avec inquiétude tous ses mouvements.

Elle voulut se lever; mais Laure, qui avait interprété sa pensée, s'y refusa, et se hâtant de lui prendre les mains et de l'obliger à se rasseoir, lui dit : — Y songez-vous, mon enfant?

— Je me sens mieux.

— Mais il y aurait imprudence à vous laisser lever; restez donc, quand vous vous trouverez mieux, nous verrons.

— Mais, je me trouve bien.

— Mon ami, — interrompit Laure sans affectation, — vous qui êtes médecin habile, et qui, par conséquent, savez ce que la prudence exige, examinez madame, et ordonnez-lui ce que vous jugerez nécessaire.

Cette phrase était d'une adresse infinie, car Sébastien ne pouvait se refuser à se tenir éloigné plus longtemps de Marie, et Laure pensait qu'il lui serait facile de deviner ce qui se passerait en lui en l'examinant attentivement. Mais Sébastien avait eu le temps de se remettre de son émotion; si un instant son ancien amour s'était réveillé, le devoir, l'inflexible devoir s'était présenté devant lui, et il avait compris qu'il s'agissait du bonheur, du repos de sa femme, de sa femme qui, jusqu'à ce jour, l'avait aimé tendrement, et, devant cette pensée, son cœur rentra dans son silence.

Il se leva donc, s'approcha de la malade sans qu'une émotion apparût sur son visage, prit la main brûlante de Marie, compta les pulsations de son pouls, et dit d'une voix douce que l'état de la malade, sans être inquiétant, exigeait pourtant quelques ménagements et réclamait quelques soins; puis, se tournant vers sa femme :

— Laure, — lui dit-il, — je te la confie, ce que tu feras sera bien; qu'elle reste, si tu le veux, qu'elle se retire, si tu le veux, je m'en rapporte à ta prudence et à ton humanité.

— Je veux partir, — dit Marie d'une voix faible.

— Au revoir, femme, — reprit Sébastien.

Et il sortit, sans même jeter un regard sur Marie; il était temps qu'il s'éloignât, son cœur était brisé.

Laure était stupéfaite, et ses soupçons la quittaient presque.

Demeurée seule auprès de Marie, elle prodigua à cette dernière les soins dont celle-ci semblait avoir besoin. Après bien des difficultés, Marie consentit à remettre jusqu'au lendemain son départ, et elle monta à sa chambre. C'était la première fois qu'elle se trouvait seule depuis les événements que nous avons racontés; elle laissa bientôt tomber sa tête dans ses mains, et s'abandonnant à sa douleur, elle donna un libre cours à ses larmes. Laure frappa à la porte de son mari; Sébastien alla ouvrir, et la riante figure de sa femme se présenta à ses regards.

— Eh bien? — lui dit-il.

— Eh bien, elle va mieux, — lui répondit-elle.

— Et elle est partie?

— Non...

— Tu l'as retenue?

— Elle est montée à sa chambre.

— Et tu la gardes?

— Jusqu'à ce qu'elle soit tout à fait hors de danger.

— Mais elle n'en court aucun.

— Enfin, l'humanité...

— Tu as bien fait, — interrompit Sébastien; — mais, pardon, mon enfant, je vais te quitter.

— Déjà!...

— Oui, mais pas pour longtemps.

— Tu reviendras dîner?

— Ai-je donc coutume de m'absenter une partie de la journée?

— C'est vrai, je ne sais à quoi je pensais...

— En effet, tu me sembles autre que tous les jours, — lui dit Sébastien en l'examinant avec intention.

— C'est ton retour qui me rend ainsi.

— Tu ne mens pas?...

— Tu le sais bien.

Sébastien lui tendit la main, Laure la serra dans les siennes, puis son mari s'éloigna bientôt; elle entendit le bruit de ses pas dans l'escalier, et, s'étant mise à la fenêtre, elle l'aperçut qui tournait l'angle de la rue.

XVII. — ILS S'AIMENT ENCORE

Sébastien n'avait nullement affaire au dehors, mais il éprouvait le besoin de se distraire, de se remettre, si vous le préférez, de l'étonnement, de la stupéfaction dans laquelle l'avait jeté l'arrivée inattendue de Marie. Tout un monde de suppositions assaillait son cerveau; était-ce l'effet du hasard? était-ce avec intention que Marie s'était présentée chez sa femme? dans quel but? Qu'avait-elle fait depuis leur séparation? Comment avait-elle vécu? La femme pour laquelle on l'avait jeté dans les cachots de la Bastille, la femme pour laquelle il avait consenti à s'exiler dans les forêts profondes de l'Amérique, la femme pour laquelle il avait cherché la mort au milieu des combats, la femme pour laquelle il avait dénoncé un grand seigneur à la Convention, celle, enfin, qu'il avait aimée pendant plusieurs années, celle qui avait présidé aux plus graves actions de sa vie, celle qu'il croyait morte, et dont jamais, depuis la disparition, il n'avait entendu prononcer le nom, elle était devant lui, elle était venue dans sa maison, il la voyait, il lui parlait, et il ne pouvait l'interroger: un regard sévère et vigilant venait se placer entre lui et elle, et ce regard, c'était celui de sa femme.

Sa position était des plus extraordinaires et des plus terribles; il aurait donné dix années de sa vie afin de se trouver seul avec elle pendant une heure, afin de pouvoir lui demander comment il se faisait qu'ils s'étaient rencontrés, ce qui lui était arrivé pendant tout le temps de leur séparation, et si elle avait pensé à lui; mais le moindre mot détourné eût été un trait de lumière pour sa femme, et, avant tout, il songeait au bonheur de sa Laure.

Il se promena au hasard dans Paris; le temps lui semblait d'une longueur démesurée; souvent il regardait à sa montre; cependant l'heure du dîner approchait, mais il ne se pressait pas de rentrer chez lui, redoutant d'y apporter un visage distrait. Pourtant, il fallait qu'il s'avisât. Il regagna sa maison. Parvenu dans l'escalier, il sentit ses genoux trembler sous lui, et, involontairement, mille pensées confuses vinrent l'assaillir. Le désir de revoir Marie, ne fût-ce qu'un instant, se représenta plus violent à sa pensée; une voix intérieure lui criait de reculer, mais une main invincible le poussait en avant, et il montait toujours.

Il s'arrêta un instant, comme épuisé, sur la dernière marche de l'escalier de l'appartement qu'il occupait; déjà il avançait la main et allait s'emparer de la sonnette, lorsque le souvenir de Marie s'offrit à lui plus triste et plus douloureux, et, dans ce qu'il éprouva, il y avait moins d'amour que de pitié; il se représenta Marie comme ayant souffert pour lui, et souffrant encore de le voir époux d'une autre; et, dans ce moment, tout devint ténèbres autour de lui; il s'accrocha à la rampe et il monta toujours.

La clef était sur la porte de la chambre qu'occupait Marie, et, au risque d'apercevoir en entrant sa femme, ou d'être remarqué par les gens de la maison, il ouvrit et entra; puis il retira la clef et se présenta aux regards épouvantés de Marie.

— Vous? — lui dit-elle en se jetant à bas de son lit.

— Oui, moi! — répondit-il en écoutant contre la porte;

— Et que venez-vous faire ici?

— Je vais te l'apprendre.

— Au nom du Ciel, retirez-vous!

— Personne ne m'a vu ni entendu, — continua-t-il en se rapprochant de Marie, — nous pouvons parler en toute sécurité.

— Y songez-vous? — reprit Marie; — mais votre femme peut apprendre que vous êtes entré...

— Eh bien! si elle l'apprend, elle l'apprendra, — interrompit brusquement Sébastien en s'emparant d'une des mains que Marie cherchait à lui dérober; — mais elle ne le saura pas, — dit-il; — de qui pourrait-elle l'apprendre? il n'y avait personne dans l'escalier.

— Mais elle peut monter ici, — reprit Marie toute tremblante, — et alors nous serions perdus.

— Eh bien! si elle monte, et qu'elle frappe, et qu'elle appelle, nous garderons le silence, et elle pensera que tu t'es endormie, et elle se retirera.

— Descendre se cacher, mais n'est-ce pas avouer à l'avance que l'on est coupable? Oh! monsieur, — continua-t-elle en joignant les mains, — au nom du Ciel, je vous en supplie, ne demeurez pas dans cette chambre, ou laissez-moi me retirer. Vous comprenez bien que nous ne pouvons plus rester ici tous deux sans que notre conduite soit mal interprétée. Ecoutez-moi, monsieur, vous avez dû le remarquer, votre femme s'est aperçue de notre stupeur à tous deux, et elle a pu en tirer de graves conjectures.

— Notre stupeur! — interrompit Sébastien; — mais, vous aussi, vous ne vous attendiez donc point à me voir?

— Je savais que vous deviez arriver; aussi avais-je demandé à madame Dupuis la permission de me retirer, et j'allais lui faire mes adieux lorsque vous m'êtes apparu.

— Mais alors, vous saviez donc chez qui vous étiez? — dit Sébastien, — dont l'étonnement grandissait d'instant en instant.

— Je venais de l'apprendre, et sachant, de plus, que vous alliez revenir d'un court voyage, je voulais éviter votre présence, que je redoutais.

— Mais comment se fait-il que vous ayez fait la connaissance de ma femme?

— Le hasard, monsieur. Mais, au nom du Ciel! ne demeurez pas davantage; votre femme peut venir, et si elle nous surprenait, oh! monsieur, songez-y, son bonheur serait perdu, peut-être... et ce n'est pas à elle à souffrir.

Sébastien serra doucement la main de Marie contre son cœur, et la regardant avec tristesse : — Oh! Marie, — lui dit-il, — l'histoire de ma vie est bien lugubre!

— Et la mienne bien fatale! — reprit Marie.

— Je vous ai crue morte, et vous ai bien pleurée, — interrompit Sébastien, — ma femme pourrait vous le dire. Pourquoi vous ai-je revue si tard? Mais, qu'avez-vous? comme vous êtes pâle! Souffririez-vous? dites-moi ce que vous avez...

— Je n'ai rien, — reprit Marie en se levant, — et je vais me retirer...

— Mais, au moins, dites-moi où je pourrais vous retrouver, car je ne puis vous quitter sans avoir reçu de vous la promesse de vous revoir; nous nous sommes... Je vous ai trop aimée autrefois, je vous ai trop longtemps pleurée pour vous reperdre volontairement aujourd'hui...

Et voyant que Marie persistait à se retirer : — Écoutez, Marie, — lui dit-il, — il est inutile que vous songiez à vous éloigner, ce serait donner à Laure des soupçons qu'elle ne doit point avoir; mais, je prends Dieu à témoin de mes paroles, il faut que je vous revoie; quels que soient les efforts que vous tentiez pour m'échapper, croyez-le, tous seront inutiles; je veux vous voir, parce qu'il m'importe que j'aie une explication avec vous. Oh! je m'en suis aperçu, vous me croyez coupable, Marie; vous croyez que j'ai oublié mes serments; vous supposez que cet amour que je vous avais juré, à peine ne vous ai-je plus vue, a été effacé de ma pensée! Vous vous trompez, Marie, vous ne savez pas ce que j'ai souffert...

— Et moi, croyez-vous donc que je n'aie point souffert? — s'écria involontairement Marie; — oh! monsieur, — continua-t-elle en laissant couler des larmes de ses yeux, — savez-vous ce que j'ai enduré dans la prison où l'on m'a jetée vivante? Oui, monsieur, pendant trois ans j'y suis restée, et cela sans me plaindre, et cela par amour pour vous! et je n'aurais eu qu'à prononcer une parole pour que la liberté me fût rendue; oui, monsieur, un mot, et j'étais libre! un mot, et j'étais riche! un mot, et je devenais la femme d'un noble! Eh bien! ce mot, je ne l'ai pas prononcé; et ma jeunesse s'est éteinte dans les larmes, et ma beauté s'est flétrie dans la douleur; mais j'étais courageuse, car je me disais : « Si je souffre, il souffre aussi, lui! si je pleure, il pleure aussi, lui! mais son amour le soutiendra comme le mien, et après des années de souffrance et de résignation, il saura sans doute dans quels lieux je suis retenue, et il viendra m'en arracher, si la Providence ne me délivre pas! » Voici ce que je m'étais dit, monsieur; et pendant ce temps que faisiez-vous? vous aviez oublié vos serments dans les bras d'une autre! mon amour, vous l'aviez étouffé dans les bras d'une autre! Oh! monsieur, vous comprenez bien que nous ne devons plus nous revoir. Plût au Ciel que je ne vous eusse jamais revu, je serais morte au milieu de mes saintes croyances, tandis que maintenant je ne puis avoir qu'en mépris toutes ces passions humaines qu'on pare si injustement du nom de vertus.

Sébastien avait écouté Marie attentivement, et un sourire était venu effleurer ses lèvres; et lorsqu'elle eut fini, et au moment où elle se disposait à sortir, il l'arrêta et lui dit : — Vous ne partirez pas!

— Et pourquoi?

— Parce que vous venez de m'accuser, et que je veux me justifier.

— Vous justifier!... — reprit-elle en souriant amèrement.

— Oui, madame, et quand je l'aurai fait, seulement alors vous pourrez partir me dire adieu pour la vie; je ne vous arrêterai pas,

car j'aurai pour consolation la certitude que vous ne me condamnerez pas, mais que vous me plaindrez.

Et il lui raconta tout sans détours; le chagrin, la désolation qu'il avait éprouvés après sa disparition, la visite qu'il avait faite au château, les provocations qu'il avait adressées à son ravisseur, puis la manière dont on s'était débarrassé de lui; son exil en Amérique, la mort qu'il y avait cherchée sans pouvoir la trouver; puis son retour en France après la chute de la royauté, l'espoir qu'il avait conçu de la retrouver, sa rencontre avec le marquis, la vengeance qu'il avait tirée de lui; comment il avait livré la sœur en voulant punir le frère, son repentir; le moyen auquel il avait eu recours pour arracher Laure au trépas; puis, enfin, son mariage.

— Eh bien! — lui dit-il, quand il eut achevé son récit, — me croyez-vous aussi coupable maintenant que vous l'avez pensé d'abord? Ai-je parjuré mes serments? ai-je oublié mon amour, moi qui épousai une femme le cœur rempli de l'amour que j'avais pour une autre? Oh! plaignez-moi, mais ne me condamnez pas.

Marie lui tendit sa main, qu'il saisit avec avidité.

— Mais, vous m'aimiez donc toujours? — lui dit-elle.

Il allait lui répondre, elle lui mit la main sur la bouche.

— Taisez-vous, — interrompit-elle, — taisez-vous; je ne veux rien savoir, je ne veux rien entendre; tout est fini entre nous deux; un intervalle immense nous sépare, et Dieu lui-même ne pourrait le combler.

— Oh! ne parlez pas ainsi! — s'écria Sébastien; — vous ne savez pas ce que ces paroles soulèvent de passions dans mon cœur. Au nom du Ciel , assez, assez!...

Et de grosses larmes inondèrent ses joues.

Marie, en les apercevant, ne put se défendre d'un mouvement involontaire de tendresse, et se jetant dans les bras de Sébastien :

— Oh! je t'en supplie, — lui dit-elle, — ne pleure pas! — ne pleure pas!

— Est-ce bien toi, Marie, qui me parles ainsi? — interrompit le jeune homme, qui croyait rêver...

— Oui, c'est moi, Marie; — moi qui, jusqu'à présent, ai eu le courage de me contenir, de renfermer mon amour dans mon cœur; moi, qui m'avoue maintenant vaincue! Oui, Sébastien, — continua-t-elle, — oui, je t'aime; je t'aime comme aux jours où tu étais libre, où tu m'étais promis, où mon père t'avait accordé ma main; je t'aime comme le jour où tu allais me nommer ta femme; où tu m'offris en tremblant le bras, et où je m'appuyai dessus toute rougissante; les années, loin d'avoir affaibli ma passion, l'ont grandie encore; loin de toi, mon amour doublait; plus je souffrais, et plus je me sentais t'aimer. Tu m'as cherché; mais moi aussi, mon Sébastien, je t'ai cherché; moi aussi, je t'ai demandé à toutes les villes dans lesquelles je passais! Moi aussi, j'ai interrogé tous ceux qui t'avaient connu enfant, afin qu'ils pussent m'apprendre ce que tu étais devenu! et pas un ne me l'a dit, et je suis restée fidèle à mon amour! Oh! tu peux m'en croire, je n'ai aimé personne, moi! personne que toi! Tu peux prendre cette main dans la tienne, et te dire : Les lèvres d'aucun homme ne se sont posées dessus; appuyer ta tête sur mon sein, et te dire : Personne n'a reposé là sa tête; enfin, je suis la Marie qui t'avait juré amour et fidélité; et si je suis moins belle qu'autrefois, Sébastien, je suis encore aussi pure.

Sébastien se jeta à ses genoux et s'empara de ses mains qu'il couvrit de baisers; Marie le releva.

— Eh bien! — lui dit-elle, — suis-je digne de toi?

— Oh! pourquoi suis-je marié? — murmura Sébastien.

— Malheureux! — reprit sourdement Marie, — tu me fais souvenir; adieu, adieu pour toute la vie!

— Oh! non, pas adieu, mais au revoir. Demain, je te reverrai...

— Eh bien! oui, demain.

— Demain, tu n'y seras plus! — interrompit Sébastien.

— Pourquoi?...

— Parce que je lis dans tes yeux, et ensuite, parce que tu as consenti trop facilement à me revoir.

En ce moment, l'on entendit des pas dans l'escalier, Marie et Sébastien prêtèrent l'oreille; les pas approchèrent.

— C'est elle, — dit Sébastien.

— Nous sommes perdus! — murmura Marie.

— N'ouvre pas, — reprit le jeune homme.

Au même instant, une clef tourna dans la serrure; Sébastien n'eut que le temps de se cacher derrière les rideaux du lit; Marie se jeta sur une chaise, Laure entra.

XVIII. — EXPLICATIONS

— Eh bien! comment vous trouvez-vous? — dit Laure à Marie, êtes-vous remise de votre évanouissement?

— Je vais mieux, — répondit Marie, dont la voix était tremblante; — je vais beaucoup mieux; j'espère pouvoir être en état de m'en aller avec vous, — continua-t-elle en se levant.

— Demeurez, — répliqua Laure; — êtes-vous si pressée de me dire adieu pour toujours?

— Pour toujours! — reprit Marie; — mais je ne vous ai pas dit cela.

— Je croyais l'avoir entendu; du reste, — continua-t-elle, — je suis venue, Marie, avec l'intention d'avoir avec vous une explication.

— Une explication avec moi...

— Oui, Marie; et tenez, vous vous y attendiez, car ces mots vous ont fait rougir. Écoutez, je serai franche avec vous; un instant la pensée m'est venue d'agir par ruse afin de connaître la vérité; mais la ruse ensuite m'a répugné, c'est l'arme des lâches. Me promet-

tez-vous de répondre franchement et sincèrement à mes questions?
— Je vous le promets, madame.

— Vous savez avec quel plaisir je vous ai reçue dans ma maison, — dit madame Dupuis en pressant doucement la main de Marie; — vous savez quels beaux châteaux en Espagne nous avions bâtis. Qui les a détruits? vous, Marie! vous, au moment où je m'y attendais le moins; et cela, pourquoi? Parce que vous avez entendu prononcer le nom de mon mari. Oh! vous auriez beau vous en défendre. Ecoutez : jusqu'à présent je n'ai pas eu l'ombre d'un soupçon, mais quand je vous dis que le nom de Dupuis vous a troublée, bouleversée, je ne mens pas; n'est-il pas vrai?
— Vous êtes dans l'erreur, madame.

— Je vous crois, — répondit Laure. — Mais, suis-je dans l'erreur quand je vous rappellerai quel effet produisit sur vous l'aspect de mon mari, et quel effet produisit sur mon mari votre vue? Oh! tenez, dites-moi que Sébastien et vous, vous vous étiez déjà rencontrés! dites-moi qu'il vous avait déjà parlé, que vous l'aviez aimé sans le connaître, mais ne me dites pas que tout ceci n'est qu'un effet du hasard, l'étonnement de vous trouver devant un homme que vous ne connaissiez pas, car je ne vous croirais point.

Marie souffrait horriblement.

— La vérité, rien que la vérité! et je vous aimerai comme si vous étiez ma sœur, et je vous aurai pendant toute ma vie une reconnaissance que rien n'égalera. Oh! c'est que vous ne savez pas, — continua Laure, — combien il est grave pour une femme de pouvoir compter sur l'affection de celui que son cœur a choisi pour époux. Mais, Sébastien est pour moi la vie, le bonheur, l'espoir; je n'aimerai jamais que lui, et si je me sentais disposée à en aimer un autre, je le sens, je me tuerais, afin de lui conserver l'honneur. Mais aussi, s'il m'oubliait pour une autre, s'il en aimait une autre, si, enfin, il me trompait, oh! ne croyez pas que j'irais me plaindre, que j'irais pleurer, non, je suis trop fière, je l'aime trop pour cela, je ne voudrais pas qu'il rougît devant moi; mais je m'en irais de sa maison sans lui apprendre où j'irais, et je ne tarderais pas à mourir. Je vous ai ouvert mon cœur, madame, m'ouvrirez-vous le vôtre?

Marie était en proie à une émotion violente; ces paroles, prononcées d'une voix douce et avec tristesse, allaient jusqu'à son âme. Elle qui avait aimé, elle qui avait souffert, comprenait qu'une autre pût souffrir et aimer; mais cette autre était épouse, tandis qu'elle n'avait jamais été qu'amante; le bien qu'elle venait de lui revendiquer était le sien, lui appartenait, et personne n'avait le droit de le lui prendre, personne, pas même elle, qui la première avait été aimée de Sébastien.

Et cependant, quelque envie qu'elle eût de se jeter aux genoux de Laure, de les embrasser, de lui demander pardon d'avoir aimé autrefois Sébastien, une pensée l'arrêtait; elle se disait qu'elle ne pouvait apprendre à une femme que son mari avait été aimé d'elle et l'avait aimée; c'était, d'ailleurs, faire le bien sans espérance d'avoir un résultat heureux, car avouer cela à Laure, c'était détruire le repos de sa vie, c'était lui jeter dans le cœur des soupçons qu'elle n'avait pas, tandis qu'en se taisant, Laure ignorait tout, ne redoutait rien, vivait heureuse, aimant Sébastien, qui se reprendrait à l'aimer; et puis elle, son devoir était tout tracé, le soir même elle quittait Paris, et Sébastien ne la reverrait plus.

Ces réflexions assez plausibles arrêtèrent sur les lèvres de Marie l'aveu qu'elle se disposait à faire.

— Madame, — répondit-elle à Laure, — vous êtes dans l'erreur; c'est la première fois que je vois M. Dupuis.

— Vous ne voudriez pas me tromper...

— Tenez, madame, emmenez-moi d'ici, — dit Marie d'une voix déchirante, — emmenez-moi d'ici...

— Mais nous sommes seules ici, personne ne peut nous entendre...

— Votre mari peut-être ne tardera pas à rentrer... et s'il ne vous trouvait pas...

Laure pâlit en écoutant ces paroles, un froid mortel glissa par tous ses membres; elle s'appuya contre le lit et regarda Marie avec stupeur.

— Madame, — lui dit-elle, — je ne sais ce qui se passe dans ma maison depuis que vous y êtes entrée, mais il me semble que je rêve.
— Remettez-vous, — reprit Marie.

— Et comment savez-vous que M. Dupuis est sorti? — interrompit brusquement Laure, — qui vous a appris qu'il était sorti? Est-ce moi? je n'en ai pas dit un mot! Vous ne pouvez le savoir, car il est sorti pendant votre absence! Il faut donc que ce soit lui-même qui vous l'ait appris.

— Ne vous alarmez pas, au nom du Ciel, madame...

— Que je ne m'alarme pas, cela vous est bien aisé à dire, madame; mais, dites-moi, comment savez-vous que mon mari est sorti?

— Je m'étais mise à cette fenêtre et je l'ai aperçu.

— A cette fenêtre! vous en avez menti, madame, car elle ne donne point sur la rue, mais sur le jardin. Tenez, voyez plutôt.

Elle ouvrit la fenêtre et conduisit Marie auprès.

— Eh bien! qu'avez-vous à me répondre, madame? — reprit-elle, — à quels mensonges recourrez-vous pour essayer de me tromper encore? Oh! madame, — continua-t-elle, — ceci n'est pas généreux. Vous que j'ai accueillie dans ma maison, sans défiance, par compassion! vous, me tromper! vous introduire chez moi pour me voler le cœur de mon époux. Oh! madame, si l'on était venu me raconter ce que vous m'avez fait, j'aurais répugné à le croire; je n'aurais pu supposer qu'il existât des âmes assez viles pour descendre à de pareils moyens!

Et pendant qu'elle prononçait ces paroles, Marie courbait la tête comme une coupable sous la sentence de ses juges, et de grosses larmes s'échappaient de ses yeux, et sa poitrine soulevée s'efforçait de retenir ses sanglots.

— Mais, dites-moi, — continua Laure, — vous aimiez donc mon époux? car il faut être insensée, madame, pour s'en venir dans la maison même d'une femme, dans l'intérieur de son ménage, lui disputer le cœur de son mari. Oh! répondez-moi, convenez qu'à moins d'être égarée par une passion profonde, votre conduite est celle d'une insensée, convenez-en?

— Que je sois folle, madame, ou que ce soit l'amour qui m'entraîne, je n'ai point d'explications à vous donner, — interrompit vivement Marie; — je n'ai qu'une chose à vous dire : ouvrez-moi cette porte, laissez-moi partir, et je vous jure que ni vous ni Sébastien ne me reverrez jamais...

— Ni Sébastien! — s'écria Laure, — vous en convenez donc, vous le connaissez! car enfin, vous n'avez entendu prononcer son nom qu'une fois et vous n'avez pu le retenir! Ensuite, Sébastien n'est Sébastien que pour moi, pour les autres, c'est M. Sébastien. Non, madame, vous ne partirez pas; il y a dans tout ceci un mystère que je veux connaître...

— Et que vous connaîtrez, — dit Sébastien en ouvrant brusquement les rideaux du lit, et en s'offrant aux yeux stupéfaits de Laure.

— Vous ici! — s'écria madame Dupuis, en reculant de plusieurs pas et en cachant sa tête dans ses mains.

— Imprudent! murmura Marie.

— Moi ici, — reprit avec calme Sébastien, — et vous allez savoir pourquoi. Marie, asseyez-vous, et vous, Laure, prenez cette chaise et placez-vous là devant moi, et prêtez-moi une oreille attentive.

Marie s'assit machinalement, étourdie, effrayée par tout ce qui arrivait. Laure s'assit avec dignité, et jeta sur Sébastien un regard inquisiteur.

— Je n'ai que deux mots à vous dire, Laure, — reprit bientôt Sébastien Dupuis. — Je vous ai parlé autrefois d'une jeune fille que j'avais aimée; et dans cette femme que le hasard, le hasard seulement a conduite chez vous, j'ai retrouvé la jeune fille à qui autrefois j'avais été fiancé. Eh bien, Laure, suis-je coupable? Et elle, son crime est-il de ceux qu'on ne peut pardonner? Quand elle a su chez qui elle était, elle a voulu fuir, c'est toi qui l'as retenue, et depuis que tu es ici, elle t'a suppliée de la laisser partir.

— Est-ce bien vrai, madame? — dit Laure en tendant sa main à Marie.

— C'est bien vrai, — répondit Marie.

— Et moi je vous accusais, je vous condamnais! Oh! pardon tous deux.

— Adieu, madame, — dit Marie à Laure, adieu, soyez heureuse et pensez quelquefois à moi...

— Adieu, madame, — dit Laure, — je penserai à vous...

— Adieu, Marie, — dit Sébastien en lui serrant la main, — adieu.

Restée seule avec Sébastien, Laure lui demanda s'il l'aimait toujours : — Toujours, — lui répondit-il.

— Oh! tant mieux, murmura-t-elle, car j'ai plus que jamais besoin de ton amour.

XIX. — JALOUSIE — PEINE DE CŒUR

Une semaine se passa sans qu'il fût une seule fois question, entre Laure et Sébastien, des événements qui avaient eu lieu. Si Laure souffrait, elle était admirable de résignation, car aucune plainte, aucun reproche, aucun mot à double sens ne partait de sa bouche; elle était avec son mari comme elle avait été toujours, bonne, douce, remplie d'affection, et veillant sur lui comme sur un enfant chéri. De son côté, Sébastien ne laissa échapper rien qui indiquât qu'il songeait à Marie; mais, par moment il tombait dans des accès de tristesse qui épouvantaient sa femme et détruisaient le repos de sa vie. Souvent, au milieu d'un tendre entretien, son visage pâlissait, son regard s'assombrissait et il gardait tout à coup le silence; et il était facile, de le voir, de comprendre la nature de ses rêveries.

Laure, dans le commencement, voulut essayer de chasser les sinistres pensées qui l'agitaient; et elle s'approcha plusieurs fois timidement de lui, plusieurs fois lui entoura avec amour le cou de ses deux bras, et quand il relevait la tête, le sourire de sa femme venait l'arracher à ses préoccupations.

La troisième fois, Sébastien la repoussa avec colère, en lui disant : — Laissez-moi.

Ces deux mots, prononcés avec emportement traversèrent, comme un trait acéré, de part en part le cœur de la pauvre Laure; elle comprit, sinon qu'elle n'était plus aimée, au moins qu'un autre amour lui disputait le cœur de son mari, et l'illusion tomba de ses yeux.

Dès ce moment elle ne dit plus un mot, et quand Sébastien se plongeait dans ses rêveries, elle s'éloignait et s'en allait pleurer dans un coin de son appartement. Revenu à lui, Sébastien se hâtait de rejoindre sa femme, lui prenait les mains, les portait à ses lèvres et lui disait : — Tu n'es pas contente de moi, ma femme? Oh! pardonne-moi le chagrin que je te cause.

Et le visage de la bonne Laure s'épanouissait, et, dans ces instants, elle croyait de nouveau au bonheur; puis, bientôt une circonstance arrivait, qui lui prouvait que tout était fini.

Pendant toute la semaine qui suivit le départ de Marie, Sébastien évita de s'absenter; mais enfin, quelques consultations l'appelèrent au dehors, et le cœur de la malheureuse femme en fut déchiré. D'abord il lui sembla que malgré toute la discrétion qu'il apportait dans ses absences, elles étaient plus fréquentes et plus longues surtout qu'autrefois; puis la jalousie entra profondément dans son cœur.

Lorsqu'elle voyait Sébastien prendre sa canne et son chapeau, le cœur lui battait comme s'il allait la quitter pour ne plus revenir; il s'approchait d'elle, lui tendait la main, et lui disait : — Je serai bientôt de retour; — et elle serrait machinalement la main qu'il lui offrait, et machinalement lui répondait : — A bientôt! — Puis, quand elle n'entendait plus le bruit de ses pas, elle se jetait en pleurant dans son fauteuil, et suppliait Dieu de la faire mourir.

— Non, vivre ainsi est chose impossible, — se disait-elle un jour comme si elle parlait à quelqu'un; — depuis que cette malheureuse est entrée dans cette maison, mon bonheur en est parti; autrefois j'étais confiante, crédule, il m'eût fait croire tout ce qu'il eût voulu, maintenant je ne crois plus à rien; lorsqu'il sort, le démon de la jalousie me poursuit, me crie aux oreilles qu'il me trahit, qu'il me trompe, qu'il ne s'éloigne de moi que pour aller en rejoindre une autre... Oh! mon Dieu, tuez-moi! tuez-moi! — disait-elle en joignant les mains.

Par moment il lui prenait fantaisie de le suivre sans qu'il s'en aperçût, de monter dans un fiacre et d'épier ses pas; puis bientôt elle repoussait avec indignation ce projet.

Et quand son mari était de retour et qu'il lui demandait ce qu'elle avait fait en son absence, elle lui répondait : — J'ai travaillé.

— Et tu ne t'es pas ennuyée?...

— Non, le temps a passé vite.

Un jour, cependant, il surprit une larme dans ses yeux.

— Tu as pleuré? — lui dit-il avec douceur.

— Non, — répondit-elle.

— Me tromperais-tu, Laure?

— Non, mon ami.

Cet état ne pouvait durer plus longtemps sans amener un orage; ce fut ce qui advint.

C'était le douzième jour qui s'était écoulé depuis le départ de Marie; Sébastien plus que jamais avait été triste, et les tendres prévenances de sa femme n'avaient pu l'arracher à sa tristesse; après avoir cherché à lutter contre ses pensées, vaincu, il avait fini par s'y abandonner. Après être demeuré une heure dans cette situation pénible il allait se décider à sortir, lorsqu'on sonna. Lui, qui ordinairement se montrait ennuyé lorsqu'on venait le déranger, se leva et parut charmé de la visite qu'il allait recevoir; Laure le remarqua, mais ne dit rien.

Elle courut ouvrir, un domestique entra.

— Monsieur le docteur Dupuis? — dit-il.

— C'est moi, monsieur.

— Monsieur, — continua le valet, — je viens vous chercher de la part de M. le comte de Féronville; madame la comtesse est sur le point d'accoucher, et vos soins sont nécessaires et urgents.

— C'est bien, — répondit Sébastien, — dans quelques minutes je serai chez le comte.

Le domestique salua et sortit.

Laure apporta à son mari son chapeau et sa canne, et il partit. Au bout d'une heure il rentra.

— Eh bien! — lui dit Laure, — est-ce fini?

Sébastien la regarda et répondit indifféremment : — Oui, c'est fini.

Laure alla s'asseoir sur sa chaise, et Sébastien demeura sur son fauteuil, absorbé dans ses pensées; quelques minutes s'étaient à peine écoulées qu'on sonna de nouveau.

C'était le domestique de la comtesse.

— Monsieur, — dit-il à Sébastien, — madame court les plus grands dangers, et monsieur le comte vous supplie de lui faire savoir si vous pouvez venir; car si vous ne le pouvez pas, il faut qu'il se procure sur-le-champ un autre médecin.

— Je vous suis, — répondit Sébastien.

Et il sortit avec le domestique.

— Ainsi, il n'était pas allé chez le comte, — se dit Laure; — ainsi, il m'avait menti! Mais où donc s'est-il rendu?

Lorsque Sébastien fut de retour, Laure ne lui adressa aucune question relative au mensonge qu'il lui avait fait, et son mari ne chercha point à la rassurer. La vie de Laure était horrible, et elle ne se faisait point illusion sur sa position; elle lisait dans l'avenir avec un calme effrayant, décidée à mourir quand la souffrance dépasserait le courage que Dieu lui avait donné.

Une seconde semaine se passa, et Sébastien ne perdit point de sa tristesse; jusque-là, il n'était sorti que pour affaires; maintenant il levait hautement le masque, et sortait dès que l'idée lui en passait par la tête.

Laure, que la jalousie dévorait, résolut enfin d'éclaircir ses doutes, et un jour que son mari venait de s'éloigner sans motif, elle jeta à la hâte un châle sur ses épaules et le suivit. Dire tout ce qu'elle éprouva de honte et de souffrance serait impossible à raconter. Chaque fois que Sébastien s'arrêtait, elle s'arrêtait, à demi mourante, attendant avec anxiété que ses soupçons se confirmassent. Puis Sébastien continuait sa route, et elle se remettait en marche. Arrivée au détour de la rue d'Assas, Laure perdit tout à coup son mari de vue; inquiète, tremblante d'émotion, elle s'élança tout en délire, à demi folle, sur ses pas, et, en courant, à l'angle de la rue elle se heurta contre une personne, poussa involontairement un cri; la personne qu'elle avait violemment coudoyée leva la tête, et Laure poussa un second cri.

— Que faites-vous ici, madame? — lui dit Sébastien.

Et Laure, debout devant son mari et immobile, n'osait répondre; elle qui avait tant de motifs pour devenir accusatrice, elle en était descendue au rôle d'accusée.

— Comment se fait-il que vous soyez ici? — répéta Sébastien d'un ton sévère.

— Mon ami, pardonnez-moi, — lui dit-elle; — j'ai eu tort, sans doute, mais je vous confesserai la vérité.

— Achevez, madame.

— Eh bien! je...

— Je... quoi?...

— Je vous ai suivi...

— Suivi! et qui vous a donné le droit de me suivre? Depuis quand ne puis-je plus sortir sans qu'on m'espionne?... Répondez, madame...

— Je vous en supplie, monsieur, pas si haut, nous sommes au milieu de la rue; attendez que nous soyons rentrés, et j'essayerai de me justifier.

— De vous justifier! — répéta sourdement Sébastien.

Et un sourire de mépris effleura ses lèvres.

Laure était atterrée.

Et ils marchèrent à côté l'un de l'autre, sans échanger un regard, sans échanger une parole.

De retour dans leur maison, Sébastien quitta sa femme, s'enferma dans son cabinet, et demeura toute la journée sans lui adresser un mot, et Laure se résigna. Si Laure souffrait du changement qui s'était opéré dans la conduite de son mari, ce qu'endurait Sébastien était horrible, épouvantable.

Le malheureux aimait deux femmes à la fois.

Maintenant, expliquons-nous sur ce mot, afin que nos lecteurs comprennent bien sa position.

En se mariant avec Laure, Sébastien, comme nous l'avons vu, avait cru son amour guéri sans retour; mais il n'était qu'éteint, et, quoi qu'on en dise, les amours mal éteints peuvent renaître à l'instant où l'on s'y attend le moins; pour les allumer, il ne faut qu'une étincelle. Nul doute que si jamais Marie ne se fût présentée devant ses yeux, Sébastien n'eût pas songé à se prendre d'amour pour une autre; mais cette adoration refoulée dans son cœur, cette passion qui avait été l'âme de sa vie, et qu'il avait fallu briser, devait renaître du moment où lui apparaîtrait la femme qui l'avait éveillée.

Après avoir lutté avec toutes les forces que Dieu lui avait données, Sébastien, se voyant vaincu, résolut de s'abandonner à l'amour qui l'entraînait, et à ne plus tenter aucun effort. D'ailleurs, cet amour ne devait-il pas mourir de lui-même, puisque la flamme qui l'alimentait ne le réchauffait plus, puisqu'enfin Marie était partie, et que désormais il était condamné à ne plus la voir?

D'un autre côté, si Sébastien, en se rattachant à Marie, l'aimait maintenant avec toute l'ardeur, tout le délire, tout l'emportement de l'homme qui aime pour la première fois, il sentait aussi dans son cœur une place pour sa femme. Ce qu'il éprouvait pour elle n'était pas ce sentiment violent, exalté, impérieux, qui ne connaît ni mesures ni conseils, mais une douce affection, touchant d'une part à l'amour et de l'autre à l'amitié; enfin, c'était un doux mélange de ces deux passions, si bien fondues, qu'on eût pu dire qu'elles n'en faisaient plus qu'une; et cette passion avait plus de force peut-être que l'autre, car elle était sentie, raisonnée, réfléchie. Si l'amour lui montrait Marie comme une femme adorée, trop longtemps arrachée de ses bras, et que le Ciel lui avait rendue lorsqu'il ne l'espérait plus, le sentiment qui l'attirait vers Laure était une de ces franches amitiés, plus fortes peut-être que l'amour, et qui, sans en avoir toute la violence, en comportait toutes les délicatesses et tous les dévouements. Sébastien aurait donné sa vie pour posséder Marie, il eût donné son bonheur pour ne point causer un chagrin à la pauvre femme qui avait placé en lui toute sa tendresse.

Il comprenait bien qu'entre ces deux adorations également tyranniques, qu'entre ces deux femmes, enfin, il lui faudrait en sacrifier une, mais il ne se sentait pas le courage de faire un choix.

Le temps, le temps lui-même, ce grand destructeur, loin de calmer ses tortures, lui rendait plus cher le souvenir de Marie; autrefois, il l'avait aimée pour sa jeunesse, pour sa beauté, pour son amour; maintenant, il l'aimait pour tout ce qu'elle avait souffert.

Et cependant il se contraignait; mais son chagrin dévorant ne pouvait échapper à sa pauvre femme, qui se taisait, résignée comme une sainte, et osant à peine espérer que des jours meilleurs luiraient sur eux.

Mais le bonheur, cet hôte insaisissable, qui rarement revient lorsqu'il nous a abandonnés, ne devait plus rentrer dans le cœur de Laure; aussi, fatiguée, lassée, épuisée, brisée, vaincue, elle conçut un jour, en l'absence de son mari, un fatal, un funeste projet. Sébastien rentra chez lui comme Laure entr'ouvrait la porte pour sortir.

Sa pâleur le frappa; il vit tout, il comprit tout d'un coup d'œil.

— Où allez-vous? — lui dit-il.

— Je m'en vais, — répondit-elle avec fermeté.

— Où cela?

— Je m'en vais et ne reviendrai plus.

— Vous voulez me quitter?

— Pour toujours!

— Pour toujours! Mais quel motif?...

— Vous me le demandez!... Mais non, laissez-moi, monsieur; il vaut mieux nous séparer sans bruit, sans explications, sans scandale...

— Mais si je ne veux pas que vous partiez?...

— Eh bien! monsieur, j'attendrai une occasion, et elle s'offrira facilement, car vous n'avez pas coutume de veiller sur moi..

Ces mots furent un trait acéré qui perça le cœur de Sébastien.

— Des reproches! — murmura-t-il.

— Vous en ai-je jamais adressé un seul, monsieur?

— Oh! demeurez, je vous en supplie, — lui dit-il, — demeurez un instant. Quand vous m'aurez répondu, vous partirez, si vous en avez le courage.

— Je vous écoute, monsieur, — dit froidement Laure.

— Pour vous résoudre à m'abandonner, Laure, — reprit lentement Dupuis, — il faut que je vous aie gravement offensée.

— Oh oui! — murmura Laure.

— Expliquez-vous alors; je puis avoir des torts, mais je veux les connaître.

— Vous me les demandez?... Mais rien de ce qui se passe autour de vous depuis deux mois ne vous a donc frappé? Vous n'avez donc rien vu, rien entendu, rien surpris, rien deviné? Mais votre aveugle passion vous trouble-t-elle à ce point que vous perdiez la mémoire? Vous voulez savoir pourquoi je veux fuir cette maison... Eh bien, c'est parce que, depuis qu'une autre femme y est entrée, vous ne m'appartenez plus, et que vous êtes tout entier à cette femme.

Sébastien fit un mouvement.

— Oui, monsieur, — reprit-elle, — depuis le jour où par fatalité, par imprudence, j'ai laissé cette femme pénétrer chez moi, mon bonheur a été perdu. Vous me demandez pourquoi je veux vous quitter? Mais si aujourd'hui vous ne pouvez plus lire comme autrefois dans mon cœur, comment, en me voyant pâle et les yeux pleins de larmes, n'avez-vous pas songé que je nourrissais une douleur profonde? Je vous quitte, monsieur, parce que vous ne m'aimez plus et que je vous aime toujours; parce que je suis jalouse, et que depuis deux mois je n'ai pas eu une minute de repos... Lorsque vous êtes près de moi, je souffre parce que votre pensée est ailleurs; loin de moi, je souffre encore, car je pense que vous êtes auprès de cette femme que vous aimez et que je hais. Enfin, la vie m'est un fardeau depuis que j'ai perdu votre amour et votre respect, et je m'en vais de cette maison, parce que je n'ai plus que peu de temps à vivre, et que je ne veux point que vous ayez sous les yeux le tableau déchirant d'une femme qui vous aimait de toutes les puissances de son âme, et que votre indifférence tuera.

— Laure, que dites-vous? — s'écria Sébastien.

— Regardez-moi, regardez-moi en face, monsieur, et vous verrez si je mens.

En prononçant ces paroles, elle l'entraîna devant une glace.

— Tenez, — continua-t-elle, — examinez-moi; il y a deux mois encore, je paraissais avoir vingt ans à peine, du moins vous me le disiez. Pas une ride ne sillonnait mon front, vous me le disiez encore, et je le savais; mes joues étaient roses et pleines, mon regard brillant; tout en moi était jeune, tout en moi respirait le bonheur! Eh bien, mes joues sont devenues pâles et se sont amaigries; mes yeux se sont éteints, et la tristesse, une mélancolie profonde, un chagrin dévorant ont remplacé la sérénité qui régnait sur mon visage et la joie qui vivait au fond de mon cœur! A vingt-deux ans, monsieur, à cet âge où toutes les autres femmes ont tant d'espérance, de bonheur devant elles, moi je n'en ai plus. Pour les autres la vie commence à peine, pour moi elle finit; je n'ai plus qu'à me croiser les bras, à jeter un dernier regard sur mes jours passés, à leur donner une larme, puis à leur dire adieu. Et vous me demandez, monsieur, pourquoi je veux vous fuir? Mais vous ai-je demandé, moi, pourquoi vous avez détruit ma félicité? Je me suis contentée de pleurer en silence, sans élever une seule fois la voix pour me plaindre, et si je la fais entendre aujourd'hui, c'est pour me justifier à vos yeux, car ma conduite était toute tracée. Après avoir tant aimé, après avoir tant souffert, il ne me restait plus qu'à mourir, comme les anciens martyrs, sans prononcer une plainte contre ceux qui me tuent, et à lever les yeux vers le Ciel pour qu'il leur pardonne.

Laure était sublime d'expression. Sébastien, pâle, se tenait debout devant elle, inclinant la tête; tout à coup il saisit la main de sa femme, la porta convulsivement à ses lèvres, tomba à genoux devant elle, et voulut parler, mais les sanglots étouffèrent sa voix.

XX. — RETOUR DE L'ÉMIGRÉ

Une vie nouvelle sembla commencer pour Laure. Jusqu'à présent, elle n'avait été que la femme de Sébastien, elle voulut être sa maîtresse. Aussi, tout ce qu'un profond amour peut mettre en œuvre de prévenances et d'attentions délicates, elle y eut recours pour enlacer un cœur qui lui avait appartenu si longtemps tout entier. Il n'y avait pas de petites surprises, dans le code amoureux, qu'elle n'imaginât afin de reconquérir tout à fait le cœur de son mari; et en cela elle avait moins de peine qu'une autre, d'abord parce qu'elle aimait Sébastien jusqu'à l'idolâtrie, ensuite parce qu'elle comprenait qu'en ce moment de terribles enjeux étaient sur table, le repos et le bonheur de sa vie.

Une autre, à sa place, eût peut-être quitté la partie par vanité; elle, point du tout : elle voulut, la gagnant, avoir l'honneur de l'avoir gagnée. Sa félicité, celle de son mari, devenaient son œuvre, son œuvre que personne ne pourrait lui disputer; et, cette conquête entreprise et faite, elle n'en était que plus chère aux yeux de Sébastien.

Cependant une circonstance arriva, qui faillit détruire tout ce qu'elle avait élevé avec tant de labeur. Nous devons nous rappeler qu'une fois elle avait remarqué avec terreur, en se mettant à la fenêtre, un vêtement tout à fait semblable, dans un petit appartement de la maison qui donnait en face de la sienne, à celui que portait Marie le jour où elle s'était présentée chez elle; sa curiosité avait été éveillée seulement, puis elle avait bientôt oublié cette circonstance.

Un soir, on était en plein mois d'août, Laure et son mari étaient revenus la veille seulement de la campagne, et Laure, habituée à l'air pur et frais des champs, étouffait dans son appartement. Elle se mit à la fenêtre, et là se prit à rêver; tout à coup elle aperçut de loin, dans la rue, une femme dont le visage était caché par un voile noir; elle crut vaguement la reconnaître et frissonna.

Cette femme entra bientôt dans la maison qui faisait face à celle de Sébastien; elle monta deux étages, ouvrit une porte et disparut.

La fièvre, le vertige, le délire, s'emparèrent de la malheureuse Laure; elle descendit en courant l'escalier, traversa la rue, entra dans la maison voisine, monta deux étages, sonna avec force; on vint lui ouvrir.

Laure et Marie poussèrent un double cri en se reconnaissant.

— Vous, madame! — dit enfin Marie avec émotion.

— Moi, madame! — répondit Laure éperdue.

— Vous désirez me parler? — reprit bientôt Marie froidement.

Laure garda le silence, franchit le seuil de sa porte, et tomba plutôt qu'elle ne s'assit sur un fauteuil.

Peu à peu elle se remit du trouble violent qui l'agitait, et dit à Marie : — Vous deviez vous attendre à cette visite, madame, car, demeurant si près de nous, tôt ou tard je devais vous apercevoir de mes fenêtres; au nom du Ciel! dans quel but êtes-vous venue habiter en face de mon mari?

— Madame, — répondit la pauvre femme toute confuse, — j'ai eu tort, j'en conviens.

— N'avez-vous pas songé, — interrompit Laure, — que Sébastien ne pouvait être à vous sans crime? ou bien la pensée vous est-elle venue que je n'userais pas de tous mes droits pour vous le disputer?

Marie courba la tête.

— Vous l'aimez, — poursuivit Laure; — mais qui vous dit que ma tendresse pour lui n'est pas égale à la vôtre? Ensuite, répondez-moi sans détour, madame : si vous étiez sa femme et qu'une autre voulût vous l'enlever, vous laisseriez-vous dépouiller de sang-froid? N'y aurait-il point lâcheté de votre part à le souffrir? Et vous croyez que je me laisserai déposséder de son amour? Non, madame, cet amour, c'est ma vie, et vous ne me prendrez mon mari qu'après m'avoir arraché la vie, songez-y bien!

— Madame, je suis coupable, — murmura Marie.

— Vous êtes criminelle! oui, criminelle! car vous avez formé le projet de détruire le repos d'une femme qui ne vous avait point fait de mal! Qu'eût fait à votre place une autre qui se fût respectée? elle aurait lutté contre une passion funeste; elle aurait mis, entre elle et cet homme, un intervalle immense! Où sont vos luttes, vos nobles combats? Ah! prenez-y garde, madame, de femme à femme il n'y a point d'arme qui lave une offense, d'épée qui punisse une insulte; mais de vous à moi, madame, si vous persistez dans votre projet, il y a, songez-le, le germe d'un crime; de vous à moi il y aura du sang!

Marie avait écouté, le front baissé, la première partie du discours de Laure; mais quand elle entendit madame Dupuis l'accabler sans pitié, l'insulter presque, alors elle releva sa belle tête humiliée, regarda son ennemie en face, et lui répondit avec calme : — Si j'ai eu tort, — lui dit-elle, — madame, il y avait un moyen peut-être de me le faire sentir, et vous avez mal fait de ne pas l'employer; car, après tout, je ne dois compte de mes actions à personne. Vous venez chez moi me braver dans ma misère, m'outrager dans mon infortune, et qualifier de crime ce qui n'est qu'une erreur. Vous m'avez conduite sur ce terrain de la lutte, m'avez attaquée sans ménagement : la défense ressemblera à l'attaque.

— A la bonne heure! Vous jetez le masque, et je vous en remercie : nous lutterons au moins face à face.

— Oui, madame, face à face et cœur à découvert. Vous m'avez demandé de quel droit j'étais venue demeurer en face de chez vous. Je l'ai fait, parce que j'aime votre mari, et qu'ainsi près de lui, je puis le voir quelquefois.

Laure fit un mouvement.

— Croyez-vous, madame, — continua Marie avec un accent plein de douleur, — qu'il soit si facile d'oublier? Et quel crime ai-je donc commis? En deux mois, j'ai aperçu quatre fois Sébastien. Vous me haïssez! et qu'ai-je fait pour m'attirer votre haine? Je me suis condamnée à souffrir, à me cacher de vous et de lui. En quoi ai-je détruit votre bonheur? Sébastien se doute-t-il seulement que j'habite ici? M'a-t-il entrevue une fois? Ai-je recherché l'occasion d'un rapprochement? Comment! je ne puis pas même pleurer en secret! Mais, madame, il n'est point de loi qui empêche les pauvres exilés de venir sur la frontière qui sépare leur patrie d'une terre étrangère; et vous, plus cruelle que les lois, vous voulez m'empêcher de regarder de loin, à la dérobée, sans faire entendre une plainte, celui qui m'avait fait aimer la vie! Oh! madame, vous êtes...

Laure involontairement éprouva quelque regret d'avoir parlé si cruellement à Marie, mais son amour la rendit sourde à toute compassion.

— J'ai eu tort peut-être d'employer des expressions sévères, madame, — répondit-elle; — mais, n'importent les couleurs dont vous chercheriez à colorer votre conduite, elle n'en est pas moins imprudente; une autre, à votre place, se fût armée de courage, aurait...

— Et mes combats, mes luttes de chaque jour ne sont donc pas du courage, madame? Vous ne savez donc pas ce que j'éprouve? Vous qui parlez d'amour, vous ne le comprenez donc que bien froidement! Comment! être là une partie de la journée collée contre les carreaux; attendre des heures entières, placée derrière ce rideau, immobile, le cœur en suspens, qu'il vienne se placer un instant à cette fenêtre; prier Dieu tout le jour pour qu'il me le laisse voir un instant; puis, quand le jour s'est passé sans qu'il me soit apparu, accourir là le soir, l'épier, et puis quelquefois le voir! le voir à côté de vous, se penchant doucement vers vous, appuyant sa tête sur la vôtre, mêlant son haleine à la vôtre; demeurer là, me dire : Le voilà! lui que j'aime, et il parle d'amour à une autre! et si je voulais...

— Et si vous vouliez?... — interrompit Laure.

— Puis, — continua Marie, — attendre qu'il se soit retiré pour me retirer, lui envoyer mon âme dans un adieu qu'il n'entend pas, me jeter sur un fauteuil, passer toute seule à méditer des heures qu'il passe auprès de vous, madame... et me taire! et vivre sans lui crier une fois au moins : « Je suis ici, moi, moi cette Marie à qui tu avais donné ton amour! » Et vous appelez cela, madame, ne pas lutter! Que diriez-vous donc si je me montrais à lui, et si je voulais vous disputer son cœur?

— Je vous tuerais! — s'écria Laure.

— Et je remercierais le Ciel, — dit Marie, — car la vie que je mène est horrible, épouvantable! Oh! tenez, — continua-t-elle bientôt, — vous êtes sa femme, et vous l'aimez, et je ne vous accuse plus de cruauté. Votre conduite est ce qu'elle doit être, et, à votre place, j'en eusse fait autant que vous.

Et de grosses larmes inondèrent ses joues brûlantes!

— De l'air! de l'air! — murmura-t-elle d'une voix défaillante.

Laure courut à la fenêtre, l'entr'ouvrit et la referma précipitamment. Elle venait d'apercevoir Sébastien, dont le regard s'était arrêté avec étonnement sur Laure, avec stupeur sur Marie.

— Je suis perdue! — dit Laure.

— Ce soir, je serai loin d'ici! — lui répondit Marie.

Laure sortit à demi mourante. Rentrée chez elle, elle s'attendait à ce que Sébastien la questionnerait; il ne lui demanda rien, et il paraissait calme.

— Ne m'aurait-il point vue? — pensa-t-elle. — Oh! non, c'est impossible... Et pourtant son silence avec moi...

— Tu ne me demandes pas d'où je viens, — lui dit Laure.

— Non!...

— C'est donc que tu le sais?

— Eh bien, quand je le saurais? — répondit froidement Sébastien.

— Alors je n'aurais plus qu'à mourir!

— Et pourquoi?

— Parce que tu aimes cette femme de chez qui je sors, et que tu m'abandonneras pour elle.

Sébastien passa la main sur son visage.

— Tu es folle, — dit-il à Laure; — je l'ai aimée, mais je ne l'aime plus.

— Oh! tu ne me trompes pas? — interrompit sa femme.

— Et pourquoi te tromperais-je?

— Tôt ou tard je saurai la vérité, et si tu me trahissais!...

— Après-demain, ma chère Laure, — dit Sébastien, — si tu le veux, nous retournerons à notre campagne.

— Oh! de tout mon cœur, — reprit sa femme en se suspendant à son cou; — maintenant je suis bien sûre de régner toute seule sur ton cœur!

La journée se passa, et Sébastien ne quitta point sa femme. Le lendemain, Laure apprit que Marie était partie dans la nuit; mais ce qu'elle ne sut point, c'est que Sébastien connaissait l'endroit qu'elle avait choisi pour refuge.

Maintenant nous allons mettre sous les yeux de nos lecteurs une lettre que madame Dupuis reçut le lendemain dans la journée.

Un commissionnaire la lui apporta; et, avant d'entrer, il s'informa avec grand soin, près du concierge, si M. Dupuis était sorti. Quand il eut acquis la certitude qu'il n'était point chez lui, il monta à la porte, sonna, demanda Laure, et quand il fut devant elle, il lui remit une lettre. Laure fut surprise du mystère dont s'entourait cet homme; mais quand elle eut regardé l'écriture de l'adresse, elle tressaillit, congédia le commissionnaire, courut s'enfermer dans sa chambre à coucher, ouvrit la lettre et lut :

« Ma chère Laure,

» J'ai heureusement échappé à tous les dangers qui me menaçaient, et après des obstacles presque insurmontables, je suis parvenu à quitter la France. Après trois années de séjour à l'étranger, vie toute remplie de misères et de privations, j'ai songé à revoir la France : la tourmente révolutionnaire était apaisée, et je pouvais espérer de revenir dans ma patrie sans péril. Arrivé à Paris, mon premier soin fut de m'informer si tu étais parvenue à te soustraire à la mort. Mais quelques renseignements que je prisse, aucun ne me rendit l'espérance. Fatigué de recherches inutiles, je te pleurais comme une morte, toi que j'avais tant aimée, lorsqu'un jour, en passant dans la rue de l'Ouest, il me sembla t'apercevoir. Dans le premier moment je crus rêver, mais il fallut bien me rendre à l'évidence. Tu étais avec un homme; je me tins à distance afin de ne pas être reconnu, et juge de ma surprise, de ma stupeur, quand, en regardant cet homme, je le reconnus pour celui que je haïssais le plus au monde, celui dont la haine, juste ou non, avait failli nous être si fatale à tous deux. Dans le premier moment, te l'avouerais-je, mon premier soin fut de m'informer si tu étais parvenue à me suivre; puis je ne sais quel pressentiment me retint. Je vous suivis donc, et tous deux je vous vis entrer dans une maison. Vainement j'attendis à la porte : je ne devais plus vous revoir ni l'un ni l'autre. Ma tête était en feu; j'entrai dans cette maison, et je demandai quels étaient la femme et l'homme qui m'avaient précédé; l'on me répondit que c'étaient M. et madame Dupuis.

» Juge de ma colère, de mon indignation, toi la maîtresse ou la femme de l'homme que j'avais le plus haï dans ma vie! C'est au point que je souhaitai que tu ne fusses que sa maîtresse, afin de

pouvoir me présenter devant lui et lui demander compte d'une vie toute de malheurs qu'il m'avait faite.

» Maintenant, ma chère Laure, il faut que je te voie : invente un prétexte, mais je veux te voir. Demain à midi, je t'attendrai sur la terrasse des Tuileries, mais seule, entends-tu, car si je te voyais au bras de cet homme, je ne répondrais pas de moi!

» A demain. »

La lettre n'était pas signée; Laure avait reconnu l'écriture.

— Vivant! — s'écria-t-elle, — vivant! lui que j'avais cru mort. Oh! mon Dieu, soyez béni!

Elle prenait la lettre et se disposait à la relire lorsque Sébastien entra. Elle se leva avec précipitation, se détourna et cacha la lettre dans son sein; mais quelque rapide qu'eût été ce mouvement, il n'échappa point à Sébastien.

— Que lisais-tu donc quand je suis entré? — dit-il à sa femme en la regardant attentivement.

— Je te dirai plus tard ce que c'est, mais pour l'instant ne l'exige pas.

Sébastien ne répondit rien à sa femme et rentra dans son cabinet de travail.

Le lendemain, Sébastien trouva Laure pâle et le visage fatigué; il lui en fit l'observation. Elle lui répondit qu'elle avait passé fort tranquillement la nuit, et qu'elle n'était nullement indisposée.

Cependant midi arrivait, et Laure paraissait inquiète. Sébastien remarqua avec surprise tous ces petits détails et ne dit rien. Laure lui demanda plusieurs fois, contre son habitude, s'il ne sortirait point, s'il n'avait point de clients à visiter; Sébastien dissimula son étonnement et se contenta de répondre qu'il s'était proposé de passer toute la journée à la maison.

— Eh bien, moi, je vais sortir, — dit enfin Laure.

— Ah! — répondit Sébastien, — et où vas-tu?

— Chez ma marchande de modes, — interrompit Laure en rougissant; je lui ai commandé un chapeau, elle me l'avait promis pour aujourd'hui et ne me l'apporte pas.

— Mais la journée n'est point passée, ma chère amie.

— C'est vrai, mais si je n'y vais point, je ne l'aurai pas.

— Eh bien, soit! — répliqua Sébastien, — et puisque tu tiens tant à aller chez ta marchande de modes, habille-toi, je vais passer mon habit et je t'accompagnerai.

Laure se pencha sur Sébastien, lui entoura le cou de ses bras, puis souriant avec grâce : — Non, monsieur, — lui dit-elle, — je ne souffrirai pas que vous vous dérangiez pour moi : vous aviez formé le projet de rester ici aujourd'hui, et je ne veux point vous faire mentir; ma marchande demeure à dix minutes de chemin de cette maison, je vais y courir et reviens tout de suite.

— Tu ne me dérangeras pas, — répondit Sébastien; — je se coucrai ma paresse, je t'accompagnerai, et de là nous irons jusqu'aux Tuileries nous reposer sous les marronniers.

— Aux Tuileries! — dit Laure troublée. — Décidément, — reprit-elle bientôt, — j'ai la tête lourde, je resterai ici et te tiendrai compagnie.

— Comme il te plaira, — répondit Sébastien.

A deux jours de là, Sébastien rentrait chez lui au moment où un commissionnaire se disposait à sonner. Le commissionnaire, en l'apercevant, fit mine de vouloir se retirer; mais ce mouvement ne fut pas si rapide que Sébastien n'aperçût une lettre qu'il tenait à la main, et sur cette lettre le nom de sa femme.

— Où portiez-vous cette lettre? — dit-il au commissionnaire.

Celui-ci balbutia quelques mots. Sébastien, dont les soupçons venaient d'être éveillés de nouveau, arracha la lettre des mains de l'homme, entra, refermant brusquement la porte sur lui, et courut à son cabinet.

Il ouvrit la lettre et il lut :

« Chère Laure,

» Je t'ai attendue vainement avant-hier aux Tuileries jusqu'à une heure. Pourquoi donc n'es-tu pas venue? Demain je t'attendrai encore au même endroit; surtout que ton mari ne se doute de rien : je veux qu'il ignore que nous nous sommes revus. »

» Il n'y avait point de signature.

Sébastien froissa cette lettre avec colère; puis, ouvrant tout à coup la porte, il se rendit dans le salon où était sa femme, et la regardant avec des yeux étincelants : — Madame, s'écria-t-il, vous êtes une infâme!

XXI. — LYON EN 1793

Maintenant, et avant de rapporter quelles furent les suites de la brusque apparition de Sébastien Dupuis dans le salon où se tenait Laure, nous jetterons un regard en arrière, et suivrons le marquis Ernest de Beaufort au milieu des vicissitudes de sa vie agitée. Nous avons dit, dans un précédent chapitre de cette histoire, que M. de Beaufort était passé en Angleterre après avoir cherché inutilement pendant un mois ce qu'était devenue sa pauvre sœur. Quelque court que puisse sembler le délai écoulé (un mois seulement) entre l'évasion du marquis et son passage en Angleterre, si l'on se reporte à l'époque d'épouvante où nous avons placé ce récit, et aux dangers incessants qui environnaient tout ce qui portait un noble nom, l'on comprendra la grandeur de l'affection d'Ernest de Beaufort pour sa sœur, car un mois était un siècle dans ces temps fatals, où une minute suffisait pour vous conduire à l'échafaud.

Nos lecteurs n'ont pas oublié, sans doute, ce qui se passa à Saint-Lazare le lendemain de la disparition de M. de Beaufort. Ils se rappellent encore de quelle façon fut récompensé le sublime dévouement de Nicolas VII, et le moyen hardi auquel eut recours Sébastien pour arracher la malheureuse Laure au sort qu'il l'attendait.

Le marquis, après être sorti sans difficulté de sa prison, grâce à son changement de costume avec son vieux domestique, descendit rapidement le faubourg Saint-Denis, gagna la rue de la Sourdière derrière l'église Saint-Roch, entra chez un fripier, retira son pantalon de toile et sa veste bleue, et fit achat d'un bonnet rouge, d'une vareuse et d'une jaquette, vêtement que portaient alors nos effrénés patriotes; ainsi affublé, il espéra pouvoir échapper à ses ennemis, parvenir à sauver Laure, demeurée malgré lui à Saint-Lazare, et enfin se venger de Sébastien.

De la rue de la Sourdière il se dirigea vers le quartier Mouffetard et y loua un taudis. Il était brisé de corps, accablé d'esprit; il se jeta sur un mauvais matelas, étendu sur le carreau humide, et ne tarda pas à s'endormir d'un sommeil profond.

Le lendemain il fut sur pied dès les cinq heures du matin; un grand et terrible drame allait se donner, ayant une ville immense pour théâtre, pour spectateurs deux cent mille hommes, pour acteurs cent victimes humaines, et pour rôle principal le bourreau.

La tête en feu, le corps grelottant de fièvre, il se traîna jusque sur la place de la Concorde, armé d'une paire de pistolets cachée sous sa carmagnole. Le projet qu'il avait conçu était celui d'un insensé, mais le désespoir réfléchit-il? La fatale place était déserte; une demi-heure s'était à peine écoulée qu'elle fut obstruée de toutes parts par une foule mugissante; de loin on eût dit une mer irritée, et la terrible charrette passa.

Le marquis de Beaufort se fit jour, grâce à la vigueur de ses poignets, jusqu'aux soldats qui escortaient ce tombereau de victimes humaines; et là, le cou tendu, chaque main sur un pistolet, il plongea un regard ardent jusqu'au fond de la charrette, tremblant d'y trouver sa chère Laure, et résolu, s'il l'y apercevait, à la tuer afin de la soustraire à l'échafaud, et ensuite à décharger sur lui-même son second pistolet.

Et un cri qu'il comprima aussitôt lui échappa: le visage calme de Nicolas VII, son fidèle serviteur, venait de lui apparaître; leurs yeux se rencontrèrent et se dirent un adieu éternel dans un regard touchant. La pesante charrette s'éloigna, et M. de Beaufort respira enfin, car il n'avait point aperçu, au milieu des malheureux que l'on conduisait au supplice, la pauvre jeune fille qu'il redoutait tant de trouver parmi eux.

Cependant sa joie ne fut pas de longue durée, car il se demanda bientôt par quel hasard on avait épargné Laure, et ainsi que lui, avait-elle pu s'échapper de la terrible prison? et mille pensées traversaient son cerveau. Le soir, il se rendit à la maison Lazare, entra hardiment, demanda, au risque d'être reconnu et plongé dans un cachot, ce qu'on avait fait de la citoyenne Beaufort. Un gardien lui répondit qu'elle était morte, puis le poussa par les épaules jusque dans la rue.

Pendant trois jours et trois nuits il erra dans les faubourgs, sur les quais, dans les rues de Paris, interrogeant tous ceux qu'il rencontrait, et leur demandant, en les regardant d'un air hébété, s'ils pouvaient lui apprendre où était sa sœur; les uns lui riaient au nez, les autres lui tournaient le dos, quelques âmes plus humaines le plaignaient.

Il était fou.

Le quatrième jour il rentra chez lui; sa tête était moins brûlante; peu à peu la mémoire du passé lui revint; il fit un petit paquet de ses hardes, et bien qu'il fût alors presque impossible de se rendre d'un département dans un autre sans s'assujettir à des formalités dangereuses, il se mit en route pour Lyon, où Dubois-Crancé, Albitte, Gauthier et Nioche venaient d'établir un tribunal révolutionnaire.

La vie lui était odieuse; il espéra trouver au milieu des rangs lyonnais la mort et la vengeance.

Deux jours après son arrivée Lyon était déclaré en état de siége; mais avant de continuer ce récit, il nous faut retracer rapidement les événements qui amenèrent la sanglante catastrophe que nous décrirons dans ce chapitre, catastrophe pleine de crimes et de larmes, et qui dépasse les plus sinistres qui ont ensanglanté la Terreur.

La Convention était partagée en deux partis : les girondins et les montagnards. Après les fatales journées des 1er et 2 juin 1793, pendant lesquelles le canon d'alarme se fit entendre dans Paris épouvanté, au bruit de la générale qui appelait tous les citoyens aux armes, et au moment de l'arrestation de Gensonné, Vergniaud, Brissot, Guadet, Gorsas, Pétion, Salles, Chambon, Barbaroux, Buzot, Biroteau, Rabot Saint-Étienne, la Source, Lanjuinais, Grangeneuve, Lesage, Louvet, Valazé, Doulcet, Lidon, Le Hardy et celle des membres de la commission des douze, le comité de salut public, craignant des soulèvements dans les départements en faveur des girondins vaincus, fit aussitôt une adresse pour rendre compte à la France de ce grand événement. Les jacobins en envoyèrent également une, dans laquelle ils dénaturèrent les faits, et les présentèrent sous le jour qui servait le mieux leurs intérêts; cette impudence fut si grande qu'elle indigna tous ceux qui déploraient la défaite des girondins; et cette indignation légitime, habilement exploitée par les royalistes des départements de l'Ouest et du Midi, amena un mouvement à Marseille, à Bordeaux et à Lyon, qui devint bientôt le foyer de l'insurrection.

Cette ville, dont toute la richesse consistait dans ses manufactures de soie et de broderies, était intéressée à voir renaître le luxe des hautes classes, et devait désirer avec impatience un changement social, car son commerce était ruiné. Sa municipalité était sous les ordres de Challier, le digne émule de Marat. Après les massacres de septembre et l'exécution solennelle du 21 janvier, l'au-

dace de ce proconsul n'avait plus connu de bornes; soutenu par les sans-culottes de la municipalité, il écrasait la classe moyenne royaliste, dont le point d'appui était dans les sections; mais enfin, las de souffrir, les opprimés avaient secoué le joug. Vers la fin de mai on en était venu aux mains; la municipalité avait été prise d'assaut, malgré les dix-huit cents hommes et les vingt-deux canons qui tiraient sur le peuple, et Challier et Richard, tombés au pouvoir des vainqueurs, comparurent, malgré le décret que firent rendre Marat et Lindet, décret qui mettait Challier et ses complices sous la sauvegarde de la Convention, devant un tribunal convoqué à la hâte, furent condamnés à mort et exécutés, le 16 juillet, sur la place des Terreaux.

Les sectionnaires de Lyon, après cet acte d'énergie, s'arrêtèrent au milieu de leurs triomphes, redoutant la vengeance de la Convention. Interpellés par elle, ils répondirent que la faute en était aux jacobins, qui les avaient mis dans la nécessité de combattre; de terribles représailles allaient avoir lieu, car Danton avait écrit à Dubois-Crancé : « Si vous ne pouvez forcer par les armes cette cité superbe, il faut la réduire en cendres. » Lorsque l'insurrection du Calvados éclata, les Lyonnais reprirent courage, levèrent l'étendard de la révolte, formèrent une armée de vingt mille hommes, et en donnèrent le commandement au marquis Perrin de Précy, homme d'un jugement sain, d'une volonté ferme, d'un courage froid et d'une valeur à toute épreuve, ancien lieutenant-colonel des chasseurs des Vosges, et qui avait commandé en second la garde constitutionnelle de Louis XVI.

Ce fut un beau jour pour Lyon que celui où il dit : « On nous croit abattus parce que nous nous apaisons; ne cédons-nous que pour qu'on nous écrase? Lyon connaît la soumission, mais non le sang. Eh bien! nous résisterons ou nous périrons tous; nous voulons être libres et nous le serons. »

Perrin de Précy rassemble autour de lui un état-major, il appelle sous ses drapeaux les royalistes et les émigrés français afin de renverser la tyrannie, et parmi les gentilshommes qui répondirent à cet appel, Ernest de Beaufort ne fut pas un des derniers.

Lyon, naguère morne et craintif, ressemble aujourd'hui à un camp; la justice de sa cause l'exalte, et toute la jeunesse de la ville, quels que soient son rang, sa fortune, ne connaît plus que le danger de la patrie; elle se rassemble sous les ordres de Précy, et se rend dans les postes et dans les casernes qui lui sont assignés, soumise désormais aux rigides lois de la discipline militaire. L'enthousiasme gagne, comme un incendie, tous les citoyens; les pères, les vieillards, les femmes même veulent se joindre à leurs nobles défenseurs; la main des femmes et des jeunes filles fabrique des gargousses, les hommes vont travailler à la fortification des redoutes sous les ordres d'un ancien officier d'artillerie, Chenelette, dont le génie enfante, comme celui de Vauban, des prodiges. L'habile fondeur Schmidt met l'airain en fusion, et deux fonderies coulent le canon; les riches donnent leurs chevaux, une cavalerie est improvisée, et des voituriers se font artilleurs.

Lyon résistera à ses ennemis.

Mais avant d'entrer dans les détails de ce siége mémorable, nous esquisserons en quelques pages la position géographique de Lyon.

Lyon, situé en partie sur la pente de deux montagnes séparées par la Saône, règne en amphithéâtre le long de sa rive droite, et descend en plaine entre sa rive gauche et le cours du Rhône; partagée par la Saône dans toute sa longueur, la ville présente une façade d'une demi-lieue, presque sur la même ligne, le long du Rhône, au delà duquel sont les Brotteaux. Deux ponts y communiquent; l'un aboutit au faubourg de la Guillotière, dont il porte le nom, et l'autre, le pont Morand, à six cents toises au-dessus.

À l'ouest, Lyon est entouré par de vieilles murailles et embrasse la montagne de Fourvières avec son amphithéâtre; au nord, il est défendu par la Croix-Rousse et une ligne de fortifications qui s'étend de la rive gauche de la Saône jusqu'à la rive droite du Rhône.

À l'est, un beau quai découvert jeté sur le Rhône clôture la ville; au sud, elle finit à la jonction de ce fleuve avec la Saône.

Telle était la force locale de Lyon, que Dubois-Crancé a prétendu plus fortifié que Mayence par sa position, et à laquelle il a opposé quarante mille hommes et trois cents pièces de canon. Kellermann, chargé de diriger le siége, était absent; mais Dubois n'en pressait pas moins les préparatifs du bombardement. Il écrivait le 18 août au comité : « Les bombes sont prêtes, le feu rougit les boulets, la mèche est allumée, et si les Lyonnais persistent, demain au soir, à la lueur des flammes qui dévoreront cette ville rebelle, oui, quelques jours encore, et l'on ira chercher sur quelle rive du Rhône Lyon a existé. »

Néanmoins, et pour avoir l'air d'user de tous les ménagements convenables, il adressa aux Lyonnais une lettre insidieuse : « Les hommes qui vous conduisent, dit-il, sont des intrigants coalisés avec Pitt et Cobourg; ils ne vous parlent de vos droits que pour vous ravir tous. Que gagneriez-vous à résister? Les mortiers sont placés, les bombes sont prêtes, et les flammes vont vous dévorer. »

Et Lyon répondit : « Malgré votre hypocrite langage, le peuple vous regarde toujours comme son ennemi, puisque, sans qu'aucun décret positif vous y autorise, vous lui faites une guerre implacable. N'allez pas dire que notre sort vous touche; notre sort! que vous importe? Nous voulons vaincre ou périr, et quoi qu'il nous arrive, une grande gloire nous attend. Nos portes ne vous seront jamais ouvertes; mais que vous marchiez contre les étrangers qui menacent nos frontières, et vous nous verrez bientôt nous réunir à vous pour les combattre. »

Dubois-Crancé, qui n'avait voulu qu'occuper les Lyonnais avec sa lettre, et les empêcher de se garantir des ravages du bombarment, fit bientôt jouer ses terribles batteries; on lança contre la ville, pendant la nuit du 22, des bombes et des boulets rouges; l'incendie se déclara dans plusieurs quartiers, mais l'activité des assiégés en arrêta les progrès, et ils ripostèrent contre la Guillotière par plus de quinze cents coups de canon et d'obus qui y mirent le feu.

Cette espèce d'échec empêcha Dubois de tenter l'attaque projetée sur la Croix-Rousse. Il résolut pourtant de recommencer le 24 avec plus de chaleur : « Ce soir le feu sera plus nourri, écrivait-il au comité, et Lyon, cette plante vénéneuse, sera bientôt extirpée du territoire de la république. »

Le 24, l'arsenal fut brûlé, des incendiaires y mirent le feu; quatre magasins de munitions sautèrent, cent dix-sept corps de logis, les maisons d'alentour et des entrepôts de fourrages devinrent la proie des flammes; deux mille personnes périrent au milieu de l'incendie ou écrasées sous les décombres. La perte matérielle de cette fatale nuit fut évaluée à deux cents millions.

Les Lyonnais, après s'être défendus avec un courage qui n'a d'exemple que dans les temps anciens, furent forcés dans leurs retranchements de la Croix-Rousse, et l'ennemi leur enleva, à la baïonnette, deux de leurs principales redoutes.

Lorsque Dubois-Crancé et Gauthier virent Lyon environné de flammes, de décombres et de cendres, ils envoyèrent au peuple une nouvelle proclamation : « Craignez, leur disaient-ils, que votre entière destruction ne serve d'exemple à quiconque serait tenté de vous imiter! Pourquoi douter de l'indulgence de la Convention et ne pas vous soumettre? »

Et en même temps que cette proclamation parvenait aux Lyonnais, Dubois écrivait confidentiellement aux jacobins de Paris :

« Ce soir, nous continuons le bombardement; périsse Lyon et vive la république! »

Et le feu partait sans relâche des batteries ennemies pendant qu'on envoyait la proclamation à Précy, et la canonnade qui grondait sur tous les points enflammait la colère des citoyens au lieu de la calmer; toute cessation d'hostilités était impossible, et le bombardement recommença avec plus d'acharnement encore.

Les boulets rouges furent lancés en telle quantité contre les maisons, que les canons bientôt ne purent continuer ce service; l'on recourut alors au boulet froid; la ville fut canonnée pendant vingt-quatre heures, et les mortiers et les obusiers furent tirés sans interruption. Trois cents maisons brûlèrent, et l'hospice de Lyon, où le génie de Soufflot avait réuni la magnificence à la commodité, fut écrasé sous les bombes.

Et, au milieu de ce grand désastre, les vivres manquaient; le froment était déjà presque entièrement consommé, et les villes voisines, épouvantées par les menaces des représentants Javogne et Laporte, n'osaient plus en faire passer, même secrètement, dans la malheureuse ville. L'on regrettait, à défaut de bœufs et de moutons, de n'avoir pas de chevaux de reste pour s'en nourrir. Bientôt il fallut se servir d'avoine et de son et s'en faire du pain; ce pain même devint si rare, que la ration des combattants se trouva réduite, vers la fin du siège, à une demi-livre, quoique le peuple en abstînt.

Cette disette se faisait sentir plus vivement depuis que les assiégeants avaient pris la petite ville de Rive-de-Gier pour couper l'arrivée des subsistances par Saint-Étienne, et depuis que les colonnes des réquisitions d'Auvergne, arrivant sur Montbrison, ne lui permettaient plus de faire passer des vivres. En vain, consultant plus son courage et la nécessité que ses forces, une petite troupe lyonnaise, commandée par le négociant Servan, avait marché sur deux colonnes pour débusquer l'ennemi de Rive-de-Gier. L'une d'elles, après six heures de combat, avait été forcée de se replier; et l'autre, entraînée par Servan, s'était engagée dans un défilé sans issue, où, malgré les prodiges de valeur qu'elle fit, l'ennemi la tailla en pièces; de quarante-cinq hommes qui la composaient, vingt-cinq furent tués, treize faits prisonniers, parmi lesquels se trouva leur commandant, blessé trop grièvement pour mourir en continuant de combattre.

Cependant l'ennemi, fort de soixante mille hommes, faisait le blocus de Lyon. Neuf mille hommes, à la Pape, étaient sous les ordres de Dubois-Crancé et Gauthier; dix mille à la Guillotière, sous ceux du général Vaubois, surveillé par Laporte; huit mille, dont moitié cavalerie, sous le général Rivaz, surveillé par Reverchon; et près de quarante mille dirigés par Couthon, Maignet, Châteauneuf-Randon et Javogne, tant à Oullins qu'au pont d'Allai, depuis la rive droite du Rhône jusqu'à la tour de Salvagny.

L'artillerie s'augmentait dans la même proportion; Javogne, non content des canons qu'il avait, en demandait de 48 et de 36; Vaubois recevait encore seize pièces de gros calibre et dix nouveaux mortiers; les cinq camps formés autour de Lyon entouraient cette malheureuse ville d'une ceinture d'ennemis et de bouches à feu.

A mesure que le blocus se resserrait, les Lyonnais étaient forcés d'abandonner leurs postes éloignés; ceux des villages de Pouillonnay et de Grézieux tombèrent bientôt et ensemble au pouvoir de Dubois-Crancé; celui de la maison Neyrac, à la Croix-Rousse, éprouva bientôt le même sort, et ces pertes, auxquelles on avait inutilement tenté d'obvier par la tentative d'une surprise sur la tour de Salvagny, dans la nuit du 7 au 8 septembre, obligèrent de concentrer les forces dans la ville.

C'était à ces seuls progrès que se bornaient les avantages remportés par les ennemis le 16 septembre, après un siège de quarante jours. Et que de revers ils avaient essuyés! Dubois, qui avait fait lancer cinq cents bombes et mille boulets rouges dans la nuit du 7, regrettait de n'avoir pas causé d'assez grands désastres, et se plaignait de ce que ses brûlots n'avaient pu faire sauter le pont Morand.

La famine était inévitable; aussi les représentants, qui d'abord avaient accueilli les vieillards et les femmes que l'épouvante de la disette et du carnage chassait des murs de Lyon, appréhendant que ces émigrations, en diminuant la consommation de la ville, n'en retardassent la réduction par la famine, voulurent repousser les émigrants en les faisant fusiller par les premiers postes.

Kellermann, à qui Gauthier et Dubois-Crancé supposaient l'intention de vouloir favoriser Lyon, venait d'être destitué et remplacé par Doppet; Châteauneuf-Randon, chargé de diriger tous les mouvements, envoya une sommation aux Lyonnais, ainsi conçue : « Au nom du peuple français! mettez bas les armes, ouvrez vos portes, ou la vengeance nationale va fondre sur vous; elle reste encore suspendue jusqu'à huit heures du soir; mais, cette heure passée, les représentants ne répondent plus de vos personnes ni de vos propriétés. »

Le trompette qui apporta cette sommation n'arriva qu'à six heures du soir; il était trop tard pour assembler les citoyens et les consulter ce jour-là; les administrateurs se bornèrent dans leur réponse à demander un délai jusqu'au lendemain.

C'était par le pont de la Guillotière que se faisaient ces communications; Châteauneuf-Randon, pour attendre les résultats, s'était rendu près de Laporte, dans le camp des Brotteaux, où il espérait arrêter le feu des batteries que commandait son collègue, mais ce fut en vain; Laporte ne voulut point consentir à ce qu'on suspendît l'attaque, et le général Vaubois s'écria que : « A force de bombes et de coups de canon, il faudrait bien qu'ils s'avouassent vaincus. » Ainsi le bombardement recommença plus terrible, et Châteauneuf fit avertir les Lyonnais, par une seconde dépêche, que le feu continuerait sans relâche jusqu'à la réduction de la ville.

Le même jour, 20 septembre, à défaut du peuple, trop occupé à se défendre, les présidents et les secrétaires de sections firent une réponse digne de l'héroïsme qu'ils avaient montré jusqu'alors.

« Le peuple de Lyon ignore, dirent-ils, pourquoi on lui a déclaré la guerre; il a constamment observé les lois, et si, comme plusieurs départements, celui du Rhône-et-Loire fut trompé un instant sur les événements du 31 mai, il se hâta, dès qu'il put croire que la Convention n'avait pas été opprimée, de la reconnaître et d'exécuter ses décrets; chaque jour encore, ceux qui peuvent lui parvenir sont publiés et observés dans ses murs. Après cette conduite, il ne pouvait se persuader qu'il fût possible de le calomnier au point de le faire croire coupable; aussi n'a-t-il songé à se défendre que lorsque les hostilités ne lui ont plus permis de douter que l'erreur où était entraînée la Convention lui avait fait adopter irrévocablement le système de l'opprimer. Toute justice lui a été déniée; il n'a même pu obtenir d'être entendu. Ses députés ont été repoussés, des décrets de proscription et de sang ont été rendus contre lui. Il a vainement invité les représentants à venir s'assurer des faits par eux-mêmes; il leur a offert des otages et rien n'a été exécuté, rien n'a été accepté, rien n'a été proposé; et quoique votre mission parlât de persuasion et d'instruction, il n'a jamais été fait que des sommations hostiles. Alors le peuple a lu son devoir et ses droits dans l'acte constitutionnel qu'il venait de proclamer; il a pris la ferme résolution de résister à une oppression sans exemple et sans motifs; il a fait un choix digne d'un peuple heureux; il a préféré l'anéantissement à l'esclavage.

» Mais c'est assez d'opprimer Lyon, continuaient-ils, sans lui supposer des intelligences criminelles; il n'a pour alliés que des hommes justes et humains, qui l'admireront et le plaindront. Il compte sur lui-même, sur la justice de sa cause, et il périra tout entier plutôt que de livrer sa cité à l'exécution des décrets de sang et de pillage dont on l'a frappé. Les maux qu'il a soufferts ne lui laissent pas de doute sur ceux qu'il peut éprouver encore. Mais trente jours de bombardement doivent avoir prouvé que son courage est inébranlable; que, s'il était vaincu, ses oppresseurs ne régneraient que sur des cendres et sur des morts. Et si vous parvenez à anéantir une ville immense, paisible, industrieuse, objet de l'orgueil et de la jalousie de ses ennemis, notre dernier cri serait encore, comme il l'a été toujours, celui de la liberté, de la république une et indivisible, de l'obéissance aux lois, du respect des personnes et des propriétés. Maintenant, si vous voulez être justes, ordonnez que le siège soit levé, que les communications soient entièrement rétablies entre nous et nos frères des départements; garantissez au peuple de Lyon que la Convention consentira enfin à l'entendre, que les députés parviendront librement et en sûreté jusqu'à elle; alors nous sommes certains que, les faits éclaircis et nos principes reconnus, elle retirera ses décrets, et ces armes, que nous avons prises pour notre défense, nous ne les quitterons point, mais nous les emploierons au service de la patrie. Si d'aussi justes propositions ne sont pas acceptées, si vous persistez à traiter en rebelle une ville qui a juré l'unité et l'indivisibilité de la république, sa persistance à résister prouvera à la France, à l'Europe, à la postérité, qu'elle était digne de la liberté, puisqu'elle saura mourir pour elle. Le peuple de Lyon désire que vous lisiez cette réponse à votre armée; elle sera du moins, tout en nous combattant, forcée à nous estimer. Puissent ces Français, ces frères qu'on a soulevés contre nous, n'être pas à leur tour victimes d'une oppression étrangère, après avoir été les instruments de la nôtre! Puissent-ils ne pas reconnaître trop tard que la plaie profonde qu'ils font à la république sert mieux les projets de ses ennemis que ne ferait l'invasion de notre territoire.

» 20 septembre 1793.   » GOYET, *président*.

» MOLARD, *secrétaire*. »

Dubois-Crancé, redoutant l'impression que cette déclaration pouvait produire, se hâta de rédiger une réponse pleine d'injures et de mensonges, qu'il fit signer à Gauthier, Laporte, Reverchon, Maignet, Châteauneuf et Javogne. Entre autres phrases qu'elle renfermait, on remarquait celle-ci : « Malheureux contre-révolutionnaires, vils agents soudoyés par Pitt et Cobourg, le peuple est assez puni de vous avoir écoutés, pour mériter quelque indulgence. Mais qu'il périsse puisqu'il le veut ! sa destruction entière servira au moins d'exemple à tout citadin assez inconsidéré pour se livrer inconsidérément à des factieux. Vous dites avoir offert des otages ? Eh ! quels otages des scélérats peuvent-ils donner d'une probité qu'ils n'ont pas ? Voulez-vous savoir ce que dit l'armée ? le voici : « Puissent tous les aristocrates de la république être réunis dans » Lyon, pour que d'un seul coup on en purge la nation ! »

Tout annonçait la résolution bien déterminée d'écraser Lyon. Dubois, ne se trouvant pas assez fort des soixante mille hommes qui l'entouraient, faisait venir à grands frais, à son aide, l'artillerie de Gap, celle de Briançon, celle de Grenoble, le mortier du fort Saint-Hippoyte et celui du fort d'Alais. Tous les chemins étaient couverts de convois. Les départements méridionaux durent, en voyant ces terribles préparatifs, pressentir que Lyon allait être anéanti.

Le 25, une partie du plateau de la Croix-Rousse, attaqué par les Crancéens, resta en leur pouvoir.

Le 26, les Lyonnais, pris sur quatre points différents, furent battus partout ; le pont d'Oullins, situé à une lieue de la ville, au sud, fut lâchement abandonné par La Roche-Négly, qui en avait eu le commandement. Cette défaite entraîna la perte des redoutes voisines, et les troupes de La Roche-Négly se replièrent vers le pont de la Mulatière.

C'était la première affaire où Dubois-Crancé se fût trouvé en personne ; aussi, tout fier de son succès, écrivit-il le 27 septembre à la Convention : « Ne calculez pas l'événement par le peu d'hommes que nous avons perdus. En moins de dix minutes le pont a été forcé, le fossé comblé ; les retranchements ont été détruits, les maisons embrasées et les muscadins mis en déroute. »

Le 29, Dubois-Crancé écrivait de nouveau à la Convention : « Les Lyonnais, attaqués sur plusieurs points à la fois, ont été repoussés partout ; nous sommes à Perrache, aux Brotteaux et sur Sainte-Foi. L'horizon est en ce moment chargé de flammes et de fumée ; tout les Brotteaux sont incendiés ; Perrache commence à brûler et il fait grand vent. Vive la république ! »

Et cependant Précy combattait toujours, et le même enthousiasme animait les Lyonnais, que tant de revers eussent dû abattre. Les blessés, sur le champ de bataille, se plaignaient seulement de ne plus combattre ; les mourants souriaient lorsqu'on leur apprenait le triomphe de leurs frères ; les femmes, au milieu du danger, s'étaient improvisées soldats : les unes préparaient des vivres, les autres les portaient dans les casernes et même dans les redoutes, à travers les boulets, les obus et les balles des assiégeants ; d'autres pansaient les malades ; d'autres enfin servaient dans les batteries. Chacune payait son tribu de dévouement. Les enfants, eux-mêmes, ne demeuraient point oisifs parmi tant de dangers ; ils couraient après les boulets que lançait l'ennemi et les apportaient aux braves canonniers lyonnais, qui les lui renvoyaient. Les repris de justice étaient condamnés aux travaux des redoutes, ainsi qu'aux transports de l'artillerie.

C'était par cette admirable répartition des facultés de tous, et par l'infatigable ardeur des combattants que Lyon, avec dix-huit mille hommes environ, lutta contre soixante et dix mille, pendant plus de deux mois.

La gloire de cette longue résistance doit aussi rejaillir sur la savante économie du comité de surveillance établi pendant le siège ; il déploya des talents supérieurs dans l'administration. Soldats, pompiers, employés, recevaient un prix journalier de cent sous ; il se dépensa, pendant soixante-trois jours que dura le siège, cent cinquante mille francs par jour, régulièrement soldés. Ainsi le siège de Lyon coûta à ceux qui le soutinrent neuf millions quatre cent cinquante mille francs.

Le marquis Ernest de Beaufort était accouru, nous l'avons dit quelques pages plus haut, à l'appel du marquis de Précy. Las de la vie, qui ne devait plus être pour lui qu'une longue suite de malheurs, séparé pour toujours de sa pauvre sœur, s'il s'accusait d'avoir tué, brûlant du désir de se venger de Sébastien Dupuis, mais désespérant de trouver jamais l'occasion de le pouvoir, un moment il avait songé à se mettre à la tête d'un mouvement royaliste à Paris. Mais la crainte d'être reconnu presque aussitôt, livré et condamné comme tant d'autres à mourir sur l'échafaud, sans rendre à ses ennemis le mal qu'ils lui avaient fait, le décidèrent à chercher ailleurs la vengeance, ou à l'attendre jusqu'à ce qu'elle vînt.

La révolution lui avait tout enlevé, fortune, pouvoir, titres, et il haïssait la révolution. Nourri au milieu d'un profond mépris pour le peuple, tout ce qui tenait au peuple était son ennemi. Comme Tarquin, il eût voulu que ce qu'il appelait dans son dédain la canaille, n'eût qu'une tête, pour la couper d'un seul coup.

Mille projets traversaient son cerveau et le faisaient bondir sur la paille où il se jetait la nuit pour essayer de trouver un instant de repos ; quelquefois il se levait, s'armait d'un couteau, ouvrait la porte de son taudis et voulait aller trouver Robespierre, ou Saint-Just, ou quelque autre des chefs de la république et l'assassiner ; puis l'idée qu'une pareille action serait une lâcheté l'arrêtait ; il jetait son couteau par terre, cachait sa tête dans ses deux mains et se prenait à pleurer.

Et ces larmes, ce n'était pas un indigne sentiment de faiblesse ou de découragement qui les lui faisait répandre ; c'était le triste souvenir de la malheureuse jeune fille qui l'avait suivi courageusement au milieu de sa captivité, et qui était morte pour l'avoir trop aimé.

Et, par instant, il espérait qu'elle se serait donné la mort elle-même, pour échapper à la honte du supplice qui l'attendait.

Puis il se reprochait, comme un crime, comme une infamie, d'avoir, lui, homme, consenti à accepter la vie que lui avait offerte Nicolas VII, et d'avoir fui lâchement en laissant sa sœur au milieu de ses bourreaux.

— O mon Dieu ! tuez-moi, mais tuez-moi donc ! — s'écriait-il en se tordant les mains avec désespoir.

Le marquis de Précy s'était mis à la tête de la contre-révolution lyonnaise ; le sang allait couler ; la république pouvait succomber dans cette lutte aussi insensée que terrible, et M. de Beaufort courut à Lyon, et, dans tous les combats, on le vit à la tête des insurgés ; aux Brotteaux, à Fourrières, à la Croix-Rousse, au pont d'Oullins, à Sainte-Foi, à Perrache, au faubourg Saint-Just, au pont de la Mulatière, aux batteries de la Guillotière, au pont Morand, il fut partout, combattant sans relâche, et semblant se multiplier au milieu des dangers.

Il cherchait la mort ; la mort l'épargna.

Perrache, après une lutte acharnée, dans les derniers jours de septembre, était resté au pouvoir des assiégés. Précy avait déployé, comme partout, une bravoure peu commune. Toujours au fort de la mêlée, deux chevaux blessés sous lui étaient tombés ; un troisième lui fut donné par Ernest de Beaufort.

— C'est vous, capitaine ? — lui dit le marquis.

— Oui, général.

— Toujours au milieu du feu ?

— Et toujours debout, général ; les balles ne veulent pas de moi.

Au même instant, une balle siffla et vint lui percer le flanc ; ses yeux se couvrirent d'un nuage, ses genoux faiblirent ; une femme, qui traversait les rangs avec un panier de vivres, courut à lui, le soutint ; à peine eut-elle jeté les yeux sur M. de Beaufort, qu'elle poussa un cri et demeura immobile devant lui, sans pouvoir lui porter secours.

Cette femme était Marie Delaunay !

Marie, cette même femme dont il avait tué le père !

XXII. — L'AMOUR D'UNE FEMME

Nous nous trouvons encore, parvenu à la moitié de la première partie de notre histoire, forcé de faire une halte, ou plutôt de rebrousser chemin, afin de nous reporter aux événements qui se passèrent depuis le jour où Marie sortit de la prison où l'avait enfermée le marquis Ernest de Beaufort, jusqu'au moment où tous deux se rencontrèrent face à face au milieu des décombres de Lyon.

Nous avons dit, au huitième chapitre de cet ouvrage, que Marie ne recouvra la liberté que grâce à la révolution qui venait d'éclater et menaçait les nobles sur tous les points du territoire français. Nous avons dit aussi qu'après avoir appris la mort déplorable de son malheureux père, l'exil inique de Sébastien, Marie avait conçu le sublime projet d'aller rejoindre en Amérique celui que son cœur et la volonté paternelle avaient choisi pour son époux.

Et que de courage pour une pareille entreprise !

Mais son amour était si puissant !

Marie, en revenant à Laon, espéra que l'incendie qui avait causé la mort de son père n'avait pas dévoré sa fortune ; l'ambition des richesses n'entrait pas dans son âme ; elle voulait être riche, mais pour mettre cette richesse aux pieds de l'homme qu'elle aimait. Elle se rendit chez le tabellion de M. Delaunay, et là, connut l'étendue de son malheur. Non-seulement le fatal incendie avait ruiné son père, mais deux de ses voisins.

Oh ! ce fut un triste jour que celui où la pauvre orpheline vit devant elle deux anciens amis de son enfance, et qu'ils lui dirent : — Ce n'est pas votre faute, Marie, si la flamme qui brûlait votre ferme a incendié les nôtres, et quoique vous nous ayez rendus pauvres, nous ne vous tendrons pas moins la main.

Marie fondit en larmes et se retira.

Et toute la nuit elle ne put fermer l'œil ; Sébastien était en Amérique, elle le savait, et, à tout prix, il lui fallait le rejoindre ; le rejoindre ! et de toute sa fortune il ne lui restait que la petite croix d'or de sa mère.

Le désespoir la tuait. Elle eût donné sa jeunesse, sa beauté, pour posséder la somme nécessaire à son voyage. Sébastien était sa vie, et elle s'en trouvait séparée ! Par instant, elle regrettait de n'avoir point accepté les présents du marquis de Beaufort, puis elle chassait bien vite cette pensée… Être redevable de son bonheur au marquis lui semblait un sacrilége.

— Encore, si j'étais un homme, — se disait-elle, — j'irais à pied jusqu'à un port de mer ; arrivé là, je m'engagerais à bord, je payerais ma traversée avec mon travail ; mais je ne suis qu'une femme. Lorsque j'aurai mendié mon pain sur la route jusqu'à Toulon ou Marseille, et que, brisée par la fatigue, par la douleur, par les privations, j'arriverai là-bas, que demanderai-je ? que dirai-je ? que ferai-je ? Le capitaine auquel je m'adresserai me prendra pour une de ces filles perdues que la honte exile, ou pour une insensée. En vain offrirai-je mes services en échange d'un coin sur le navire, le coin le plus obscur pour y étendre la nuit mes membres lassés et tâcher d'y chercher un peu de sommeil, ils me riront au nez et me chasseront impitoyablement. Oh ! mon Dieu ! mais à qui donc recourir? car je ne puis vivre plus longtemps ainsi, car je me tuerais!

Marie entra dans une église, tomba à genoux devant une sainte image de la mère de l'enfant Jésus, et le calme descendit un peu dans son âme.

Le soir même elle se mit en route pour Saint-Quentin.

Elle se souvint que son père y avait un parent.

Michel Morin tenait une auberge sur la grande place de l'Avenue; Michel Morin était un brave homme qui, s'étant marié à vingt ans, était devenu veuf à quarante et n'avait point d'enfants. Il avait commencé par être garçon de cabaret à l'auberge du *Coq hardi*; puis, à force d'économies et de pourboires, il était parvenu à amasser une somme assez rondelette. Une jeune paysanne, qui avait de fort beaux yeux noirs et un papa qui possédait plusieurs arpents de terre, le trouva à son goût, et tous deux s'épousèrent devant Dieu avant de s'inquiéter de l'assentiment des hommes.

Six mois plus tard, l'Église bénissait leur amour, et l'auberge du *Coq hardi* passait sous l'autorité directe des nouveaux fiancés.

Michel Morin, après avoir pleuré quelque temps sa femme, avait fini par se consoler de cette séparation, et, quoique jeune encore et d'un caractère jovial, il s'était promis intérieurement de ne plus se marier.

Cependant il n'avait point eu à se plaindre de madame Morin. Plus d'une veuve égrillarde lorgnait à la sourdine le père Morin; car sa personne, ses écus et son auberge, la mieux achalandée de la ville, formaient un assez joli capital; mais toutes ces œillades le trouvaient indifférent.

Et pourtant, Michel Morin aimait fort à conter la gaudriole, à serrer la taille de ses voisines, à leur enlever à l'assaut un baiser; mais tout cela, prétendait-il, n'engageait à rien.

Il y eut un épouvantable complot projeté contre le cœur du père Morin; quatre ou cinq commères de l'endroit, dont il avait repoussé la tendresse, le formèrent à huis clos. Tout le monde savait que Michel, quoique aimant à caresser la bouteille, préférait encore les charmes de la beauté aux séductions du dieu Bacchus.

De ce club sortit une véritable conspiration.

— Le père Morin a toujours eu une vocation décidée pour notre sexe, — dit l'une des commères; — et la preuve, c'est qu'il a voulu m'en conter, et que si j'avais été assez nigaude pour me laisser aller à ses belles phrases, ma vertu eût succombé...

— C'est comme moi... — interrompit une seconde.

— Comme moi, — reprit bruyamment une troisième; — mais heureusement...

— Heureusement que lorsqu'il a voulu m'embrasser, — dit une quatrième, — j'ai allongé la main assez brusquement, et que, comme il avançait la tête, ma main a rencontré ses joues, ou ses joues ont rencontré ma main, et cette rencontre, à laquelle il était loin de s'attendre, a été si chaude, qu'il a juré comme un païen, et qu'il m'a dès lors respectée...

— Eh bien, je propose donc qu'il y ait coalition, afin d'envoyer au diable Morin et ses galanteries. Comme il lui sera impossible de se priver du plaisir de nous courtiser, il faudra qu'il en arrive à faire choix d'une femme, et alors ce sera au petit bonheur.

Cette proposition fut adoptée avec acclamations.

Aussi, à partir de ce jour, le père Morin fut-il éconduit assez brutalement chaque fois qu'il voulut jouer le rôle d'Adonis près des Saint-Quentinoises, et cependant il ne se maria point.

L'on prétend, mais tout bas, que les vertus de Saint-Quentin, si sévères en public, s'humanisaient en particulier, bercées du fol amour de captiver un jour le riche aubergiste.

Les choses en étaient là, lorsque Marie arriva dans cette ville. Michel Morin accueillit parfaitement sa petite parente, et lorsqu'elle lui eut expliqué sa fâcheuse position, le bon Morin, après avoir essayé de la détourner de son projet, lui dit : — Eh bien, ma fille, pars donc, puisque tu le veux, et tu me rendras plus tard, lorsque tu le pourras, l'argent que je te remettrai pour ton voyage.

Le lendemain, Marie lui dit adieu, et Morin lui donna une petite bourse qui contenait deux mille francs en or. La pauvre Marie lui sauta au cou, l'appela son père, son bienfaiteur, et, quelques minutes plus tard, elle montait en voiture.

Autant le désespoir de Marie avait été grand, autant grande fut sa joie. Enfin, dans quelques mois, elle pouvait donc espérer de se trouver réunie à l'homme qu'elle aimait. Que de consolantes pensées abrégèrent pour elle la longueur et l'ennui de la route! Au milieu des inconnus qui l'entouraient, elle était seule, complétement seule, ou, pour mieux dire, elle était auprès de son Sébastien. Quoique absent, son image lui apparaissait; il était là, près d'elle, les yeux sur ses yeux, les mains dans ses mains, et elle lui parlait, et il lui répondait. Après l'avoir regardée longtemps, il la trouvait pâle, et il lui en demandait la cause, et elle lui disait : — C'est le chagrin, c'est l'absence, c'est la captivité qui m'ont changée! Puis, saisissant Sébastien par la main, elle reprenait bientôt : — Je te parais bien pâle, bien amaigrie, n'est-ce pas? Oh! oui, je le vois, car par instant tu détournes tes yeux des miens... Lorsque tu m'as quittée, tu sais, pendant cette nuit fatale qui m'a ravi tout, mon père, mon bonheur, je te semblais... j'étais plus belle, n'est-ce pas?

Et sa parole expirait craintive sur le bord de ses lèvres.

Et Sébastien se jetait à ses genoux, lui prenait les mains, les approchait de sa bouche, et murmurait : — Oui, Marie, tu es bien pâle, bien amaigrie, bien souffrante; mais tu es aussi belle, tu es plus belle pour moi que lorsque je t'ai quittée. Oui, tu es plus belle, car je lis dans tes grands yeux toutes les larmes que mon absence t'a fait verser; car, dans cette pâleur de ton visage, je vois inscrit

un dévouement sublime; car chacune des souffrances que tu as endurées était un admirable sacrifice de ton amour pour mon souvenir. Si je te trouve aussi belle?... Oui, tes yeux ont perdu leur éclat, tes joues leur fraîcheur, ton front son calme si pur, et c'est justement là ce qui fait que ma passion redouble pour toi... Oh! si je t'eusse rencontrée le visage gai et souriant, les regards joyeux, la parole heureuse, oh! je t'eusse repoussée en disant : Tu ne m'aimais pas, Marie, car telle je t'ai laissée telle je te revois, et mon retour ne te coûtera pas une larme de joie, de même que ma longue absence n'a amené au bord de ta paupière aucune larme de douleur.

Et le visage de la pauvre rêveuse rayonnait de bonheur; tout à coup elle fit un mouvement; son voisin de droite, un homme âgé d'environ quarante ans et recouvert d'un costume qui indiquait la misère, venait de lui prendre le bras.

— Pardon, ma jolie enfant, — lui dit-il, — mais je croyais que vous dormiez les yeux ouverts, et j'ai pris la permission de m'en assurer.

Marie ne répondit pas et se recula un peu.

— Je vous ai contrariée, ma belle enfant, — reprit bientôt le même individu, — j'en suis fâché; au reste, — continua-t-il, — vous auriez tort d'être aussi susceptible, car les voitures publiques rapprochent les gens et les conditions, surtout quand elles ne sont pas plus larges que celle-ci.

Marie se recula un peu plus et garda encore le silence.

— Hein! — grommela le voisin, et, se renfonçant dans son coin, il ferma les yeux, du moins il eut l'air de les fermer, abaissa sa casquette jusque sur son nez, et se dit en examinant plus attentivement Marie : — Me serais-je trompé? et cette fille serait-elle plus qu'elle ne paraît au premier coup d'œil? Après tout, pourquoi pas? Je lui ai deux fois adressé la parole, et elle a fait deux fois la fière; elle n'a pas daigné desserrer les dents à mon adresse, et, ça c'est vu, qui sait? Peut-être est-ce une noble qui, grâce à ce déguisement, espère filer de la France! peut-être est-ce une suspecte... je vais éclaircir mes doutes.

Et pour ne pas éveiller les soupçons de Marie, l'inconnu étendit les jambes et se mit à ronfler d'une façon tout à fait bruyante; et ses petits yeux gris ne perdaient pas une minute de vue Marie, qui aurait tremblé de peur si elle eût pu se douter qu'elle était l'objet d'une perquisition si obstinée et si étrange.

Marie retomba bientôt dans ses rêveries; et, comme la première fois, ses pensées se reportèrent sur Sébastien; il était toujours devant elle, et la joie éclatait sur son visage. Et tout à coup Marie lui disait : — Toi aussi, mon Sébastien, mon ami, mon fiancé, mon mari, toi aussi, tu es changé! Trois ans peuvent-ils donc nous vieillir à ce point? Trois ans! depuis trois ans nous ne nous sommes vus, trois siècles plutôt! Tu es bien changé, et pourtant je te préfère tel que je te revois. Ton visage est devenu mâle et plein d'énergie; tes yeux, autrefois si doux lorsqu'ils s'arrêtaient sur moi, sont nobles et fiers; tout en toi s'est développé : ta parole est plus sonore, ton maintien plus hardi, ta démarche plus majestueuse. Une femme qui t'aime reconnaît en toi son défenseur, son protecteur, son second père. Tu es la vigueur unie à la beauté. Oh! mais que je suis folle; est-ce que, sous quelque forme que tu te sois présenté à moi, est-ce qu'il eût été possible à mon cœur de ne pas voler au-devant du tien?... Est-ce que toi, enfin, ce n'est pas moi?

En ce moment la voiture s'arrêta, le conducteur ouvrit la porte en disant aux voyageurs qu'ils pouvaient descendre, et qu'ils avaient une heure pour se reposer et dîner.

— Dîner, — reprit l'inconnu dont nous avons parlé déjà : — il en parle à son aise, le camarade! on voit bien qu'il a un bon état et qu'il est garçon ou veuf.

Marie posa son pied sur le marchepied; son pied tourna, elle poussa un cri, et laissa, en voulant se retenir à la portière, choir le petit sac de velours qu'elle avait tenu sur ses genoux pendant tout le voyage.

Le sac, en tombant, rendit un son qui arriva droit à l'oreille de l'inconnu, et le fit presque bondir sur la banquette où il s'était étendu pour dormir à l'aise.

Il se leva tout à coup et retint galamment Marie par le bras; puis il se baissa, prit le sac qui était à terre, le souleva, en ayant bien soin de prendre son temps pour s'assurer, ou à peu près, des valeurs qu'il pouvait renfermer, puis il le remit à sa voisine, en accompagnant cette restitution d'un regard qu'il s'efforçait de rendre séduisant.

Marie éprouvait contre cet homme un secret sentiment de répulsion dont elle ne pouvait se rendre compte; cependant, après le double service qu'elle ne lui demandait pas, dont elle se serait fort bien passée, et qu'il lui avait rendu, elle ne pouvait se dispenser de le remercier; elle le fit en termes si convenablement polis que l'inconnu demeura, plus que jamais, convaincu que Marie était au moins une demoiselle de haute condition.

Il la laissa se rendre à l'auberge où les voyageurs s'arrêtaient pour dîner, et, seul, assis dans le fond de la voiture, il méditait dans sa tête quel moyen il pourrait bien imaginer de faire passer, du sac de sa compagne de route, les écus qui s'y trouvaient dans son gousset vide.

Comme Claude, surnommé Bourguignon, était maître passé dans l'art de dévaliser à son profit les poches qui s'aventuraient dans ses eaux, il eut bientôt avisé à plusieurs procédés également infaillibles. Assassin de grand chemin avant les premiers symptômes de la révolution, Bourguignon s'était contenté du simple fleuron de coupeur de bourses depuis que la maison de Réveillon avait été pillée; il disait à ceux qui lui demandaient pourquoi il volait et n'assassinait plus : « Le siècle est en progrès, je me ressens de l'influence générale, et je ne désespère pas, un de ces matins, de me réveiller parfait honnête homme. »

Et d'ailleurs le nouveau mode de gouvernement, qui avait créé tant de ressources et offert une industrie nouvelle à de grands faiseurs d'affaires ou vendeurs de paroles et d'enthousiasme, avait ouvert une route neuve et assez fructueuse à certaines intelligences de second ordre. Bourguignon eût été quatre ans plus tard le rival d'Henriot, si son génie l'eût lancé au milieu des industriels politiques de la France. Il se contenta d'être un voleur d'imagination et d'exercer sans courir le danger de pourrir dans un cachot.

Voici quelle était sa recette.

A l'époque où se passe notre action, au commencement du mois de juillet 1789, Paris et la province surtout se voyaient chaque jour abandonnés par ceux des nobles qui pressentaient les désastres qui allaient fondre sur la France. Les uns cherchaient à l'étranger la sécurité qui leur était refusée dans leur patrie; d'autres, chargés de secrètes missions par les ministres du malheureux Louis XVI, essayaient d'intéresser les rois de l'Europe à la cause du roi de France; ces derniers avaient été signalés dans quelques clubs, et Lyon n'attendait qu'une occasion pour donner un grand exemple.

Bourguignon s'était fait dénonciateur. Il avait gagné, à ce métier, en trois mois, plus que deux honnêtes ouvriers en dix ans, et il ne voulait pas s'arrêter en si beau chemin. L'amour de l'or avait remplacé dans son cœur toute autre passion. Il était, à son insu, devenu avare. Plus d'orgies comme autrefois, après une bonne capture; plus de liqueurs fortes qui enivrent et font oublier; plus de faciles plaisirs achetés à bon marché. Bourguignon avait fait divorce avec son passé; il habitait une petite chambre dans un faubourg désert de Paris, et lorsqu'il n'était point à la piste d'une nouvelle spéculation, c'était là qu'il venait méditer silencieusement sur les moyens d'arrondir sa sacoche. Aussi, la passion de l'or était-elle si impérieuse chez lui, que lorsqu'il demeurait deux jours sans augmenter son trésor, il improvisait des suspects et des traîtres.

Ce fut après une grande semaine de repos que la mauvaise étoile de Marie l'amena dans la voiture où venait de monter Bourguignon. Las d'une si longue inaction, il avait quitté Paris sans but, était arrivé à Laon, où il connaissait un geôlier de la maison de correction, et après un séjour de dix heures à Saint-Quentin, en était reparti avec la résolution de *travailler* en chemin.

Marie avait éveillé sa curiosité; l'histoire du sac avait enflammé sa cupidité. Il avisa donc au moyen de s'approprier le trésor de la malheureuse jeune fille, et son projet fut si habilement mis à exécution, qu'au premier relais Marie Delaunay fut arrêtée comme conspiratrice et conduite en prison, après avoir vu son trésor passer dans le gousset de Bourguignon.

Le désespoir de notre héroïne fut terrible; si on lui eût présenté une arme, elle se fût tuée à l'instant.

Après avoir passé six jours sous les verrous, son innocence fut parfaitement reconnue; on lui rendit la liberté, mais on ne put lui restituer son argent. En vain fit-elle le récit de ses malheurs, et supplia-t-elle qu'on lui fît remettre les deux mille francs qui lui venaient de la générosité de Michel Morin, on la mit à la porte de la prison en l'engageant à quitter la ville.

Tout ce qu'elle put obtenir, ce fut le nom et la demeure du misérable Bourguignon, et encore ce fut-il le hasard qui les lui apprit.

Ainsi, et pour la seconde fois, Marie se trouva-t-elle sans ressources.

Son courage avait été grand, mais ce dernier coup le brisa. Dans sa douleur elle accusait le Ciel, elle accusait les hommes de son malheur.

— Oh! mon Sébastien, disait-elle au milieu de ses larmes, une barrière insurmontable viendra donc toujours s'élever entre nous! Hier, sur le point de te rejoindre, et aujourd'hui séparés tous deux encore! — Mais que faire, mon Dieu! que faire?

Un instant, elle eut la pensée de retourner à Saint-Quentin, de se jeter aux genoux de son parent, de lui raconter sa triste aventure et de lui demander qu'il eût pitié d'elle et de son chagrin. Puis elle se demandait si Michel Morin ne la repousserait pas, et toute sa résolution tomba devant cette humiliation qu'elle redoutait.

Et un projet affreux, horrible, se présenta à elle, et elle l'accueillit avec transport; rien ne put l'en détourner, ni l'infamie attachée à son nom si elle échouait et qu'on s'emparât de sa personne, ni la justice des hommes, ni la crainte de Dieu. D'ailleurs ce projet, qu'elle eût repoussé en toute autre circonstance, s'offrait à elle comme une inspiration de la vindicte publique.

— Pourquoi hésiterais-je? — pensait-elle. — A-t-il hésité, lui, qui savait bien que je n'étais pas ce qu'il a feint de croire que j'étais? Il voulait me dépouiller, et pour y parvenir il m'a volée; si j'ai échappé à la mort, c'est que mon innocence parlait si haut que les juges ont bien été obligés de l'entendre. Et je serais généreuse envers cet homme, et je ne lui rendrais pas le mal pour le mal! Ce serait une faiblesse, ce serait une lâcheté insigne!

Quatre jours plus tard elle était à Paris.

Elle se rendit au haut du faubourg Poissonnière, demanda M. Bourguignon. On lui répondit qu'il était absent depuis la veille et qu'il n'arriverait de voyage que le lendemain. Marie se retira après avoir annoncé qu'elle reviendrait le lendemain.

Dans la soirée même, Bourguignon arriva chez lui, apprit par la portière qu'une jeune fille s'était présentée et l'avait demandé. Bourguignon, soupçonneux comme tous les gens qui ont quelque affaire à démêler avec la police, se fit donner le signalement de Marie, et quoique le portrait qu'on lui en fit fût d'une scrupuleuse exactitude, soit qu'il eût déjà oublié son aventure de Saint-Quentin, soit qu'il n'eût point la mémoire des visages, il ne songea point à Marie et résolut d'attendre jusqu'au lendemain.

Marie, cependant était décidée à tout, et ce fut pendant la nuit qu'elle mit son projet à exécution.

XXIII. — PREMIER ACTE D'UN DRAME POPULAIRE

Cinquante ans environ se sont passés depuis qu'eurent lieu les événements que nous racontons ici. A cette époque, le faubourg Poissonnière, presque entièrement chargé de constructions aujourd'hui depuis le point où il commence jusqu'à l'extrémité où il se termine, à cette époque, dis-je, le faubourg Poissonnière était presque inhabité du côté de la barrière. Quelques rares maisons de triste apparence surgissaient çà et là, à partir de l'enclos connu de nos jours sous le nom de l'enclos Saint-Lazare, et ces maisons, pour la plupart, étaient inhabitées.

A gauche, en montant, à quelques centaines de pas du terrain sur lequel on a bâti depuis des usines, se trouvait une masure lézardée du haut en bas, noircie par le temps, ayant un mur qui menaçait ruine, et un jardin entouré seulement de lattes pour en défendre les abords. Cette bicoque se composait de deux étages, et au rez-de-chaussée d'une espèce de niche qui servait de demeure au cerbère de céans. C'était au second et dernier étage de cette maison qu'habitait dans une mansarde notre nouvelle connaissance, M. Bourguignon. Le premier étage était, pour l'instant, veuf de tout locataire, et son veuvage courait le risque de se prolonger pendant bien des années.

Marie apprit bientôt que le portier avait, à sa grande satisfaction, perdu sa femme depuis trois mois, et qu'à l'exception de Bourguignon la maison était déserte. Puis, après avoir examiné attentivement la disposition du jardin, elle aperçut une petite porte qui ne tenait que par un loquet de fer qu'il serait facile de briser; et elle songea qu'au lieu de chercher à pénétrer, ce qui n'était point sans danger, car on pouvait la surprendre, par la porte du devant, glisser rapidement devant la loge du portier, monter l'escalier, il était bien plus simple et bien moins dangereux de passer pardessus les lattes qui entouraient le jardin, forcer le loquet, gagner le premier étage, arriver au second, entrer avec l'aide d'un passepartout dans la chambre de Bourguignon et reprendre son or.

Midi venait de sonner et elle ne pouvait se mettre à l'œuvre que le soir, ou plutôt pendant la nuit. Marie se procura ce qui lui était nécessaire, et en attendant que la nuit fût arrivée, elle erra au hasard dans Paris, qu'elle ne connaissait point.

Et ce jour-là, c'était le 14 juillet!

C'était le jour où la Bastille fut prise.

Nous ne remonterons point aux événements qui amenèrent cette journée fameuse. Nous dirons seulement que le renvoi du ministre Necker en fut un des principaux motifs; la nouvelle du changement de ministère arriva à Paris le 11, et fut reçue comme une calamité publique. Déjà le peuple était très alarmé de voir trente régiments marcher sur Paris, et le bruit courait que le roi les avait fait venir pour remplacer les gardes-françaises, sur la fidélité desquels il ne pouvait plus compter; Mirabeau, trois jours avant, avait dénoncé à l'Assemblée nationale cette précaution de la cour comme un moyen de vengeance contre elle et contre la capitale. En un moment, de tous les quartiers de Paris la foule était accourue au Palais-Royal, et chacun tremblait que la ville ne fût mitraillée et mise au pillage.

Paris était sans chef et sans gouvernement. Les assemblées électorales, qui s'étaient réunies pour choisir leurs représentants aux états généraux, n'étaient pas encore séparées, et les députés pris dans leur sein s'étaient donné rendez-vous le 14 juillet à l'Hôtel de Ville, pour tâcher de mettre un frein à l'exaspération du peuple.

Mais, pendant qu'ils délibéraient, le tocsin sonne de tous côtés, et le peuple se précipite vers la Bastille.

Marie se trouva entraînée par les flots tumultueux des citoyens, et elle assista à l'un des actes les plus solennels du grand drame de la révolution française.

Depuis l'émeute du faubourg Saint-Antoine, le gouverneur de la Bastille, M. Delaunay, s'occupait sans relâche de préparatifs de défense. Quinze pièces de canon bordaient les tours de la Bastille, et trois pièces de campagne étaient placées dans la grande cour, en face de la porte d'entrée. Ses munitions se composaient de quatre cents biscaïens, quatorze coffrets de boulets sabotés, quinze cents cartouches, des boulets de calibre et deux cent cinquante barils de poudre du poids de cent vingt-cinq livres chacun. Cette poudre avait été transportée de l'arsenal à la Bastille par les Suisses de Salis-Samade, dans la nuit du 12 au 13 juillet.

Dès le 10 du même mois, le gouverneur avait fait monter sur les tours six voitures de pavés, de vieux ferrements et des boulets qui n'étaient pas de calibre, pour défendre les approches du pont, dans le cas où les munitions viendraient à manquer, et où les assiégeants s'approcheraient assez pour que le canon ne pût les atteindre. Quelques nuits auparavant, il avait eu la précaution de faire tailler d'un pied et demi les embrasures, pratiquer les meurtrières, réparer les ponts-levis et enlever tous les garde-fous pour qu'ils ne pussent point favoriser le passage du fossé lorsque les ponts seraient levés. Dans son logement même, une fenêtre fermée par des madriers de chêne, assemblés à rainures, offrait six ouvertures propres à recevoir le canon d'un fusil; une jalousie négligemment baissée en dérobait la vue. Il avait retiré du magasin d'armes douze fusils de rempart, ou amusettes du comte de Saxe, chargés chacun à une livre et demie de poudre, et il s'en était fait réserver six pour sa défense. Quatre-vingt-deux soldats invalides, dont deux canonniers de la compagnie de Monsigny, et trente-deux Suisses du régiment de

Salis-Samade, commandés par M. Louis de Flue, lieutenant de grenadiers, formaient sa garnison.

Telles étaient ses forces le mardi 14 juillet.

Mais les munitions de guerre lui avaient fait oublier les provisions de bouche. Elles consistaient en deux sacs de farine et un peu de riz; quant à l'eau, il n'en avait point d'autre que celle que fournissaient des canaux, faible ressource dont on pouvait aisément le priver.

Mais avant d'aller plus loin, et pour l'intelligence même des détails qui suivront, il est nécessaire de donner une idée de la forteresse.

Le château de la Bastille était composé de huit grosses tours rondes, dont les murs avaient environ six pieds d'épaisseur; elles étaient jointes par des massifs de maçonnerie. L'entrée se trouvait à droite de l'extrémité de la rue Saint-Antoine; au-dessus de la première porte était un magasin considérable d'armes de différentes espèces, qui depuis peu avaient été transportées aux Invalides, à la réserve de six cents fusils, que le gouverneur fit rentrer quelque temps auparavant dans l'intérieur même de la Bastille, et de quelques armures anciennes qui furent pillées par le peuple. A côté de cette porte était un corps de garde où, chaque nuit, l'on plaçait deux sentinelles pour répondre et ouvrir aux personnes qui se présentaient. Cette porte conduisait à une première cour extérieure, dans laquelle étaient les casernes des invalides, les écuries et remises du gouverneur; on pouvait également arriver à cette cour par l'arsenal. Une porte, à côté de laquelle était un autre corps de garde, un fossé et un pont-levis qu'on appelait le pont de l'Avancé, la séparait d'une seconde cour dans laquelle on voyait l'hôtel du gouverneur.

En face de cet hôtel était une avenue longue de dix-sept toises, dont le côté droit était bordé par un corps de logis où se trouvaient une cuisine et une salle de bains. Ce bâtiment était construit sur un pont dormant qui traversait le grand fossé, et sur lequel s'abaissait un pont-levis.

Au delà était un autre corps de garde; c'est par là qu'on arrivait à la grande cour intérieure, après avoir franchi une grille de fer qui servait de retranchement à la sentinelle, qui avait pour consigne de ne pas laisser approcher d'elle les prisonniers à la distance de trois pas.

Cette grande cour avait cent deux pieds de long sur soixante-douze de large; elle était entourée des tours dites de la Liberté, de la Bertaudière, de la Bazinière, de la Comté, du Trésor et de la Chapelle, et des massifs qui joignaient ces six tours, qui s'élevaient à la hauteur de soixante-treize pieds. Cette cour était terminée par un bâtiment construit sous le ministère de M. de Saint-Florentin, par M. de Sartines, alors lieutenant de police, pour le logement des officiers de l'état-major, et qui séparait la grande cour de la cour du Puits.

La forteresse était environnée d'un large fossé toujours à sec, excepté dans les temps pluvieux où lorsque la rivière était haute. Une forte maçonnerie de trente-six pieds d'élévation couvrait la surface latérale extérieure, à laquelle était scellée une galerie de trois pieds et demi de largeur, qui régnait dans tout le contour de cette espèce de contrescarpe. On y arrivait par des pas-de-souris ou par des escaliers placés à droite et à gauche du pont. Cette galerie formait ce qu'on appelait le Chemin de ronde.

Au sommet des tours était une terrasse prolongée le long des massifs par lesquels ces tours se communiquaient, et au bord de laquelle régnait un parapet.

M. Delaunay, dès le 13, avait fait prendre les armes à la garnison à deux heures du matin, et l'avait fait rentrer dans l'intérieur. Les portes du quartier furent fermées, la compagnie y laissa tous ses effets. Deux soldats invalides, sans armes, furent chargés de veiller à l'ouverture et à la fermeture des ponts donnant sur l'arsenal et sur la rue Saint-Antoine. On établit des factionnaires à tous les postes, et douze hommes furent placés sur les tours pour observer ce qui se passait au dehors.

Entre onze heures et minuit on tira sept coups de fusil à balle sur ces observateurs, ce qui donna l'alarme, mais elle n'eut pas de suite.

Dans la matinée du 14, plusieurs députations vinrent demander au gouverneur des armes et la paix. Il les assura de ses bonnes intentions et les reçut au gouvernement, après avoir donné au surplus des otages pour leur sûreté.

Une grande partie de l'état-major était d'avis qu'il ne prît aucune mesure hostile. Mais, excité par les conseils de M. Louis de Flue, commandant des Suisses, par M. de Besenval et les promesses de M. de Flesselles, M. Delaunay se décida à employer la violence. On avait fait jurer aux Suisses qu'ils feraient feu sur les invalides s'ils refusaient d'obéir au gouverneur; et pour s'assurer d'un autre côté de nos vétérans, on leur avait tellement donné d'eau-de-vie que plusieurs d'entre eux étaient ivres.

A midi, l'on vint annoncer au district de Saint-Louis de la Culture que la direction des canons placés sur les tours répandait l'alarme dans tout Paris; et en même temps l'on donna avis que le siège de la forteresse était arrêté, et qu'à l'instant même il allait commencer.

M. Thuriot de la Rosière, député par le district vers M. Delaunay, s'y rendit aussitôt, accompagné de deux gardes nationaux qui s'arrêtèrent au pont de l'Avancé. Il entra seul et dit au gouverneur: — Je viens, au nom de la nation, vous représenter que les canons que l'on voit braqués sur les tours de la Bastille causent beaucoup d'inquiétude et jettent la terreur dans Paris; je vous supplie de les faire descendre, et j'espère que vous voudrez bien acquiescer à la demande que je suis chargé de vous en faire.

— Cela n'est pas en mon pouvoir, — lui répondit le gouverneur; — ces pièces ont de tout temps été sur les tours, je ne puis les en faire descendre qu'en vertu d'un ordre du roi. Instruit déjà des alarmes qu'elles causent dans la ville, ne pouvant pas prendre sur moi de les ôter de dessus leurs affûts, je les ai fait reculer et sortir des embrasures.

Thuriot ayant obtenu avec peine et à la prière de M. de Losme, major de la place, la liberté d'entrer dans la cour intérieure, somma les officiers et les soldats, au nom de l'honneur et de la patrie, de changer la direction des canons et de se rendre. Tous jurèrent, sur l'invitation même du gouverneur, de ne faire aucun usage de leurs armes, à moins qu'on ne les attaquât.

Et Marie, emportée par le tourbillon du peuple, se trouvait alors devant la Bastille, au moment où le député Thuriot montait sur les tours avec M. Delaunay. Parvenus au sommet de celle qui dominait l'arsenal, ils découvrirent une foule immense accourant de toutes parts, et le faubourg Saint-Antoine qui s'avançait en masse.

Le gouverneur pâlit, et saisissant Thuriot par le bras: — Que faites-vous, monsieur? — lui dit-il; — vous abusez d'un titre sacré pour me trahir!

— Et vous, monsieur, si vous continuez sur le même ton, — répondit fermement le député, — je vous déclare que l'un de nous deux va bientôt tomber dans ce fossé.

Delaunay se tut.

Alors la sentinelle, qui était sur cette même tour, vint leur apprendre que l'on se préparait à l'attaque, qu'il n'y avait point de temps à perdre, et il conjura Thuriot de se montrer.

Thuriot s'avança jusque sur le rebord, et de nombreux applaudissements partirent du jardin de l'arsenal. Il jeta ensuite un rapide coup d'œil sur les canons; on les avait retirés environ de quatre pieds des embrasures; toutefois, il fit remarquer au gouverneur que leur direction était la même et qu'on les avait seulement masqués.

Descendu avec M. Delaunay, il le conjura de nouveau, lui et ses soldats, de se rendre au vœu de la population.

Désespérant de vaincre sa résistance et craignant de perdre des moments précieux, Thuriot se retira à son district, et de là à l'Hôtel de Ville.

Un nombre assez considérable de citoyens se présenta alors devant la Bastille, demandant des armes et des munitions de guerre. Ils étaient la plupart sans défense, et n'annonçaient aucune disposition hostile. M. Delaunay fit baisser le premier pont-levis pour les recevoir. Les plus déterminés s'avancèrent afin de lui apprendre le motif de leur mission; mais à peine furent-ils entrés qu'un feu roulant de mousqueterie et d'artillerie mitrailla ces malheureux, qui ne pouvaient ni se défendre ni se sauver. Révoltés d'une si lâche perfidie, ceux qui les attendaient au dehors coururent sur-le-champ à l'Hôtel de Ville rendre compte et demander vengeance de cette barbarie.

Et Marie était toujours devant la Bastille.

Bientôt une multitude immense, armée de fusils, de sabres, d'épées, de haches, se précipita dans les cours extérieures en criant: — La Bastille! la Bastille! En bas la troupe!

En même temps deux hommes, dont l'un se nommait Louis Tournay, ancien soldat au régiment Dauphin, montèrent sur le toit du corps de garde placé à côté du petit pont-levis, malgré les cris et les menaces de la garnison de la forteresse.

Le brave Tournay descendit seul dans la cour du Gouvernement, alla droit au corps de garde chercher les clefs du pont-levis. Ne les trouvant pas, il demande une hache, brise les verrous et les serrures, pendant que de l'autre côté on travaillait avec ardeur à enfoncer les portes. Les ouvrages de l'Avancé cèdent à leurs efforts et les deux pont-levis sont baissés.

Deux invalides, sortis le matin pour aller prendre les vivres que leurs femmes leur apportaient, essayent en rentrant de les relever; mais l'intrépide Tournay et Aubin Bonnemère, ancien soldat de Royal-Comtois, qui l'avait courageusement secondé dans l'enfoncement des portes, fondent sur eux et les mettent en fuite. L'énorme machine retombe avec fracas, et dans sa chute écrase un homme, en blesse un autre.

A la première nouvelle de l'attaque de la Bastille dont le nom réveille les souvenirs de lettres de cachet, d'opprobre et d'oppression, les têtes s'allument, la fureur transporte les citoyens et l'audace s'élève soudainement au niveau de la terreur imprimée si longtemps par ce nom formidable.

La foule des assaillants augmente d'instant en instant; elle se grossit de citoyens de tout âge, de tout sexe, de toutes conditions; d'officiers, de soldats, de pompiers, de femmes, d'abbés, d'artisans, de journaliers, la plupart sans armes et rassemblés confusément. Tous, saisis d'une impulsion électrique, s'élancent des différents quartiers de Paris et se précipitent par cent chemins divers à la Bastille.

Le faubourg Saint-Antoine, placé sous l'artillerie du fort, plus animé en raison du danger qu'il court, y afflue tout entier. On y voit accourir des gens de la campagne, des étrangers et des soldats récemment arrivés de divers pays. Un Grec, sujet du Grand Seigneur, contemple notre enthousiasme et s'intitule Français. Quelques misérables se rendent sur le lieu du combat, attirés par l'espoir du pillage: de ceux-là on fit justice.

D'autres y accourent pour secourir les blessés, soustraire à la fureur des assiégeants des parents, des amis, ou ceux dont ils avaient, pendant leur captivité, furtivement reçu des consolations.

Cependant on combattait, on mourait autour du pont-levis; des femmes, volant au secours de leurs époux, y sont blessées. Une d'entre elles, venue pour y chercher son fils, fut depuis mise au rang des vainqueurs de la Bastille.

Le peuple se précipite en foule dans la cour du Gouvernement, et court au second pont afin de s'en emparer. Les soldats ripostent par un feu vif, soutenu, qui force les assaillants à se retirer en désordre ; les uns, sous la voûte de la porte de bois, dans la cour de l'Orme ; les autres, sous celle de la grille, d'où ils ne cessent de tirer sur la plate-forme sans oser, toutefois, s'approcher pour attaquer le second pont.

Et Marie, pâle de terreur, était toujours parmi la foule de curieux qui environnaient la place ; et telle était la grandeur du spectacle auquel elle assistait, qu'elle ne pouvait s'arracher du champ de bataille.

Cette attaque durait depuis une heure, lorsque du côté de l'Arsenal on entendit de grands cris mêlés au bruit du tambour. Et, au même instant, entre dans la cour de l'Orme, par la cour des Poudres et Salpêtres, un drapeau qu'escorte une masse immense de citoyens armés. Un détachement alors s'avance vers la cour du Gouvernement et crie aux ennemis de suspendre leur feu, que les députés de l'Hôtel de Ville demandent à parler au gouverneur.

Aussitôt, et sur la plate-forme des tours, l'on arbore un pavillon blanc, et les signes de paix et d'appel se multiplient de tous côtés.

Sur cette invitation amicale, M. de Corny, accompagné de MM. Francotay, Laffleurie, Milly, Beaubourg, Piquot de Sainte-Honorine, Boucheron, Coutans, Six, Joannon, qui portait le drapeau, précédé d'un tambour, se met en marche vers la voûte qui conduit au pont de l'Avancé.

Une femme du peuple leur fait remarquer, et cette femme c'était Marie, une pièce de canon dans une embrasure des tours, et que l'on pointait sur la cour de l'Orme. Tout le monde crie à la députation de ne pas se fier aux promesses perfides qu'on semble leur faire.

M. Francotay s'avance seul, avec le tambour et le drapeau, jusqu'au pied du fossé ; M. de Corny et ses collègues restent sous la voûte. Plusieurs des assaillants courent à lui et le supplient de ne pas s'exposer ainsi au feu de l'ennemi ; mais l'intrépide citoyen les conjure de s'éloigner, en leur faisant observer qu'ils ne peuvent rien contre la forteresse, dont l'artillerie va les foudroyer.

— Non, — lui répond un de ceux qui l'entourent, — nous ne vous abandonnerons point ; nous périrons, ou vous serez respecté.

Et, dans ce moment, les assiégeants leur font essuyer une décharge de mousqueterie qui étend deux hommes à terre. M. Francotay alors se retire au milieu du sifflement des balles qui pleuvent sur la muraille attenante à la voûte sous laquelle il va rejoindre la députation, qui reprend le chemin de l'Hôtel de Ville.

Et Marie demeura sur la place de la Bastille, attendant avec anxiété l'issue de ce sublime effort du peuple contre la royauté.

XXIV. — LA PRISE DE LA BASTILLE

Cependant le gant était jeté entre la nation et le pouvoir ; les hostilités étaient engagées, nulle réconciliation ne pouvait avoir lieu. Le peuple exaspéré court au pont en poussant de grands cris ; mais de nouveaux feux, partis de la place, l'arrêtent au milieu de sa course. Une partie se retire à peu de distance ; ceux qui sont armés de fusils tirent sans relâche sur les bas officiers postés sur la plate-forme ; d'autres, pendant ce temps, brisent à coups de hache les portes du quartier, qui ne tarde pas à être livré au pillage.

Une seconde députation de la ville présente encore au gouverneur le vœu du comité permanent, et veut tâcher d'arrêter l'effusion du sang. Elle portait le décret qui ordonnait au commandant de remettre sur-le-champ la Bastille sous la garde de la cité. M. l'abbé Fauchet en tête s'avance sous le feu de l'artillerie.

On lui répond avec des décharges.

Trois fois la députation s'avance avec intrépidité, trois fois la fusillade accueille sa demande. Une nouvelle députation, précédée d'un drapeau que l'on tient incliné, n'a pas plus de succès.

Ne pouvant se faire entendre aux ennemis, au milieu du tumulte du combat, les députés donnent alors aux citoyens armés lecture de l'arrêté suivant :

« Le comité permanent de la milice parisienne, considérant qu'il ne doit y avoir à Paris aucune force militaire qui ne soit sous la main de la ville, charge les députés qu'il adresse à M. le marquis Delaunay, commandant de la Bastille, de lui demander s'il est disposé à recevoir dans cette place les troupes de la milice parisienne, qui la garderont de concert avec les troupes qui s'y trouvent actuellement, et seront aux ordres de la ville.

» Fait à l'Hôtel de Ville, le 14 juillet 1789. »

L'abbé Fauchet se retira ensuite avec MM. Delavigne, Chignard et Bottidoux, ses codéputés, et vint à l'Hôtel de Ville rendre compte de sa mission.

Les assaillants, furieux, amènent alors trois voitures de paille, mettent le feu au corps de garde avancé, au gouvernement et aux cuisines. Les assiégés tirent en ce moment un coup de canon à mitraille, le seul, à les en croire, qui soit parti de la Bastille pendant cinq heures de combat. La plate-forme et les créneaux retentissent du bruit de la mousqueterie ; les officiers de l'état-major font eux-mêmes le coup de fusil.

Les Suisses, demeurés dans la cour, avaient pratiqué un trou dans le tablier du grand pont-levis ; ils font de cet endroit, sur les assiégeants, des décharges continues avec un fusil de rempart, qui, à lui seul, tua plus de combattants que toutes les pièces d'artillerie et de mousqueterie ensemble.

L'incendie durait encore lorsque déboucha dans la cour un détachement de gardes-françaises. Ils marchent droit à la forteresse avec trois pièces de canon, et les renforcent de deux autres qu'ils rencontrent près de l'Arsenal. Quelques invalides qui, le matin, avaient rendu les armes, se joignent à eux, et ils arrivent dans la cour de l'Orme. Deux pièces de quatre, un canon plaqué en argent venant du garde-meuble et un mortier, sont dressées en batterie et dirigés sur les embrasures du fort pour empêcher ses manœuvres. On en place deux autres près de la pompe et du passage de Lesdiguières. Bientôt on les amène à la porte qui communique au jardin de l'Arsenal et l'on entre dans la dernière cour, sous le feu continu des assiégés.

L'épaisse fumée de l'incendie des bâtiments et celle qui s'élevait des monceaux de paille enflammée avaient été quelque temps favorable au peuple qu'elles dérobaient à la vue de ses ennemis ; mais les charrettes dont nous venons de parler, se trouvant à l'entrée de la seconde cour, en face du pont dormant, ferment l'entrée du fort et coupent le passage aux assiégeants. M. Elie, officier au régiment de la Reine, suivi de trois ou quatre citoyens, s'avance hardiment au milieu du feu et parvient à en écarter une ; la seconde résiste à ses efforts ; mais le vigoureux et intrépide Réole, marchand mercier près de Saint-Paul, retire lui seul cette voiture brûlante, après avoir vu tomber morts à ses côtés deux de ses braves camarades.

Aussitôt deux canons sont braqués en face du grand pont, et le combat recommence avec un nouvel acharnement. Pendant ce temps, une foule de citoyens forcent l'hôtel de la régie des poudres et salpêtres, et brisent ce caisses de munitions de guerre qu'ils portent aux assiégeants. Tandis que les uns croient le gouverneur entre leurs mains, d'autres s'emparent, dans l'une des cours de la Bastille, d'une jeune fille, et l'ayant amenée près du pont : — C'est la fille de Delaunay ! — crient les plus irrités ; — qu'il rende la place ou qu'il voie sa fille expirer dans les flammes !

Une paillasse va lui servir de bûcher, on y met le feu ; l'infortunée s'évanouit.

M. de Monsigny, du haut des tours, aperçoit sa fille qu'on va brûler vivante ; il va se précipiter, lorsqu'il est atteint de deux coups de feu.

Le généreux Aubin Bonnemère, indigné de la cruauté des bourreaux de mademoiselle de Monsigny, quitte son poste, écarte la foule, enlève la victime, la remet en mains sûres et retourne au combat.

Une scène plus terrible se passe à l'Arsenal.

Un perruquier, ivre ou forcené, muni de deux tisons enflammés, s'occupait à mettre le feu aux salpêtres. Le brave Humbert, qui, le premier, eut la gloire de monter sur les tours de la Bastille, revenait alors de l'hôtel des Invalides ; il accourt aux cris d'une femme, frappe ce misérable d'un coup de crosse de fusil dans l'estomac et le terrasse ; puis, saisissant avec intrépidité un tonneau de salpêtre déjà enflammé, le renverse, réussit à l'éteindre, et après avoir chassé quelques bandits qui, sous le prétexte de chercher de la poudre, avaient forcé les archives et brisé les armoires, rejoint ses frères qui attaquaient la Bastille.

Jamais on ne vit plus de prodiges de bravoure dans l'armée la plus aguerrie, que n'en fit en ce jour cette multitude sans chefs, composée d'individus de tous rangs, d'ouvriers de toute espèce qui, mal armés pour la plupart et n'ayant jamais manié d'armes, affrontaient le feu des remparts et semblaient insulter à leurs ennemis. Bourgeois, artisans, soldats, animés du même enthousiasme, remplissaient les cours de la Bastille sous le feu de la garnison, et s'approchaient si près des tours, que Delaunay faisait rouler sur eux, pour les écraser, les pavés qu'il avait fait monter sur la plate-forme.

Au milieu du désordre et de la confusion inséparables d'une attaque si tumultueuse, leur mousqueterie était si bien dirigée et si admirablement secondée par les bourgeois de la rue et du faubourg Saint-Antoine, qui, des étages les plus élevés de leurs maisons, tiraient sur le haut de la Bastille, que les assiégés n'osaient plus se montrer au dehors du parapet des tours.

Le découragement était grand et général dans la forteresse. Les Suisses cependant exhortaient le gouverneur à la résistance ; l'état-major et les sous-officiers le suppliaient, mais vainement, de rendre la place. Il sentait pourtant lui-même que la disette absolue de vivres ne lui permettrait pas de soutenir plus longtemps le siège. Les assaillants venaient d'abattre le premier pont et leurs canons étaient dressés en face du second. M. Delaunay saisit la mèche d'une des pièces de la cour intérieure, et va droit à sainte-barbe pour y mettre le feu.

Un bas officier, M. Ferrand, l'aperçoit, lui présente la baïonnette et le repousse.

Alors il descend à la tour de la Liberté, où se trouvait en dépôt une partie des poudres qu'il avait fait venir dans la nuit du 12 au 13 ; mais là Béquart, autre bas officier, s'oppose à un acte de démence qui aurait coûté la vie à des milliers de citoyens, en faisant sauter la Bastille et une partie du faubourg Saint-Antoine, et l'oblige à se retirer.

Hors de lui, le marquis Delaunay supplie qu'on lui donne un baril de poudre ; puis, s'adressant à la garnison, il lui demande s'il ne vaut pas mieux mourir plutôt que de s'exposer à être égorgés par le peuple. — Remontons sur les tours, — dit-il, — et rendons au moins notre mort funeste à nos ennemis ; écrasons-les sous les débris de la Bastille !

Les soldats répondirent qu'ils aimaient mieux mourir sans vengeance ; qu'une résistance plus longue était désormais impossible, et qu'il faut que le tambour monte sur la plate-forme pour rappeler, arborer un drapeau blanc et capituler.

On bat aussitôt la chamade, et un drapeau blanc flotte sur la tour de la Bazinière.

C'était trop tard.

Le peuple, irrité de ce qu'on avait tiré sur les députés, ne voit qu'un nouveau piége dans ces démonstrations de paix, et s'avance toujours, faisant des décharges, jusqu'au pont de l'intérieur.

L'officier suisse s'adressa alors la parole aux assaillants, à travers un créneau qui se trouvait auprès du pont-levis, et leur demanda à sortir avec les honneurs de la guerre.

— Non! non! — lui cria-t-on.

Ensuite, il fit passer par la même ouverture un papier que l'éloignement empêchait de lire, disant que l'on voulait bien se rendre si l'on promettait de ne pas massacrer la troupe.

Un citoyen court chercher une planche, on la pose sur le parapet, plusieurs personnes se mettent dessus pour faire contre-poids; il s'avance, il va saisir le papier; il tombe dans le fossé, frappé d'une balle, et meurt victime de son zèle.

M. Maillard, fils d'un huissier au Châtelet, s'approche courageusement, et sans s'effrayer de la mort de celui qui l'a précédé, sur cette planche longue et étroite, prend le papier et le remet entre les mains de M. Hullin, qui lit à haute voix :

« Nous avons vingt milliers de poudre; nous ferons sauter la garnison et tont le quartier, si vous n'acceptez pas la capitulation. »

— Foi d'officier, nous l'acceptons, — dit M. Hullin; — baissez vos ponts.

Mais le peuple furieux se récrie au seul nom de capitulation, et fait avancer trois pièces de canon.

On allait tirer; déjà les rangs s'ouvraient pour laisser passer les boulets, lorsque l'ennemi, voyant que l'on voulait abattre le grand pont, fait baisser le petit pont-levis de passage qui était sur la gauche de l'entrée de la forteresse.

Malgré le nouveau danger qui résultait de cette manœuvre, MM. Élie, Hullin, Maillard, Réole, Humbert, Tournay, François, Louis Morin et plusieurs autres s'élancent sur le pont, pendant que les gardes-françaises forment une barrière à l'extrémité, pour empêcher que les assaillants ne s'y portent.

Cet acte de prudence sauva la vie à des milliers de citoyens qui se seraient précipités dans les fossés.

Environ deux minutes après, un invalide vint ouvrir la porte placée derrière le pont-levis et demanda ce qu'on voulait.

— Rendez-nous la Bastille, — lui répondit-on.

Alors il laissa entrer.

Les vainqueurs à l'instant firent baisser le grand pont.

Les invalides étaient rangés à droite, les Suisses à gauche, leurs armes déposées le long du mur. Ils ôtèrent leurs chapeaux, battirent des mains et crièrent bravo aux assiégeants, qui accouraient en foule dans le fort. Les premiers entrés abordèrent les vaincus avec humanité, sautèrent au cou des officiers de l'état-major en signe de paix et de réconciliation, et prirent possession de la place. Mais ceux qui les suivaient ne respiraient que la vengeance. Pour surcroît de fatalité, quelques soldats des plates-formes, ignorant ce qui s'était passé, font plusieurs décharges.

L'exaspération du peuple alors est à son comble; le malheureux Béquart, qui avait arrêté le bras de M. Delannay lorsqu'il voulait faire sauter la Bastille, est massacré, et Asselin à ses côtés. M. Delaunay, qui s'était constitué prisonnier, est conduit à l'Hôtel de Ville, tué sur les marches, et sa tête suspendue au bout d'une pique.

Les représailles furent ce qu'elles devaient être, terribles.

Quatre-vingt-dix-huit assiégeants restèrent sur la place; soixante-treize furent gravement blessés. Les assiégés ne perdirent qu'un homme pendant le combat; quatre officiers et quatre soldats tombèrent sous les coups du peuple après l'action.

Hâtons-nous de tirer le voile sur ces tristes événements.

XXV. — LE RÊVE

Nos lecteurs n'ont point oublié sans doute dans quel but Marie était venue à Paris et le projet qu'elle avait conçu; ils se rappelleront aussi l'arrivée inattendue de Bourguignon; Marie Delaunay, après avoir assisté au prologue du grand drame populaire qui devait avoir la chute de Napoléon pour dénoûment, après avoir traversé la constituante, la législative, la convention, le directoire, le consulat et l'empire, Marie Delaunay, regagna le faubourg Poissonnière, tout épouvantée des événements dont elle avait été témoin. Ses membres étaient brisés de fatigue, et mille voix hurlaient à ses oreilles des cris de mort. Elle s'assit sur une pierre et appuya sa tête brûlante contre la muraille : le découragement s'était emparé de tout son être.

La nuit arrivait, et peu à peu le souvenir du solennel et terrible spectacle que Marie avait vu s'effaça de sa pensée, et son projet lui revint en mémoire. Elle le repoussa avec colère d'abord, car sa conscience le lui montrait comme un crime. Elle rêva, pendant une demi-heure, la tête appuyée sur ses mains, indifférente au mouvement qui se faisait autour d'elle, et aux bruits populaires qui grondaient à ses côtés et allaient se perdre bientôt dans les rues et sur les boulevards. Le faubourg devint silencieux, et Marie passa de ses rêveries à un lourd sommeil.

Et au milieu de ce sommeil Sébastien lui apparut.

Il était pâle; ses yeux avaient perdu leur éclat, son visage attristé, sa jeunesse. Des rides prématurées sillonnaient son front et sa tête était devenue chauve; il marchait lentement, appuyé sur un bâton noueux, et par moment il lui échappait un nom de la bouche, c'était celui d'une femme qu'il avait tendrement aimée, c'était le nom de *Marie*. Il venait de sortir d'un sentier étroit et tortueux, le soleil dardait des rayons si ardents que le sable des chemins brûlait, et que les feuilles d'arbres que les vents avaient jetées sur la route étaient rouges et desséchées; et Sébastien avait marché depuis le matin sans se reposer ni se rafraîchir. Sa poitrine était haletante, et ses regards, tournés vers le ciel, le suppliaient de faire tomber sur la terre embrasée quelques gouttes d'une rosée vivifiante.

Et Marie voulait se lever, courir à lui, et une puissance surnaturelle la retenait sur le banc de pierre où elle s'était assise; elle voulait l'appeler, mais quelque effort qu'elle tentât, nulle parole ne pouvait sortir de sa poitrine. Alors, elle éclata en sanglots.

Et Sébastien, son bâton à la main, continua sa route.

Il entra bientôt sous une de ces immenses forêts dont elle avait entendu parler dans son enfance, que nul pas humain n'a foulées, et qu'elle reconnut pour être une des forêts vierges d'Amérique. Sébastien parut respirer alors; sa poitrine se dilata, ses yeux presque éteints se ranimèrent, son visage rayonna, une force nouvelle semblait être passée en lui, et sa marche était rapide et égale.

Parvenu à un endroit où les plantes variées, que la féconde nature de ces climats produit, étaient moins hautes et moins touffues que les autres, Marie vit de loin un jeune homme qui venait à la rencontre de Sébastien; et tous deux bientôt se rejoignirent et s'abordèrent.

— Qui êtes-vous? — demanda Sébastien à l'étranger.

— Un pauvre exilé, — répondit le jeune homme; — et vous?

— Je suis aussi un exilé, — répondit tristement Sébastien; — mais de quel nom se nomme votre patrie? — continua-t-il bientôt.

— Je suis né en France, — dit-il; — et vous, pauvre voyageur?

— Je suis, comme vous, né en France; et qui vous a fait quitter votre pays pour venir si loin?

— J'aimais une femme, je l'ai perdue; l'on m'avait fait espérer que je la retrouverais ici, et je suis venu. Et vous, quels événements vous ont conduit ici?

— J'aimais aussi une femme, j'en ai été cruellement séparé; l'on m'a jeté en prison, et l'on ne m'a rendu la liberté qu'à la condition que je quitterais la France. J'avais besoin d'émotions, j'avais besoin d'oublier, l'on se battait ici, et j'ai combattu sans trouver le repos. Je serais mort de désespoir, lorsqu'une lettre m'a appris que ma fiancée, l'élue de mon cœur, l'âme de ma vie, mon dieu en ce monde, était accourue ici pour me rejoindre et je la cherche, et ne me reposerai que lorsque je l'aurai retrouvée.

Marie voulut lui crier : — Sébastien, me voici, ta route est achevée; — elle ouvrit la bouche, sa voix demeura muette.

— Et comment appelez-vous celle que vous aimez tant? — continua bientôt le jeune homme; — celle que j'aime, moi, a un bien doux nom : celui que les chrétiens on donné à la mère de l'enfant Jésus.

— Marie! — interrompit Sébastien; — elle s'appelle Marie?

— Oui.

— Et *elle*, elle s'appelle aussi Marie, — reprit vivement Sébastien.

— Que dites-vous?

— La vérité, frère.

Et les deux jeunes gens, par un accord sympathique, entr'ouvrirent en même temps leurs bras et se serrèrent contre leur cœur.

Marie sentit une larme glisser sur sa joue en les voyant.

Bientôt ils se tendirent la main et se dirent adieu.

— Adieu, frère, — dit Sébastien, — et Dieu vous rende celle que vous aimez!

— Adieu, frère, — répondit l'étranger, — et lorsque Dieu vous aura rendu votre Marie, priez-le pour qu'il me fasse retrouver la mienne.

Ils se séparèrent, se dirent encore une fois adieu de la main, et disparurent sous les grands arbres de la forêt.

Marie les perdit de vue l'un et l'autre; cependant le pas de Sébastien, au milieu des vastes plaines qu'il parcourait, arrivait jusqu'à son oreille attentive.

Et bientôt tout devint confus devant ses yeux; la forêt s'éloigna par enchantement, et comme frappée d'un coup de baguette féerique, le vaste océan la remplaça.

Il était nuit complète; les étoiles, cachées par des nuages plombés, semblaient exilées du firmament; les vents déchaînés se roulaient sur les vagues bondissantes de l'Ohio, et leurs deux grandes voix, confondues en une seule, glaçaient le cœur d'épouvante. On aurait cru assister à l'agonie des deux terribles éléments. Les vagues couraient agglomérées les unes sur les autres et retombaient avec fracas.

Et au milieu de l'écume qu'elles laissaient derrière elles, parut bientôt un faible point noir; Marie avança la tête pour regarder; le vent redoublait ses sifflements, la mer devenait de plus en plus irritée, les nuages s'épaississaient d'instant en instant. Le point noir, qui d'abord était presque insaisissable à l'œil, prit peu à peu la forme d'une barque, et dans cette barque, Marie aperçut un homme.

Les vents sifflaient toujours, et la mer groudait.

Marie se signa et pria, dans son cœur, pour le pauvre abandonné.

Et des nuages livides semblèrent se détacher du firmament et s'abaisser sur les flots, qu'ils couvrirent d'épaisses ténèbres. Les étoiles brillaient de tous leurs feux, et se reflétaient sur les nuées comme en un clair miroir, et des voix dont la suavité semblait échappée à celle des hôtes célestes murmuraient en chœur :

« Courage! enfant de la terre; l'amour a été donné par Dieu à l'homme pour qu'il soit meilleur, l'amour est le lien qui unit le Tout-Puissant à la créature, et celui qui aime est agréable au Seigneur.

» Courage! homme faible qui, pour retrouver celle que Dieu t'a choisie, n'a pas craint de franchir des contrées étrangères, d'affronter des mers inconnues et terribles; courage! car le prix de tes efforts n'est pas loin, et bientôt le bonheur te fera oublier tes souffrances.

» Courage! car si ton corps est débile, ton âme est forte, et Dieu réunira bientôt et celui qui a tout bravé pour se réunir à celle qu'il aime, et celle qui a préféré pleurer jusqu'à ce jour, plutôt que d'être heureuse en manquant aux serments qu'elle a faits et reçus. »

Les voix cessèrent, les nuages disparurent, et les étoiles brillèrent sur les flots.

Et Marie aperçut distinctement alors dans la barque l'homme que les vagues irritées avaient menacé d'engloutir. C'était Sébastien! Son visage était calme et ses regards rayonnants. Les flots faisaient silence autour de sa fragile nacelle, et, debout dedans, une main sur son cœur, l'autre tendue vers le rivage, il disait :

— Marie, quelles mers te cachent sur leurs ondes? quelles contrées t'ont abritée dans leur sein? quelle oasis t'a reçue au milieu des déserts? quelles forêts te recèlent à l'ombre de leurs grands arbres? Depuis trois ans je te cherche, et depuis trois ans tous mes efforts ont été inutiles. Mers implacables, contrées les plus lointaines, forêts les plus sauvages, oasis les plus profondes, j'ai tout vu, tout parcouru, tout fouillé, tout interrogé, et la nature a été muette. Es-tu encore de ce monde, Marie? ou Dieu, te voyant si noble et si pure, et si dévouée, t'a-t-il rappelée à lui afin que les anges du ciel en comptent un de plus parmi leurs célestes phalanges? es-tu encore de ce monde, Marie? et ta pensée se reporte-t-elle, comme la mienne, aux jours de notre heureuse enfance? Te souviens-tu encore des récits de ton père, le soir, devant l'âtre, pendant que je riais de tes naïves terreurs? Te rappelles-tu le jour, jour ineffaçable dans ma mémoire, où je pris ta main dans ma main et te murmurai à l'oreille : « Bonne Marie, veux-tu que je t'aime? » Oh! Marie, si tu n'es pas morte, n'est-ce pas que toi aussi tu m'as demandé à tout ce qui existe et qui pouvait te répondre? N'est-ce pas que sacrifices, dangers, fatigues, crainte de la mort, misère, rien ne t'arrêterait si tu savais où me trouver? N'est-ce pas, Marie, que nos deux âmes ne font qu'une comme nos deux amours ne font qu'un, et qu'il ne te serait pas plus possible de vivre sans moi, que moi sans toi?

Il prononça encore quelques paroles, mais sa voix se perdit dans l'air et ne put arriver à Marie. Puis, sa nacelle glissa au milieu des flots et disparut.

Marie s'éveilla.

Il était onze heures du soir.

— Quel rêve! — dit-elle, en passant sa main sur son front.

Elle monta rapidement le faubourg, s'arrêta devant la mauvaise maison où demeurait Bourguignon ; elle était calme, mais résolue. Il s'agissait de rejoindre Sébastien ; aucun obstacle ne pouvait plus l'arrêter, et puis voler Bourguignon n'était qu'user de représailles.

Nous avons dit plus haut, et nous le rappelons à nos lecteurs, que Marie, après avoir remarqué l'endroit le plus favorable pour pénétrer chez son ennemi, s'était munie d'instruments nécessaires pour forcer la petite porte qui donnait sur le petit jardin attenant à la maison. Lorsqu'elle se trouva en face de la maison de Bourguignon, elle regarda autour d'elle, afin de bien s'assurer que personne ne pouvait la voir ; cela fait, elle écarta les branches d'arbres qui servaient de haie au dos de la masure, et entra. Le cœur lui battit, mais cette émotion ne dura qu'un instant.

Arrivée à la petite porte, elle introduisit dans la serrure ce qu'on nomme vulgairement un passe-partout, et après quelques efforts, d'abord infructueux, la porte fut ouverte.

Et dans ce moment Bourguignon, qui venait de se mettre au lit après avoir éteint la lumière, donnait un libre cours à ses projets. Le bruit que fit la serrure en cédant à Marie parvint jusqu'à lui, mais si faible qu'il n'y apporta qu'une médiocre attention.

Bourguignon avait exercé, et nous l'avons déjà dit, la profession de dévaliseur de grandes routes, sans compter celle non moins dangereuse d'exploiteur de domiciles dont les maîtres étaient absents ; à cause même des anciennes fonctions qu'il avait si dignement remplies, il se tenait dans une défiance continuelle des voleurs ses confrères ; et, entre autres habitudes, il avait contracté celle de ne jamais dormir sans placer sur sa table de nuit un couteau.

Et, en réfléchissant, l'on se persuadera bien vite qu'il ne pouvait en être autrement. En effet, Bourguignon s'était retiré brusquement des affaires au moment où toutes les têtes fermentaient, pressentant, en homme de génie qu'il était, qu'il y a plus à gagner au milieu des échauffourées qu'entraîne une révolution, qu'en forçant des portes et en détroussant d'honnêtes et imprudents voyageurs. Or, tous ceux qui avaient travaillé avec lui, et le nombre en était grand, car dans ce fastueux état on a coutume de collaborer, pouvaient un jour se demander les causes de son abandon brusque et inexpliqué ; or, si sa disparition était attribuée à un bon coup de fortune, nul doute que ses anciens amis ne se feraient point scrupule de le traiter ni plus ni moins qu'un inconnu, et de faire main basse sur ses économies.

Bourguignon avait pris, mais il n'était point d'humeur à rendre, et le couteau qu'il posait chaque nuit sur sa table était destiné à défendre sa vie en cas d'attaque, et son argent en cas de tentative de vol. Décidément ce garçon-là raisonnait.

Marie, après avoir ouvert la petite porte, étendit les mains à droite et à gauche, et bientôt elle sentit quelque chose en bois ; c'était une rampe. Elle avança le pied et rencontra une marche. Elle monta. Parvenue au premier étage, elle s'arrêta pour respirer, car sa poitrine était fortement oppressée ; un moment la pensée lui vint de rebrousser chemin, et, une fois hors de cette maison maudite, de se sauver pour se défendre malgré elle des mauvais projets qui la poursuivaient ; puis, le souvenir de Sébastien

qui l'attendait peut-être, qui, à coup sûr, la pleurait et la cherchait se dressa devant elle, et elle mit le pied sur la première marche du second escalier.

Bourguignon, ce soir-là, était en veine de méditations. Habituellement, dès qu'il avait placé la tête sur son oreiller, ses yeux se fermaient aussitôt ; cette nuit, vainement il cherchait à s'endormir ; quelque effort qu'il tentât, ce fut en vain. Et n'allez pas supposer que des remords anciens ou nouveaux le tinssent éveillé ; pas le moins du monde : Bourguignon ne croyait pas au remords.

Jeté misérable et vicieux sur la terre, il avait regardé autour de lui dès qu'il s'était trouvé en âge de comprendre ; il avait vu la société partagée en deux classes bien distinctes : celle des riches et celle des malheureux, et il s'était demandé pourquoi cette injuste division? — Qu'ont fait ceux que j'aperçois, — disait-il, — comblés des biens de ce monde, pour avoir mérité cette préférence aveugle du sort? Ils se sont donné la peine de naître ; mais moi aussi, je me suis donné cette peine, et je suis pauvre. Qu'ont-ils de plus que moi? des passions à satisfaire? mais n'en ai-je pas aussi! Ne goûterais-je pas aussi bien qu'eux les jouissances du luxe, les plaisirs de la richesse, les voluptés qu'ils épuisent? Comme eux, n'ai-je pas une imagination qui me pousse en des désirs effrénés! comme eux, je serais ambitieux ; comme eux, affamé de jouir! — Et sa conclusion avait été que, lorsqu'on n'a pas, il faut posséder aux dépens de ceux qui ont. Il avait grandi en se nourrissant chaque jour de cette morale, et avait agi avec trop de conviction, trop de conscience pour que l'ombre d'un remords entrât dans son âme gangrenée.

Bourguignon, pour l'heure, songeait à devenir honnête homme ; non pas, encore une fois, que le passé lui pesât, mais parce que sa fortune s'arrondissait. Il faut au moins lui rendre cette justice, il avait renoncé à tout projet d'immense fortune. Le bien-être, c'est-à-dire trois ou quatre mille livres de rentes placées en maison et en terre, était l'unique objet de ses désirs.

C'était un de ces exploiteurs équivoques qui, parvenu à s'être fait coucher sur le livre de l'État pour l'inscription ci-dessus désignée, aurait renoncé sans peine à sa vie quelque peu orageuse, et se serait enseveli, s'il eût vécu à notre époque, dans quelque village obscur, à une douzaine de lieues du théâtre de ses exploits, aurait vécu en grave campagnard, s'occupant de récolter ses vignes et ses blés, et, à force de jovialité, se serait fait nommer lieutenant ou capitaine dans la garde nationale, comme pour expier, en surveillant consciencieusement les propriétés de ses voisins, les erreurs de sa première jeunesse.

Mais les rêveries de Bourguignon nous éloignent de notre sujet, et nous nous hâtons d'y revenir, car la malheureuse Marie vient de poser son pied sur la quatrième marche du second étage de la maison fatale. Vraiment, en nous voyant écrire sur ce papier innocent ces mots : *maison fatale*, nos lecteurs vont penser peut-être que notre intention est de chercher à retracer ici une de ces scènes terribles comme nous en lisons tous les jours ; nous confessons franchement, et tout de suite, que jamais nous n'avons médité un pareil guet-apens. Il s'agit simplement ici d'un vol commis par une jeune fille sur un homme fort et redoutable, ou plutôt il n'est question que d'une restitution.

Arrivée à la porte de la chambre de son ennemi, Marie s'arrêta encore, et la main lui trembla. Cependant elle n'avait plus à hésiter ; elle s'arma d'un passe-partout (nous ne voulons pas écrire ici le mot rossignol), et l'introduisit dans la serrure. Quelque rapide que fût ce mouvement, il parvint pourtant à l'oreille de Bourguignon.

— Hein! — se dit-il en se levant sur son séant ; — qu'est cela? Marie donna un tour dans la serrure, et la porte s'ouvrit.

— Parbleu! — pensa Bourguignon ; — à moins qu'on se trompe, il est certain que c'est à moi qu'on veut rendre visite.

Il allongea la main sur sa table de nuit, avec l'intention de prendre son briquet et d'allumer sa chandelle ; puis il pensa que ce moyen était mauvais ; aussi s'arma-t-il de son couteau.

Cependant Marie venait d'entrer la chambre ; elle poussa doucement la porte, et s'avança en tremblant vers le lit. Bourguignon tâchait de découvrir, au milieu des ténèbres, quel pouvait être son visiteur, et il tenait toujours son couteau à la main, prêt à frapper à la moindre occasion d'attaque.

Marie tourna à gauche, et sentit une commode.

— C'est là, — pensa-t-elle, — qu'il a caché mon trésor ; y sera-t-il toujours?

Elle tira de sa poche un briquet, fit du feu, et regarda autour d'elle.

Et aussitôt elle poussa un cri, un long cri d'épouvante.

Elle venait d'apercevoir Bourguignon, à demi dressé sur son lit.

Celui-ci, sans se dessaisir de son couteau, lui dit d'un ton de voix ironique : — Eh bien, ma petite mère, qui donc vous amène chez moi? Seriez-vous par hasard somnambule?

Une sueur froide parcourait tout le corps de la pauvre Marie ; la tête de Méduse n'aurait pas produit un plus terrible effet sur elle que la terrible tête de Bourguignon. Son passe-partout lui tomba des mains, elle s'appuya contre la commode sans pouvoir prononcer un mot.

— Vous allez vous trouver mal, — continua Bourguignon en ricanant ; — attendez, la politesse n'est jamais de trop, permettez, je vais vous offrir un siége.

Il se jeta à bas de son lit.

Marie se couvrit le visage de ses mains.

— Ah bah! — répéta le Bourguignon, — tu venais me voler et tu n'oses me regarder en face.

La pauvre fille ne trouvait point une parole pour lui répondre.

Cependant l'ex-coupeur de bourses s'était rapproché de Marie, et regardait avec une attention mêlée d'étonnement le costume qu'elle portait. On eût dit qu'il se rappelait vaguement l'avoir vue déjà.

Cet examen achevé, il entama de nouveau la conversation :

— Ah çà ! — dit-il, — vous allez me confier, la petite mère, pourquoi vous m'avez donné la préférence à moi, pauvre diable, sur tant d'autres qui ont des richesses à regorger ; entre nous, ça n'est pas délicat.

Marie demeurait toujours immobile, la tête dans ses mains et silencieuse.

— Savez-vous, à la fin, que je vais me fâcher ? — repartit Bourguignon, que ce silence irritait ; — et alors, gare à vous, ma toute belle, car il vous en coûtera de la prison !

Marie, à ces mots, releva dédaigneusement la tête et regarda Bourguignon en face.

— J'étais bien sûr de mon effet, — continua-t-il. — Eh bien, vrai, ce serait dommage de vous donner pour chambre une prison, et pour lit quelques brassées de paille humide, car vous êtes tout de même une bien belle fille.

Il voulut lui prendre la main, Marie le repoussa énergiquement.

— Oh ! oh ! — dit-il, — vous êtes un vrai dragon de vertu, et pourtant si je le voulais, il faudrait bien vous humaniser.

Marie sentit, à ces paroles, le rouge de la honte lui monter à la figure ; pour la première fois, elle comprit qu'elle était à la disposition de l'homme chez lequel elle était venue, dans l'intention de lui reprendre ce qu'il lui avait si lâchement soustrait. Bourguignon, qui la regardait en ce moment avec une attention profonde, sut ce qui se passait en elle, et devina tout l'avantage qu'il pouvait tirer de la position équivoque dans laquelle s'était mise la jeune fille qu'il avait en son pouvoir.

— Vrai ! vous êtes jolie, — lui dit-il, — je ne l'avais pas encore remarqué.

Marie se dirigea brusquement vers la porte, voulut l'ouvrir ; mais Bourguignon, aussi prompt qu'elle, la devança et plaça sa grosse main sur le pêne.

— Laissez-moi partir ! — s'écria Marie épouvantée de ce mouvement.

— Allons donc ! — répondit Bourguignon.

— Laissez-moi partir, ou j'appelle ! — répliqua vivement Marie.

— Ouvrez la fenêtre, ma petite, je ne vous en empêche pas ; appelez, criez au secours : on viendra, on montera ; je prouverai sans peine que je suis chez moi ; l'on vous demandera comment il se fait que vous êtes ici ; vous inventerez une foule d'histoires, mais l'on ne vous croira pas, lorsque je dirai que vous êtes venue pour voler, et que l'on trouvera sur vous les instruments dont vous vous êtes servie pour forcer ma serrure.

Après avoir achevé ces paroles, il laissa échapper un léger éclat de rire.

— Eh bien ? — reprit-il, voyant que Marie ne lui répondait pas ; — est-ce raisonné, ça ?

— Laissez-moi partir. — lui dit d'une voix résolue Marie.

— Pas si bête, ma toute belle.

— Vous me laisserez partir, ou je me tue ! — s'écria la malheureuse fille.

— Vous êtes libre de le faire : chacun dispose de ce qui lui appartient ; mais ce ne sera pas avec ce couteau, car on pourrait m'accuser, ni en vous jetant de cette fenêtre en bas, car l'on pourrait m'accuser également ; vous vous tuerez lorsque vous serez sortie d'ici, si vous voulez bien que je vous en laisse sortir, ou si vous ne le voulez pas, je vous fais arrêter comme voleuse.

— Oh ! monsieur ! — s'écria Marie en fondant en larmes ; — j'ai commis une faute, j'en conviens, mais vous serez humain, généreux ; vous ne voudrez pas me perdre ; que vous en reviendrait-il d'ailleurs ? Et puis, peut-être dans votre existence avez-vous aussi quelque méchante action à vous reprocher, et Dieu vous la pardonnera, au souvenir de la bonne action que vous pouvez faire aujourd'hui.

— Le bon Dieu ne peut rien cette nuit ici, — reprit Bourguignon. — Je puis vous faire arrêter ; ne partez que demain matin, et foi d'honnête homme, je ne parlerai à personne de la petite visite que vous m'avez rendue dans mon logis.

— Vous voulez m'effrayer, — interrompit Marie en se jetant à ses genoux.

— Moi ? je n'y pense seulement pas.

— Au nom du Ciel ! laissez-moi partir.

— Demain matin.

Marie se releva soudainement, et regardant Bourguignon en face, elle lui dit : — Vous êtes un misérable !

— A la bonne heure. — répondit-il, — j'aime mieux ça ; si nous commençons à nous expliquer ainsi, nous nous entendrons plus aisément.

— Me laisserez-vous partir enfin ? — lui dit Marie avec fermeté.

— Oui.

— Eh bien, ouvrez-moi !

— Dans cinq minutes.

Il prit sa montre, et, la regardant : — Vous voyez, — dit-il. — l'aiguille marque onze heures vingt-deux minutes, lorsqu'elle sera arrivée à la vingt-septième, vous serez docile, ou vous sortirez de cette maison escortée des gens que je rassemblerai, en criant par les fenêtres et auxquels je vous signalerai pour une voleuse. Je vous laisse le choix, réfléchissez.

— Mais on ne vous croira pas, — répondit Marie au comble de l'indignation.

— Et pourquoi, mon amour ?

— Parce que je vous dévoilerai aux yeux de ceux que vous appellerez pour m'accabler ; parce que je leur dirai que vous êtes un voleur, oui, un voleur ! Ah ! vous m'aviez oubliée, je le conçois ; depuis la diligence de Saint-Quentin vous avez pillé tant d'honnêtes gens, que vous ne vous souvenez pas que vous m'avez, sur je ne sais quelle calomnie, dénoncée aux autorités et soustrait l'argent que je possédais.

— Ah ! — reprit Bourguignon, — je ne suis pas étonné, ma petite, si je vous regardais tout à l'heure d'une certaine façon ; je me disais en vous voyant : « Mais j'ai déjà aperçu cette belle fille-là quelque part... » Je comprends maintenant ; parbleu ! c'est bien vous qui étiez la jolie coureuse de diligence, c'est bien vous que... ah ! j'y suis... Eh bien, — continua-t-il gravement, — qu'est-ce que ça me fait ?

— Mais j'apprendrai tout, et vous confondrai.

— Oui, si j'étais disposé à être assez niais pour dire comme vous ; je soutiendrai que je ne vous connais pas, et je nierai tout, et l'on vous conduira en prison.

— Et bien ; je me tairai ; je ne demande rien, ni l'argent que vous m'avez dérobé ; à mon tour, je vous jure que je n'ouvrirai à personne la bouche de ce qui s'est passé en diligence ; et pour ce silence complet, éternel, laissez-moi partir.

— Demain matin.

— Vous ne pensez pas ce que vous dites ?

— Que voulez-vous, j'ai un défaut entre tous les autres, c'est celui d'être entêté. Je vous trouve à mon goût, je renouerai volontiers connaissance avec vous. Et... et j'ai résolu que vous ne sortirez de chez moi qu'au point du jour, ou entre les mains des gendarmes.

— Oh ! je vous méprise...

Bourguignon regarda froidement l'aiguille de sa montre et dit à Marie : — Vous n'avez plus que deux minutes...

Marie, cependant, cherchait de tous côtés s'il n'y avait point d'issue par laquelle elle pût s'échapper, et Bourguignon la suivait des yeux, et sur ses lèvres paraissait un sourire de satisfaction. Il se fit quelques instants de silence ; Bourguignon, que cette scène commençait probablement à ennuyer, dit à Marie : — Il ne vous reste plus qu'une minute.

La jeune fille ne répondit point ; elle s'agenouilla sur le carreau froid, adressa dans son cœur une prière pleine de repentir à Dieu, et, quand elle eut fini, elle se releva ; son regard était calme, son visage n'indiquait aucune altération, aucune crainte, et elle dit d'une voix douce, d'une voix qui eût touché jusqu'aux larmes tout autre que l'inflexible Bourguignon : — Monsieur, je suis prête.

— A quoi ? — répondit-il.

— A passer pour une voleuse.

— Comme vous le voudrez, — dit-il.

Il serra sa montre sous son oreiller, ouvrit la fenêtre, cria, jura, se démena.

Une heure ne s'était pas écoulée qu'une jeune fille descendait le faubourg, escortée d'une populace qui s'augmentait de tous les flots impurs dont regorgeait alors ce quartier. Elle fut conduite au poste le plus voisin, de là à la préfecture de police, puis jetée dans un cachot, en attendant qu'elle passât en jugement.

XXVI. — DÉPART POUR L'AMÉRIQUE

Quelques mois plus tard, Marie comparaissait devant le tribunal ; en vain allégua-t-elle pour sa défense que le vol dont on l'accusait n'était point un vol, mais une restitution qu'elle s'était cru le droit de s'adjuger elle-même, puisque la justice des hommes n'avait point voulu l'entendre ; Bourguignon nia tout, et la pauvre Marie fut condamnée à cinq ans de prison.

Cinq ans sans avoir l'espérance de retrouver Sébastien, n'était-ce pas un supplice mille fois plus grand que la mort ?

Notre intention n'est pas de suivre Marie au milieu des douleurs qui la torturèrent dans son cachot, ni de raconter ici ses larmes et ses combats ; nous dirons seulement que son emprisonnement dura beaucoup moins qu'elle aurait dû le croire.

Mais quelques lignes d'explication nous sont encore indispensables ici ; depuis la prise de la Bastille, les événements avaient marché rapidement en France, et à Paris surtout.

L'établissement de la milice parisienne avait eu lieu, ainsi que l'armement de tout le royaume. Les Parisiens étaient allés ensuite à Versailles, et dès le 89 l'Assemblée nationale avait été transportée à Paris. Les biens du clergé furent ensuite confisqués, la fête de la fédération avait eu lieu ; le 15 juillet 1791, Louis XVI avait été suspendu, et l'on avait obtenu de lui une déclaration menaçante contre les émigrés. Plus tard, le 10 août, le château des Tuileries, qui, dès le 19 juin, avait déjà été attaqué, le fut une seconde fois. Et, au milieu de tous ces terribles événements, les emprisonnements se succédaient avec une rapidité effrayante. Les prisons étaient pleines de nobles, de prêtres, d'émigrés.

La seconde attaque du château avait décidé les puissances étrangères à défendre la cause de Louis XVI plus efficacement que par des négociations ou des menaces ; et Frédéric-Guillaume, à la tête de cinquante mille Prussiens, de trente mille Autrichiens, de sept mille Hessois et de quinze mille émigrés, que commandait sous lui le duc de Brunswick, était entré le 19 août dans les plaines de la Champagne. Longwy s'était rendu le 23. Verdun était investi, et l'espérance renaissait dans le cœur des royalistes.

Le 2 septembre (1792), au son du tocsin, raconte Anquetil, et sur une proclamation rédigée par le procureur de la commune, Manuel, une multitude effrénée est convoquée au Champ de Mars pour secourir Verdun. Mais les plus dangereux ennemis ne sont pas devant cette place : représentant les émissaires des factieux, ils sont dans les prisons, d'où ils vont s'échapper pour égorger les femmes et les enfants des défenseurs de la patrie. Et aussitôt l'on court aux prisons, au couvent des Carmes, au séminaire de Saint-Firmin, où trois cents prêtres, destinés à être déportés, sont réunis ; à la Force, à l'abbaye Saint-Germain, et les prisonniers sont massacrés à coups de hache ou de massue, à mesure qu'on les poussait dehors.

Marie avait été enfermée aux Carmes. Elle ne dut son salut qu'à la pitié d'un homme du peuple qui, la trouvant jeune et belle, l'arracha au massacre en la prenant sous sa protection.

Marie, trois mois après, était en Amérique. Elle avait fait rencontre à Rouen, quinze jours après sa sortie des Carmes, d'un noble vieillard, le comte de Moralès, qui seul, exposé à mille dangers, allait rejoindre à Philadelphie sa femme et sa fille ; il était abandonné de tous. Marie s'offrit à lui comme un ange sauveur ; il accepta ce qu'il regardait comme un dévouement, ce que Marie, dans son cœur, appelait seulement de l'amour pour Sébastien, et tous deux se mirent en route pour l'Amérique, l'un pour retrouver sa famille, l'autre son fiancé.

XXVII. — LES RÉACTIONS

Marie posa enfin son pied sur cette terre, objet de tant de désirs et cause de tant de malheurs ; mais toutes ses recherches furent inutiles, elle ne put savoir ce qu'était devenu Sébastien. Quelques vieux soldats lui apprirent seulement qu'un jeune Français, qui portait le nom qu'elle citait, avait autrefois servi dans l'armée d'Amérique ; mais depuis plusieurs mois il avait quitté le service, et on ne l'avait plus revu.

Marie, pour la première fois, croisa ses bras avec découragement, et accusa presque le Ciel.

Trois mois après, elle quittait l'Amérique et repassait en France.

Lyon était en insurrection ; elle comprit, elle à qui il ne restait plus rien sur terre qu'elle pût aimer, car elle pensait que Sébastien était mort, que sa vie ne serait pas inutile si elle l'employait à secourir ses semblables. Et puis le siège de Lyon eut lieu, et comme elle avait été opprimée autrefois, elle prit parti pour ceux qu'on opprimait, sans trembler devant les châtiments qui attendaient les vaincus, et, à partir de ce moment, partout où il y eut un danger à courir, partout où un malheureux blessé réclamait les soins d'une âme charitable, on était certain de voir la pauvre Marie aussi dévouée que si dans chaque soldat elle eût retrouvé un frère.

Nous avons montré les détails affreux du siège de Lyon, et nous avons dit qu'après une lutte digne des anciens temps, Précy, cédant à la force, avait été obligé d'abandonner la ville qu'il avait si noblement disputée à ses implacables ennemis.

Châteauneuf-Randon fut le premier qui entra dans la ville avec quelques troupes ; il avait déjà fait prendre les armes aux sans-culottes pour se mettre à la poursuite des fuyards, et le général Doppet introduisait en conquérant dans Lyon les troupes de la Convention. Tout cela se fit sans désordre. Elles entrèrent partiellement, sous le masque de la fraternité, offrant leur pain aux citoyens exténués. Il n'était question que de ramener l'abondance au milieu d'eux ; les représentants mêmes affectaient un langage clément qui était loin de leurs cœurs. Dubois et Gauthier surtout, qui ne pouvaient plus nuire, mendiaient les suffrages pour éviter l'anathème conventionnel et ne pas être rappelés à Paris ; mais leurs intrigues furent inutiles. Un décret d'arrestation venait de les frapper ; pour le prévenir, ils coururent à Paris rendre compte de leur conduite et s'y disculper en couvrant leurs actions du manteau du civisme.

La Convention cependant retentissait déjà des cris de victoire de ses commissaires, et Barrère demanda, au milieu de l'exaltation qui s'était emparée de tous les esprits, si l'on laisserait subsister une ville qui, par sa rébellion, avait fait couler le sang des patriotes.

— Elle doit être ensevelie sous ses ruines, — disait-il. — Que devez-vous y respecter ? la maison de l'indigent, les manufactures, les hospices, les écoles ; la charrue doit passer sur tout le reste. Le nom de Lyon ne doit plus exister : vous l'appellerez Ville affranchie, et sur les ruines de cette infâme cité il sera élevé un monument qui portera pour inscription ces mots : « Lyon fit la guerre à la liberté, Lyon n'est plus. » Il faut un grand exemple. Qu'une commission de cinq membres soit créée pour faire périr militairement les contre-révolutionnaires de cette ville, et distribuer, comme indemnité aux patriotes, les propriétés des riches.

Ce fougueux rapport enfanta le plus funeste des décrets, l'extermination de Lyon. Il n'était pas encore connu des représentants installés dans la ville, que déjà le même désir de vengeance leur avait fait ordonner le désarmement général de tous les citoyens et l'organisation d'une commission militaire, afin de juger révolutionnairement tous ceux qu'il leur plairait de nommer criminels politiques. Enfin, l'on avait établi un comité de surveillance général.

Javogue s'écriait en pleine assemblée, à l'occasion de Challier et de Riard : — Votre premier devoir, ô patriotes ! si vous méritez ce nom, est de dénoncer les jurés et les juges par qui ces saints martyrs de notre cause ont péri. Dans les circonstances où nous sommes, le patriotisme ne serait pas satisfait si les dénonciations connaissaient quelque borne et quelque ménagement. Eh ! quels hommes hors de cette enceinte peuvent être épargnés ? Vouez donc, vouez au dernier supplice tous ceux qui composèrent vos autorités constituées depuis le jour de votre oppression. Vouez à la mort tous ceux qui portèrent les armes contre la liberté. Dénoncez, dénoncez tous les riches, dénoncez les prêtres, les gens de loi... Dénoncez... Oui, dénoncer son père est une vertu d'obligation pour un républicain. Eh ! que faites-vous, pusillanimes ouvriers, dans ces travaux de l'industrie où l'opulence vous tient avilis ? Sortez de cette servitude pour en demander raison au riche qui vous opprime avec des biens qu'il vous doit, et qui sont le patrimoine des sans-culottes. Renversez sa fortune, renversez ses édifices : les débris vous appartiennent. C'est par là que vous vous éleverez à une égalité sublime, base de la vraie liberté, principe de vigueur chez un peuple guerrier à qui le commerce et les arts doivent être inutiles.

Dès le 12 octobre, une commission militaire, présidée par Grand-maison, faisait fusiller les défenseurs de Lyon surpris dans la ville ou faits prisonniers à leur sortie. La commission de justice populaire, présidée par Dorfeuille, ordonnait la mort non-seulement des juges et des jurés du procès de Challier, mais encore de tous les suspects. La commission temporaire de surveillance avait été divisée en deux sections : l'une destinée à ravager la ville, l'autre le département. Puis, pour relier dignement le tout, les représentants imaginèrent une fête en l'honneur de Challier.

Ils publièrent que, pour apaiser ses mânes irrités, il fallait ajouter aux libations, commencées avec le sang lyonnais, la cérémonie d'une apothéose solennelle. Son simulacre et ses cendres furent portés en triomphe dans les rues. Une troupe de jacobins, accompagnés de femmes perdues, suivaient le cortège.

Après s'être promené dans la ville, ce cortège revint à la place des Terreaux, d'où il était parti, et là, sur le lieu même où Challier avait été exécuté, son image fut exposée à la vénération des siens et à la religion du patriotisme, pour nous servir de l'expression de Collot-d'Herbois.

Le mouvement était donné ; bientôt les soldats de l'armée révolutionnaire se répandirent avec des clubistes dans tous les domiciles pour y faire des perquisitions. Ils se saisissaient des citoyens, les appelaient aristocrates, et bientôt des milliers de prisonniers inondèrent les cachots de Rouanne et de Saint-Joseph, plusieurs maisons particulières *converties en prisons*, et dans les immenses souterrains de l'hôtel de ville.

L'interrogatoire était simple, et la procédure prompte.

— Comment te nommes-tu ? Que fais-tu ? Quelle a été ta conduite pendant le siège ? Tu as été dénoncé.

Et les juges touchent la hache suspendue par un ruban tricolore à leur poitrine, ou portent la main à leur front, ou bien ils l'étendent sur la table.

Le premier signe condamne à la guillotine.

Le second, à la fusillade.

Le troisième exempte de la mort.

Cette manière de rendre les jugements est bientôt remplacée par une autre plus expéditive. Corchand écrit sur un registre ceux qui sont **condamnés à mourir**, et Parrein tient le registre des absolutions. Toutes les dix minutes, sept **infortunés sont** présentés, interrogés, inscrits, et **font place à sept autres** ; puis on les conduit dans les caves pour y attendre leur sort.

Nous racontons ici seulement ce qui s'est passé, sans passion aucune, **sans arranger, sans dramatiser** ces **terribles** événements ; tout ce que la Révolution a produit de hideux dans ses excès, nous le stigmatiserons énergiquement, quoique nous trouvions admirables ses immenses résultats, et que souvent nous ayons détourné avec dégoût et colère nos yeux des excès commis autrefois par les nobles. Eh bien ! cette manière expéditive ne satisfaisait pas encore **Collot et ses collègues.** Ils délibéraient entre eux sur la proposition de faire fusiller, en masse, les condamnés dans les caves, ou de les enfermer dans des maisons que l'on minerait, et qui devaient sauter à un signal marqué, ou de les placer en face de canons chargés à mitraille.

Les **deux premiers** expédients eussent **dérobé** dans l'obscurité des souterrains et sous les décombres des maisons la vue du sang au peuple et les convulsions des mourants ; et cependant la canonnade obtint la préférence.

Soixante-neuf jeunes gens, amenés de la prison de Rouanne au tribunal, furent condamnés à ce supplice inouï. Conduits aux Brotteaux et garrottés deux à deux, on les plaça entre **deux fossés** parallèles, gardés en dehors par des soldats **armés de sabres** nus.

Et ces malheureux jeunes gens contemplaient sans pâlir les canons braqués sur eux. La **flamme brilla**, les boulets les labourèrent, et les soldats, franchissant les fossés, les achevèrent à coups de sabre. Après une boucherie de deux heures, tous cessèrent de respirer et de souffrir.

Le lendemain, deux cent huit condamnés, rassemblés dans la même prison, sont promis au même supplice. Cinq d'entre eux parviennent à s'échapper dans la nuit ; des commissionnaires, d'autres prisonniers se trouvent avec les victimes lorsqu'on vient les chercher ; malgré leurs réclamations, on les garrotte, on les entraîne. Tous comparaissent devant l'inflexible tribunal, qui ne prend même pas la peine de les interroger. Déjà ils descendent la place des Terreaux, au bas du perron de l'hôtel de ville. Les cinq juges sont sur les marches, et le chef de la gendarmerie, Grandmaison, les désigne au peuple comme des rebelles à la volonté nationale, comme des hommes qui ont conspiré contre la liberté...

À cette lâche et formidable accusation, des voix confuses sortirent des rangs de ces pauvres victimes : — Cela est faux ! — s'écriait l'un ; — l'on ne m'a pas interrogé ! — disait l'autre ; — ce n'est pas moi, l'on m'a pris pour un autre, — ajoutait un troisième. —

Et le peuple, qui les croit coupables, demande leur supplice avec fureur. Ils partent escortés de gendarmes, qui les mènent aux Brotteaux. Ils traversent le pont Morand; là, on les compte comme des animaux destinés à la boucherie. Ce recensement offre un excédant de deux individus!

Quels sont, parmi eux, ceux qui ne doivent point faire partie du massacre de ce jour? Qui doit-on renvoyer? La difficulté est soumise à Collot-d'Herbois, et la réponse ne se fait pas attendre; il a tranché vite la question. Qu'importe qu'il y en ait deux de plus? Ils ne devaient pas mourir aujourd'hui; mais demain leur tour venait. Qu'ils soient exécutés également.

Deux cent dix, dont sept au moins se trouvaient là *par hasard*, sont donc conduits au supplice, les mains liées derrière le dos par une corde qu'on attache à un câble à une longue allée de saules. En face d'eux sont des soldats qui vont les fusiller et deux canons chargés; le signal est donné: leurs membres volent épars; quelques-uns, dont les bras seulement sont emportés et qui ne tiennent plus au câble, fuient; la cavalerie part, et les achève à la course. Plusieurs d'entre eux, qui ont évité la décharge, sont tués à coups de baïonnettes.

Tous les atterrissements formés sur le Rhône, ainsi que ses deux rives pendant plusieurs lieues au-dessous de Lyon, étaient jonchés de cadavres. La quantité de corps charriés par les eaux était si considérable, que la navigation en fut interrompue, et les habitants de ces rivages infectés, craignant la contagion, obtinrent qu'on donnerait la sépulture à ces cadavres.

Cependant cet état de choses devait se modifier; Collot avait été contraint de se rendre à Paris pour se disculper des crimes dont on l'accusait; Reverchon venait de remplacer Fouché, et avait été lui-même remplacé bientôt par d'autres. Les Lyonnais commencèrent à revenir dans leurs foyers; le sentiment de l'amour du pays s'était réveillé en eux, malgré les dangers qu'ils pouvaient courir, et tous ceux qui se trouvaient dispersés dans les cantons suisses, et auxquels les habitants zurichois avaient fait des propositions pour les fixer dans leur ville, afin d'apprendre d'eux le secret des belles teintures de leurs étoffes, repoussèrent les offres qu'on leur fit, et revinrent à Lyon. A peine reconnurent-ils leur patrie.

Ils regardaient avec douleur cette place de Bellecour, auparavant la plus belle de l'Europe, et n'y voyaient plus cette magnifique statue équestre de Louis XIV, chef-d'œuvre de François Desjardins, jeté en fonte par les célèbres frères Keller, ni les beaux groupes de bronze dont le génie de leurs compatriotes les Coustou avait orné on piédestal de marbre blanc.

Ils cherchaient et ne retrouvaient plus ces immenses et larges édifices construits aux extrémités de la place, et qui ajoutaient à sa magnificence. Couthon les a frappés, et ils ne sont plus. Ce superbe quai du Rhône, criblé de boulets dans la partie la plus épargnée, n'offre plus ailleurs que des maisons éboulées, des murailles chancelantes, des décombres et des ruines. L'hôtel de ville est mutilé; la façade imposante des deux hôpitaux labourée de traces de bombes; pas une rue qui n'offre des maisons abattues, partout le pied heurte des débris; l'ancien quartier de Bourgneuf, long de plus de quatre cents toises, sur la rive droite de la Saône, est renversé dans la rivière. Des pans de murailles, des restes de toits suspendus, des planchers s'agitant dans un effrayant équilibre, tombent à chaque coup de vent et tuent, dans leur chute, les imprudents qui ne s'éloignent point de ces lieux de terreur.

Les murs qui entouraient et enfermaient la ville ne sont plus qu'une vaste circonscription de ruines; les charmantes promenades qui se trouvaient sur leurs terrasses et dans leurs fossés ne présentent qu'une vaste ceinture de débris, à demi recouverts par des terres éboulées. Les riants faubourgs sont aussi dévastés que la ville; les campagnes semblent, à l'œil terrifié, d'immenses cimetières; si par hasard un citoyen reconnaît, parmi ces décombres, la maison qu'il a longtemps habitée, il doit remercier le Ciel s'il ne la trouve point devenue la proie des acquéreurs nationaux.

La Convention se laissa enfin fléchir, et rendit un décret par lequel elle déclarait que Lyon n'était plus en état de rébellion; que son ancien nom lui était rendu; que les lois pénales portées contre les Lyonnais seraient rapportées, et que, d'après ces lois, aucun d'eux ne pourrait être poursuivi ou mis en accusation.

Précy, cependant, fut excepté de ce privilège; et par là on l'obligea à sortir de France, lui que la Terreur n'avait point intimidé.

Quelque longs que puissent paraître ces détails, il était cependant indispensable de les donner dans cet ouvrage, où l'admirable résistance des Lyonnais joue un rôle si important. Maintenant, que nous avons terminé la partie historique de ce roman, l'action dramatique va continuer sa marche pour ne plus s'arrêter qu'au dénoûment.

XXVIII. — LE MARQUIS SAUVÉ

Avez-vous oublié la rencontre qui eut lieu, dans un des précédents chapitres de ce livre, entre Marie et le marquis Ernest de Beaufort, au moment où les soldats de Précy abandonnaient Lyon après leur longue et sublime résistance? Marie, en apercevant M. de Beaufort, se crut sous l'empire d'un rêve; bientôt elle fut rappelée à la réalité.

Une balle, partie d'un des côtés du chemin qu'elle longeait, siffla à ses oreilles et vint frapper le marquis en pleine poitrine; il chancela, ses jambes se dérobèrent sous lui, et il tomba mourant sur la route. Le premier mouvement de Marie, en voyant Ernest renversé et se débattant contre la mort, fut un sentiment de joie, et certes il pouvait lui être permis sans crime. L'homme qui s'était

jeté, par fanfaronnade, à travers le bonheur de sa vie; cet homme qui avait causé la mort de son pauvre père; cet homme qui l'avait retenue, pendant des années, en prison dans une chambre; cet homme qui l'avait séparée de son amant, de son fiancé, de son frère, de Sébastien; cet homme enfin dont l'amour, repoussé, s'était changé en haine, il venait enfin d'expier tous ses crimes; et encore le châtiment semblait-il trop léger à Marie, car le marquis n'avait à souffrir qu'un instant, tandis qu'elle, malheureuse femme, sa vie, depuis cinq années, n'avait été qu'une longue torture, et toute espérance de bonheur était détruite pour elle.

Et dans la joie qu'elle ressentit de voir enfin son bourreau châtié de ses fautes, couché sur la poussière, le front pâle, les mains livides et la poitrine saignante, elle oublia les dangers qu'elle courait en ne suivant pas les fugitifs, désormais ses frères, elle s'approcha du marquis, entendit les plaintes étouffées qui cherchaient à sortir de sa poitrine et venaient mourir sur ses lèvres; et une joie cruelle brilla sur son visage et dans ses yeux.

Puis elle se pencha pour lui parler sans doute; pour lui reprocher le mal qu'il lui avait fait, pour le maudire; et la main du marquis, qui semblait chercher à côté de lui une main amie, rencontra celle de Marie, et cette main glacée et convulsive lui causa une impression étrange.

Les lèvres du moribond s'agitèrent comme si elles voulaient prononcer quelques paroles, et Marie se pencha plus bas, et un sentiment de pitié s'empara d'elle, lorsqu'elle entendit ces mots prononcés très faiblement: — Achevez-moi!

Mais, et comme si elle eût eu honte de ce qu'elle appelait une faiblesse, elle se leva rapidement et fit quelques pas pour rejoindre ses compagnons d'infortune et d'exil.

Et, avant d'abandonner le marquis, elle tourna encore une fois ses yeux vers lui: il était toujours étendu à terre, le teint plombé, la poitrine ruisselante de sang, la bouche à demi ouverte et le visage incliné du côté où se trouvait Marie.

Et elle demeura un instant immobile; et si grande que fût sa haine pour cet homme, la pauvre fille ne put se défendre d'un nouvel accès de compassion en se demandant ce qu'il deviendrait, ainsi abandonné sur la route. Sans doute, pensait-elle, ils le trouveront là et le tueront; si encore ils lui cassaient la tête avec une balle! mais ils l'achèveront à coups de crosses de fusils et s'éloigneront, le laissant respirant encore.

Le frisson parcourut son corps; elle regarda autour d'elle: si elle eût aperçu un fusil, elle aurait eu le courage de le frapper, de le tuer pour abréger ses tortures.

Le blessé en ce moment poussa une plainte et s'agita convulsivement.

Marie fut auprès de lui en un bond.

Il essaya de relever la tête, mais elle retomba bientôt; Marie le souleva lentement, lui appuya le front sur ses genoux, et chercha à étancher le sang qui coulait de sa poitrine.

Quelques Lyonnais passèrent près d'elle.

— Tu ferais bien mieux, — dit l'un d'eux, — de le laisser là et de nous suivre; on est sur nos traces; et avant une demi-heure l'ennemi nous aura rejoints.

Mais Marie n'entendit point ces paroles. A quelques pas d'elle était un sac abandonné par un soldat: elle l'alla prendre, posa dessus la tête du marquis, l'éleva le plus qu'il lui fut possible de le faire, afin qu'il pût respirer librement; et, ouvrant son habit, elle essuya de nouveau le sang qui coulait toujours, et entoura la blessure de linges qu'elle plaça en forme d'appareil.

Maintenant, pensa-t-elle, — j'ai fait mon devoir; mon ennemi était mourant, je lui ai porté secours; la charité n'exige pas davantage, que Dieu fasse le reste!

Et elle fit quelques pas pour continuer sa route.

Et pourtant elle ne put s'éloigner sans se retourner encore; on eût dit qu'une force inconnue, inexplicable, l'attirait sans cesse près du marquis. Elle courut de nouveau à lui, afin de s'assurer si son appareil était solidement fixé; puis, au moment de le quitter pour la troisième fois, elle crut entendre des cris au loin; elle regarda et aperçut comme une masse noirâtre qui se dirigeait de son côté; et la pensée d'abandonner le mourant lui sembla une lâcheté.

Les cris s'éteignirent et des pas approchèrent; et elle reconnut dans ceux qui l'avaient si fort effrayée des soldats de Précy; elle leur demanda si on les poursuivait toujours.

— Toujours, lui fut-il répondu.

Et Marie, pendant deux heures, demeura près du blessé. Puis la nuit vint, et les angoisses de Marie redoublaient; et elle se reprochait sa faiblesse, sa fausse compassion, sa honteuse pitié; elle voulut encore abandonner le marquis; elle n'en eut pas davantage le courage.

— Oh! non, non! — s'écria-t-elle tout à coup: — pardonne-moi, Sébastien, je hais cet homme qui est là à mes pieds, à demi mort, mais je ne le quitterai pas, car si le ressentiment légitime que je lui porte me commande d'être sans pitié pour lui, Jésus, le rédempteur des hommes, me dit de lui pardonner et de le secourir, et j'obéis à sa sainte voix.

Marie passa la nuit près du marquis.

Le lendemain, dès que le jour parut, elle courut dans les environs, et se décida à entrer dans une maison de mesquine apparence; une bonne femme vint lui ouvrir et lui demanda ce qu'elle voulait.

— Madame, — lui dit Marie, — à une centaine de pas d'ici est un pauvre malheureux jeune homme qui se meurt faute de secours; au nom de l'humanité, ne refusez pas de le recevoir!

— Ma chère enfant, — lui répondit la vieille, — ce n'est pas ici qu'il recevra les secours qui lui sont nécessaires; nous ne trouverons de médecin que dans la ville, et je doute fort qu'aucun se dérange pour venir jusqu'ici.

— Oh! mon Dieu! que faire? — répliqua Marie, — il faudra donc qu'il meure?

— Écoutez, — repartit la vieille dame, — mais ne me cachez rien, soyez franche avec moi; car si vous me cachiez la vérité, vous m'entraîneriez dans de grands malheurs, sans arracher votre pauvre blessé au sort qui l'attend. Est-ce un soldat?

Marie regarda avec défiance autour d'elle; ce mouvement n'échappa point à la vieille.

— C'est un contre-révolutionnaire, — dit-elle.

— Ou un émigré.

— C'est l'un et l'autre.

— Eh bien! nous le sauverons.

— Vous ne me trompez pas?

— Pourquoi vous tromperais-je?

Elle sortit de la chambre, passa dans une autre pièce, et revint au bout de quelques minutes.

— Il est sauvé, — dit-elle.

Et elle déposa, en achevant ces paroles, un habit complet de soldat républicain.

— Ah! je comprends, — reprit Marie. — Vous êtes bonne, madame, — continua-t-elle en joignant les mains, — et je prierai Dieu qu'il vous rende sur cette terre, en bonheur, le bien que vous allez faire.

— C'est l'uniforme d'un de mes neveux, — ajouta la vieille; — il paraît qu'il s'est distingué dans ces dernières affaires: on l'a nommé officier, et hier il est venu apporter ici ses habits de simple soldat.

— Maintenant, madame, — continua Marie, — j'ai encore une grâce à vous demander.

— Parlez, mon enfant.

— J'emporterais bien cet uniforme, mais je vous l'ai dit, celui pour lequel je suis venue, sans vous connaître, implorer votre générosité, est gravement, dangereusement, mortellement blessé peut-être, et il lui serait impossible de pouvoir marcher jusqu'ici. Seule, il m'est impossible de le transporter jusque chez vous, mais à nous deux.....

— A nous deux nous y parviendrons, — repartit la bonne dame, — quoiqu'il faille prendre beaucoup de précautions, à cause de sa blessure d'abord, ensuite parce qu'il y aurait danger à ce que l'on nous vît.

— Dieu nous protégera.

Allons, venez, — dit la pauvre femme.

Et toutes deux s'en allèrent près du marquis; ses yeux étaient toujours fermés, mais sa poitrine était moins oppressée, son pouls commençait à battre.

Le point important était de le transporter jusqu'à la maison, et ce n'était point chose facile. Elles s'arrêtèrent pendant quelques instants, toutes découragées.

— Attendez, — dit tout à coup Marie, — nous le sauverons maintenant.

Et elle montra à la vieille deux fusils que les fuyards avaient abandonnés sur la route.

— Mais cela ne nous suffit point.

Marie, — pour toute réponse, — courut à un arbre, et, l'humanité lui donnant des forces, elle rompit plusieurs fortes branches.

— Avec ce secours, — dit-elle, — nous parviendrons à le sauver.

Elle mit en effet les branches en travers des fusils, puis elle aida la vieille à soulever le marquis, et elles le placèrent sur ce brancard improvisé; ensuite, elles le soulevèrent et le portèrent à bras jusqu'à la maison hospitalière.

Il n'était que temps qu'elles entrassent; elles venaient d'apercevoir, au détour de la route, plusieurs soldats qui semblaient se diriger de leur côté.

Elles poussèrent vivement la porte; elles étaient entrées. Le marquis était sauvé.

— Si vous m'en croyez, mon enfant, — dit la brave femme, — nous allons, sans perdre une minute, lui retirer ses habits, qui pourraient, en cas de visite étrangère, le faire reconnaître pour un des ennemis de la nation, et le couvrir de ceux de mon neveu.

Marie ne répondit pas, mais elle se mit à l'œuvre; en quelques instants l'émigré, le marquis, le contre-révolutionnaire, se trouva métamorphosé en un soldat de la République; puis, et afin de cacher toutes traces de supercherie, elles descendirent les effets d'Ernest à la cave et les placèrent sous une grosse pierre; cela fait, elles remontèrent.

On venait de frapper à la porte.

— Qu'est cela? — dit la vieille en prêtant l'oreille.

— On a frappé, — répondit Marie, dont le visage était soudainement devenu pâle.

— On nous aura aperçues, — reprit à voix basse la bonne femme, — et l'on vient voir à quel parti appartient le malheureux que nous avons sauvé.

Elle n'avait pas achevé, que deux nouveaux coups retentirent.

— Laissez-moi faire, — continua-t-elle; — maintenant nous n'avons plus rien à redouter, ni pour nous ni pour lui; je vais leur répondre.

— Ah! mon Dieu! — fit Marie en l'arrêtant, — votre nom, madame; car s'ils m'interrogent, et qu'ils voient que je ne vous connais point, ils m'arrêteront peut-être comme suspecte, et vous serez enveloppée dans mon malheur et compromise aussi.

— Je m'appelle madame Benoist, — répondit la brave dame; — je suis la femme d'un ancien tailleur de Lyon; j'habite ici depuis deux ans et je suis veuve. Si l'on vous adresse des questions, vous vous ferez passer pour Angélique Duval, une nièce à moi, qui habite Dijon, et a coutume de venir passer ici trois mois de l'année, et que les troubles de notre ville ont empêchée sans doute de faire le voyage cette année.

— Voilà qui est convenu, — dit Marie; — et le blessé?

— Le blessé sera un pauvre diable que nous aurons trouvé sur la route et transporté par compassion jusqu'ici.

Madame Benoist alla ouvrir.

Cinq hommes, la tête couronnée de bonnets rouges, les vêtements en lambeaux et le sabre au poing, entrèrent brusquement. La mère Benoist, sans témoigner le moindre étonnement, sans trahir la plus légère crainte, leur demanda le motif qui les amenait.

— Deux motifs, — répondit celui qui paraissait leur chef: — nous voulons d'abord nous rafraîchir, car nous sommes en chasse depuis deux heures après ces gredins de partisans de Pitt, et ensuite savoir quel est l'homme qui vient d'entrer chez vous.

— Si ce n'est que cela, mes enfants, — repartit la vieille, — vous serez satisfaits à l'instant: donnez-vous donc la peine de vous asseoir, puisque vous êtes fatigués.

Elle approcha des chaises; mais le chef lui dit d'un ton brutal: — Pas tant de façons, la mère; nous saurons bien nous asseoir si nous voulons nous reposer.

Et il arracha une chaise des mains de madame Benoist et s'assit.

Ses compagnons l'imitèrent.

Madame Benoist les laissa faire sans prononcer un mot. Marie tremblait.

— Allons, Angélique, — dit bientôt la bonne femme, qui avait remarqué le trouble de la jeune fille; — n'as-tu pas entendu ces braves citoyens? Ils sont harassés de lassitude et se meurent de soif; va donc au cellier, à droite en descendant, comme tu sais, tu trouveras cinq ou six bouteilles de bon vieux vin; c'est le moins que de bons patriotes, que les sauveurs de la nation puissent lever le coude, lorsque la soif se fait sentir.

— J'y cours, ma tante, — répondit sans hésiter Marie.

Et elle sortit de la chambre.

L'un deux, cependant, venait de se lever; il dit à madame Benoist: — C'est bien, la mère; mais, en attendant que la petite revienne, conduis-nous près de l'homme que tu as trouvé sur la route, nous sommes bien aises de voir si c'est un des nôtres ou si c'est un ennemi...

— Un ennemi! — reprit la vieille, — allons donc! Est-ce que je ne suis pas connue comme une bonne patriote? Est-ce que vous me feriez l'injure de supposer que moi, la mère Benoist, la femme de l'ancien tailleur de la Croix-Rousse, la tante du brave Etienne Morin, qui tout récemment vient d'être nommé lieutenant par le digne Collot d'Herbois pour ses services, je voudrais receler dans ma maison un traître?

— Pas tant de paroles et marche, — interrompit le chef assez brutalement.

Madame Benoist les conduisit dans la chambre où était étendu le marquis Ernest de Beaufort, puis elle souleva avec précaution la couverture dont elle l'avait recouvert, et attendit avec anxiété.

Tous les cinq s'approchèrent, et regardèrent. Il se fit un moment de silence; le chef secoua la tête en signe de doute, et dit à l'un des siens: — Dis donc, Brutus, est-ce que tu as vu cette figure-là dans nos rangs?

— Je ne me le rappelle pas, — répondit le citoyen Brutus.

— Ni moi, — reprit un autre.

— Ni moi, — répétèrent les deux derniers.

— Après tout, — dit le chef, — cela ne prouverait rien; car nous étions quarante mille hommes qui assiégions cette maudite ville, et il faudrait que nos yeux eussent une furieuse mémoire pour se rappeler les visages de nos compagnons.

— Il appartient à l'artillerie, — répliqua Brutus, — ça se voit; regardez.

— Oh! pour ce qui est du costume, il est véridique; mais...

— Mais quoi? — interrompit madame Benoist.

— Assez causé, — riposta le chef; — nos affaires sont nos affaires, et notre consigne est la bonne...

— Fallait-il donc le laisser mourir comme un chien sur le chemin? — reprit la mère Benoist; — je l'ai aperçu par hasard, avec ma nièce, comme nous sortions; nous nous sommes dit: « C'est un brave patriote que ces enragés d'émigrés auront assassiné, il faut le conduire chez nous, et lui porter des secours. »

— Il a reçu une balle en pleine poitrine, — dit Brutus, — et ça me fait supposer que c'est un des nôtres; car les partisans de cette canaille de Précy n'ont pas coutume de regarder les bons citoyens en face, et nos balles ne leur arrivent que dans le dos...

— C'est tout de même une idée, — reprit le chef, — et une bonne...

Il se baissa tout à coup: il venait d'apercevoir au doigt du marquis une bague enrichie d'un diamant, et il la fit remarquer à Brutus.

— Diable! — dit celui-ci, — ça devient louche; — et se retournant vers madame Benoist, dont le cœur battait bien fort: — Tu ne t'aviserais pas de vouloir nous mettre dedans? — continua-t-il d'un ton menaçant; — gare à toi, la vieille, car nous brûlerions ta maison et te hacherions à coups de sabre.

— Pourquoi cet homme n'aurait-il pas de bague avec un brillant au doigt? — répondit-elle, — tu as bien une épingle d'or ornée d'une topaze à ta chemise.

— Moi, c'est différent.

— Pourquoi cela?

— Je suis bijoutier.

— Eh bien, pourquoi ne le serait-il pas aussi, lui ? Et puis, qui nous dit qu'il n'a pas pris cette bague en se battant contre les aristocrates ?

— Après tout, ça se peut, — dit le chef.

— Ça se peut, après tout, — fit le terrible Brutus en se radoucissant.

Cependant Marie ne revenait pas ; la pauvre jeune fille avait trouvé facilement, d'après les renseignements de la mère Benoist, les bouteilles de vin dans le cellier, et elle se disposait à entrer dans la chambre où elle avait laissé tout le monde, lorsque des voix parties de la chambre d'à côté lui apprirent que les soldats étaient auprès du marquis Ernest de Beaufort. Elle s'arrêta immobile de terreur sur le carré, et les propos de Brutus et du chef arrivèrent jusqu'à elle. Un instant, elle voulut surmonter ses craintes, ouvrir la porte, apporter les rafraîchissements et se mêler à la conversation, pour venir en aide à madame Benoist, puis elle songea que son visage pourrait trahir les émotions de son âme, faire soupçonner la vérité, et elle attendit que son trouble fût passé.

Brutus, qui venait de soulever machinalement la main du marquis pour s'assurer de la valeur du brillant de sa bague, dit tout à coup : — Il faut convenir que nous sommes de fameuses ganaches ; au lieu de regarder la bague, nous aurions bien mieux fait de considérer la main de ce gaillard-là, qui me semble tout disposé à tourner de l'œil.

— Pourquoi ça ? — interrompit le chef, qui, tout démocrate qu'il tenait à honneur d'être, se trouvait médiocrement flatté sans doute de l'épithète de ganache que lui avait appliquée Brutus.

— Parce que, — continua l'autre, — nous aurions vu tout de suite que sa main n'est pas la main d'un ouvrier, d'un bon citoyen, d'un républicain sans reproche. Voyez, camarades, comme elle est blanche et douce ! cette main-là n'a jamais manié un outil ; elle ressemble, comme deux gouttes d'eau, à la main d'une femme.

— Brutus a raison, — dit le chef ; — plus de doute, c'est un traître.

Madame Benoist se tut ; car elle craignit, en prenant davantage la défense du blessé, de se compromettre sans bénéfice pour lui.

— On nous trompe, — dit un autre soldat, qui avait nom Epaminondas.

— Qu'est-ce que ça me fait, après tout, — reprit la vieille sans hésitation ; — qu'il soit ce qu'il voudra, je m'en lave les mains : ma nièce Angélique et moi l'avons trouvé sur la route, nous n'avons fait attention qu'à l'uniforme qu'il portait, sans prendre des renseignements sur ce qu'il pouvait être ; nous l'avons transporté ici, parce que nous avons avons cru qu'il était du devoir de toute bonne citoyenne de secourir ceux qui étaient revêtus de cet uniforme-là sur le dos ; si nous nous sommes trompées, ça n'est pas notre affaire, nous ne le connaissons pas, il ne nous est de rien : faites-en ce que vous voudrez ; tuez-le, emmenez-le, nous ne vous en empêcherons pas.

Marie entendit ces fatales paroles, et l'effroi qu'elles lui causèrent lui firent lâcher l'une des bouteilles qu'elle tenait à la main ; elle tomba avec fracas par terre, où elle se brisa en éclats.

— Qu'est ça ? — dit Brutus en se retournant.

— Ce n'est rien, — répondit madame Benoist.

— Fichtre ! ce sont nos rafraîchissements qui s'éclipsent, — repartit le chef ; — la petite aura voulu trop nous en apporter...

Il ouvrit la porte.

— Non, — dit Marie, — c'est le pied qui m'a manqué.

— Imbécile ! — reprit madame Benoist pour se donner une contenance, — tu ne n'en fais jamais d'autres !... Tu ne seras donc jamais plus adroite ?...

— Attends, que je te débarrasse, — interrompit Epaminondas. Il courut auprès de Marie, et lui enleva lestement ses bouteilles.

— Et les verres ? — dit la vieille.

— Inutile, — fit Brutus ; — il y a cinq bouteilles, nous sommes cinq : c'est juste une à chacun de nous pour trinquer.

Et il passa une bouteille à chacun de ses compagnons. Les cinq bouteilles furent bientôt mises à sec par les soldats.

— C'est du bon, — dit Epaminondas.

— Il serait meilleur s'il avait plus de goût, — objecta Brutus ; — il n'est pas assez roide.

— Nous avons vidé nos flacons, c'est bien, — reprit le chef ; — maintenant il faut que nous décidions ce que nous allons faire de ce particulier-là.

Et il désignait de la main le marquis de Beaufort.

— M'est avis, — répondit Brutus, — qu'il n'a pas pour longtemps à payer les médecins ; partant de là, nous ferions mieux d'abréger ses souffrances : si c'est un des nôtres, nous lui rendrons service ; si c'est un Pitt, nous rendrons service à la nation en la débarrassant d'un traître.

Et il leva le sabre sur la tête du mourant ; mais, quelque rapide que fût ce mouvement, Marie eut le temps de se jeter au-devant du coup qui menaçait le marquis, et, arrêtant Brutus par le bras :

— Un Pitt ! un traître ! — dit-elle, — par exemple, citoyen, tu es fou ou tu es un ennemi de la nation toi-même, et je te dénoncerai au représentant Fouché, que je connais particulièrement. Tiens, vois donc si c'est un traître ! — continua-t-elle, en arrachant le collet de la chemise du marquis, — est-ce du linge fin, ça ? Il a la main d'une femme, dis-tu ; c'est possible : chacun a les mains que lui a données son père et que lui a faites sa profession ; mais ce linge-là, ce gros linge-là, si ce n'est pas du linge de brave patriote, je consens à être guillotinée.

Brutus, qui ne s'attendait pas à cette apostrophe, demeura interdit.

— Là-dessus, mes braves amis, — reprit avec volubilité Marie, — vous allez me faire l'amitié de trinquer un coup avec moi ; il y a un cellier un petit vin de réserve auquel vous direz deux mots tout à l'heure. Est-ce accepté ?

— Qu'en dis-tu, toi ? — dit Epaminondas à Brutus.

— Moi ? — reprit Brutus ; et, se retournant vers le chef : — Et toi ?

— Moi ? — fit le chef ; et, regardant les deux autres : — Et vous, citoyens ?

— Ma foi, s'il est bon...

— Dix ans de bouchon, — reprit Marie avec un admirable sang-froid.

Elle ouvrit la porte et sortit, laissant madame Benoist tout ébahie.

Marie, en descendant au cellier, avait remarqué dans un des coins, couchées à terre, plusieurs bouteilles qu'elle aurait prises, malgré l'indication formelle de madame Benoist, si elle n'eût pas lu dessus une inscription portant ces mots : Eau-de-vie de Cognac. Lorsqu'elle fut entrée, contre sa volonté, dans la chambre où gisait le marquis entouré des cinq soudards, et qu'elle eut vu le danger qu'il courait, une pensée lui vint : c'était de se ménager un prétexte pour redescendre à la cave, monter les bouteilles d'eau-de-vie et griser les soldats. Mais trouver ce prétexte n'était pas chose facile : car il y avait à craindre qu'ils ne vissent, dans la proposition qu'elle voulait leur adresser de boire un second coup, une trahison.

Une occasion toute naturelle s'était offerte, et elle en avait profité sans éveiller les soupçons des braves patriotes.

Elle courut donc bien vite au cellier, et prit les bouteilles.

Elle se disposait à les remonter, lorsqu'elle s'arrêta sur les marches de l'escalier. Elle venait de songer que si elle servait de l'eau-de-vie à des hommes qui attendaient du vin, ce changement improvisé leur semblerait suspect. Elle redescendit donc, prit trois bouteilles de vin, en ôta les bouchons, et s'armant de trois bouteilles d'eau-de-vie, elle mêla les deux boissons.

Cela fait, elle referma le cellier. Quelques secondes plus tard, elle entrait intrépidement dans la chambre du malade, trois bouteilles sous chaque bras.

— Tenez, — dit-elle en mettant les bouteilles sur la table, — voilà pour vous, — et elle leur donna cinq bouteilles, — et voici pour ma tante et moi ; — elle plaça la sixième bouteille sur la table également. — Et maintenant, plaignez-vous de ce qu'on ne vous traite pas bien !

Cependant Brutus, debout contre la fenêtre, le regard fixé sur le marquis, toujours évanoui, paraissait plongé dans de profondes réflexions.

— Eh bien ! que fais-tu donc là-bas, vieux hibou ? — lui dit Marie.

— Je fais ce que je fais, cela ne te regarde pas, — lui répondit durement Brutus.

Et prenant leur chef par la main, il lui dit : — Camarade, je réfléchissais, quand cette petite m'a apostrophé tout à l'heure, que si le paroissien qui est là est un des nôtres, il doit avoir dans son habit sa feuille de route, ou, tout au moins, un certificat de ses chefs.

— Et nous n'y avions pas pensé, — reprit Epaminondas.

— Eh bien, fouille-le, — dit un troisième au citoyen Brutus.

— C'est ce que je vais faire, — interrompit celui-ci en s'avançant vers le marquis.

Madame Benoist avait pâli subitement en entendant ces derniers mots. Marie remarqua sa pâleur, et, se rapprochant : — Eh bien ? — fit-elle à voix basse.

— Il est perdu !

— Pourquoi ?

— Mon neveu a emporté tous ses papiers ; je les ai retirés moi-même de son habit.

— Du courage, observez-vous, il est sauvé, — lui dit Marie.

Et, allant droit à Brutus, elle l'arrêta par le bras, et lui dit en le regardant fixement : — Camarade, tu vas trinquer un coup avec moi, je suis altérée ; à ta santé, mon vieux !

Et ce disant, elle prit une bouteille, l'approcha de ses lèvres et en avala une gorgée sans faire la moindre grimace.

— Allons, faisons-lui raison, — repartit Epaminondas, — nous fouillerons après le camarade.

Et chacun vida sa bouteille.

— Sacré mille tonnerres ! à la bonne heure, — dit Brutus en se frottant la poitrine, — il est bon, celui-là, il est chaud, il est...

Il ne put achever.

Il trébucha et s'assit sur une chaise.

Cinq minutes plus tard, les sauveurs de la patrie étaient ivres et étendus par terre.

— Qu'en ferons-nous ? — dit madame Benoist.

— Nous ne les garderons pas ici, — dit Marie, — car notre pauvre blessé courrait les mêmes dangers qu'auparavant, une fois leur ivresse passée ; je vais les conduire par le bras sur la grande route, l'un après l'autre ; je les égarerai, et ils seront bien adroits s'ils peuvent reconnaître la maison.

Elle commença par le plus récalcitrant d'entre eux, par le terrible Brutus. Quand elle l'eut laissé bien loin, dans un sentier perdu, cuver son vin et son eau-de-vie, elle revint près des autres et leur rendit le même service.

Le soir du même jour, elle fit transporter dans Lyon le marquis de Beaufort, et elle le fit ouvertement ; c'était le moyen le plus sûr pour éviter les soupçons. Elle établit le blessé dans une chambre qui donnait sur la place des Terreaux, puis elle vint remercier madame Benoist du dévouement qu'elle lui avait montré.

— Pauvre enfant ! vous paraissez tant l'aimer, — lui dit celle-ci, — que je l'ai reçu par considération pour vous.

— Si vous saviez quels liens nous unissent ! — répondit Marie.

— Est-ce que je ne m'en doute pas! — reprit finement la bonne vieille.

Marie la remercia de nouveau avec effusion et regagna la place des Terreaux.

XXIX. — UNE RÉMINISCENCE

La place des Terreaux est située sur l'emplacement occupé jadis par un ancien canal; elle doit son nom aux terres qu'il a fallu transporter en cet endroit pour la bâtir. Cette place est large et d'un bel aspect. L'Hôtel de Ville, qui concourt à son embellissement, est le plus célèbre en Europe, après celui d'Amsterdam. Commencé en 1647, sous la direction de Simon Maupin, et terminé en 1655, il fut incendié en 1674, et sa façade, presque entièrement détruite, a été réparée et reconstruite une trentaine d'années plus tard, sur les dessins de Jules Hardouin et de l'illustre Mansart. Quatre beaux médaillons jetés en bronze, sur les modèles de Warin, décorent encore aujourd'hui cette façade. Ils représentent Henri IV, Louis XIII, Anne d'Autriche et Louis XIV dans son enfance. Au milieu de l'attique est un grand bas-relief de Louis le Grand à cheval, par Chabry, qui a sculpté aussi les figures de Termes qui sont aux côtés, ainsi que les Renommées placées au-dessus du cintre, et les statues d'Hercule et de Pallas que vous admirez sur la balustrade de l'édifice.

La tour de l'horloge, qui s'élève derrière cette façade, est haute de cinquante mètres.

La première pièce que le visiteur rencontre à l'entrée de l'Hôtel de Ville, est un magnifique vestiaire arrondi en voûte au sommet, et dont les murailles sont couvertes d'antiques inscriptions. Celle qu'on voit à gauche en entrant, gravée sur deux tables de cuivre trouvées en 1529, dans la montagne de Saint-Sébastien, contient la harangue que prononça l'empereur Claude lorsqu'il n'était que censeur, au sénat, en faveur des Lyonnais.

Trois autres inscriptions sont remarquées plus loin: l'une, en l'honneur de Philippe le Bel, qui établit le consulat de Lyon; l'autre, dédiée à Charles VIII, qui lui accorda le privilège de la noblesse; et la troisième, à Henri IV, qui le réduisit à la forme moderne.

L'escalier principal, dont les murs et le plafond ont été peints à l'huile par Blanchet, conduit à une salle immense, dans laquelle le génie du même artiste s'était déployé plus magnifiquement encore; l'incendie de 1674 a consumé cet admirable plafond, presque entièrement consacré à la gloire de Louis XIV. Il représentait le temple d'Auguste. Au milieu de ce temple on voyait Apollon assis sur un lion, entouré des autres signes du zodiaque et de plusieurs figures allégoriques de femmes, portant les emblèmes de l'abondance et de la félicité. Deux grands tableaux occupaient les deux côtés: l'un montrait la fondation de Lyon, par Plancus; le second, Louis le Hutin unissant cette ville à la France. Blanchet avait encore peint sur les murailles l'histoire d'Alexandre, habilement opposée à celle de Louis XIV; le conquérant de l'Asie pleurait de jalousie, sur ses lauriers, des belles actions du monarque français.

Nous ne poursuivrons pas plus loin notre description, car elle n'offrirait que peu d'attraits pour ceux de nos lecteurs qui n'ont jamais vu Lyon, et elle serait sans intérêt pour ceux qui la connaissent; et puis ces détails, quelque exacts et consciencieusement reproduits qu'ils soient, sont presque toujours regardés de travers par le lecteur qui, dans un roman, ne veut que des émotions et méprise la description. Aussi bien eussions-nous mieux fait de ne pas commencer, car si la description, et nous le confessons naïvement nous-même ici, est insipide dans un livre d'action, elle est plus ennuyeuse mille fois à être écrite qu'à être lue. Là, point d'écarts d'imagination, point de passion, point d'attrayantes divagations, ces doux reposoirs du travail; point de grandes scènes, de grandes figures, de grands mots; point de ces terribles situations où l'auteur oublie qu'il écrit, et au milieu desquelles il se fait acteur, et joue un ou même plusieurs rôles dans le drame que sa pensée a conçu; rien de tout cela dans une froide description: de l'exactitude, c'est tout. Et le public, lorsqu'il lui arrive de surprendre l'auteur en flagrant délit de poésie descriptive, jette souvent le livre là avec dépit, en se disant: — Comme ces gens-là savent faire marchandise de tout!

J'ai vu, *o profanum vulgus!* j'ai vu un homme du monde, reçu dans les plus aristocratiques maisons, qui passait pour avoir de l'esprit et qui réellement n'était point habillé des pieds à la tête de l'étoffe d'un sot; j'ai vu cet homme, ou plutôt je l'ai entendu, après un entretien assez grave et nettement raisonné sur les ouvrages de Montaigne, Rabelais, Montesquieu, Diderot et La Rochefoucauld, faire l'éloge de la *Notre-Dame* de Victor Hugo, en faisant remarquer qu'il s'était, *toutefois*, ennuyé pendant une demi-heure sur un fastidieux chapitre de ce beau livre. Et savez-vous quel chapitre avait ennuyé cet homme du monde, ce demi-savant, enthousiaste admirateur d'André Chénier et de la belle poésie de Virgile et d'Ovide, de la philosophie d'Horace et des vers flagellateurs de Juvénal? Eh bien, c'était cette magnifique page que le poète a appelée « Paris à vol d'oiseau. »

Faites donc des descriptions!

O vertueux Delille, toi que j'ai tant aimé dans mon enfance, et qui ne fais plus mes délices aujourd'hui, tu es venu à point, et, pour me servir d'une expression empruntée à Béranger, tu es mort à propos.

Mais, à propos, j'oublie Marie et le marquis de Beaufort.

Transporté, comme nous l'avons dit, dans une petite maison qui avait vue sur la place des Terreaux, le marquis, pendant deux jours, fut entre la vie et le trépas. Un médecin, grâce aux démarches de Marie Delaunay, s'était établi près du blessé et le surveillait avec le plus grand soin. La pauvre jeune fille, pour inspirer plus d'intérêt à M. Rouget (c'était le nom du docteur), lui avait dit qu'Ernest était son frère. M. Rouget avait habité dans son enfance la petite ville d'Issoudun, dont parle M. de Balzac dans beaucoup de ses livres, et il était l'oncle du fameux Jean-Jacques Rouget, l'amant de la Rabouilleuse, la belle Flore dont Joseph Brideau, qui venait lui revendiquer sa fortune, Joseph Brideau, l'ami du grand Schinner et l'élève de Gros, avait dit: « Quel torse! » Marie avait connu dans sa jeunesse une amie de sa mère, une Brideau, la sœur du célèbre chef de division, et par conséquent la tante de ce vaurien de Brideau, qui empêcha la Descoings de gagner trois millions à la loterie, et eut la tête coupée en Afrique deux ans après avoir fendu le cuir de Max Gilet, le beau commandant qui reluquait les deux cent mille francs de rentes de Jean-Jacques. Cette Brideau lui avait souvent parlé de la famille des Hochon, et surtout des premiers cinq Hochon dont il est question au vingt-quatrième chapitre des Deux Frères, et elle n'avait point oublié les Bixiou, les Lousteau, madame Borniche, les Mouilleron et les Lousteau-Prangin; elle se donna, la chère enfant, et ce petit mensonge pouvait bien lui être pardonné en raison de son louable motif, pour une habitante d'Issoudun. Rouget était fier de son pays, qu'il n'avait jamais voulu revoir depuis que le père de Jean-Jacques Rouget, son neveu, lui avait intenté et gagné deux procès, et il consentit à sauver Ernest moyennant la modique somme de trois francs par visite. Mais comment se procurer cet argent? Marie savait coudre; elle se présenta chez une lingère, lui demanda de l'ouvrage, en obtint, et jour et nuit l'aiguille ne quittait pas sa main. Elle avait loué deux petites chambres: Ernest occupait la première; elle, la seconde. Cependant le froid commençait à se faire sentir, et le courage de Marie redoubla avec l'impérieux besoin d'argent qui se faisait chaque jour sentir. Elle passait une partie de ses nuits à travailler dans sa mansarde, prêtant l'oreille et accourant au moindre bruit de son malade. Huit jours s'étaient écoulés, et le médecin avait enfin répondu de le sauver, et Marie en avait pleuré de joie. Enfin M. Rouget, obligé de s'absenter de Lyon, prescrivit à la jeune fille tout ce qu'elle aurait à faire en son absence, et partit.

— Quand je serai de retour, mon enfant, — dit-il à Marie, — vous n'aurez plus besoin de moi.

— Quand donc revenez-vous?

— Dans quinze jours, ma fille.

— Serait-il vrai, dans quinze jours il pourra se lever?

— Dites donc qu'il pourra marcher comme vous et moi, mon enfant.

Marie était devenue rêveuse.

Le motif qui forçait M. Rouget à s'éloigner était un troisième procès que son indigne neveu, Jean-Jacques Rouget, le fils du docteur Rouget d'Issoudun, osait lui intenter à l'instigation de la Rabouilleuse, qui, après avoir été ramassée toute petite enfant au bord « des prairies, dans l'avenue de Tivoli, au fond d'un ruisseau où elle grabouillait, » et conduite par Brazier « chez le vicieux docteur, quasi-nue, affublée d'une méchante jupe courte, trouée et déchiquetée, en mauvaise étoffe de laine, alternativement rayée de bistre et de blanc, passée entre les jambes et attachée par une grosse épingle, et laissant voir ce que laissent voir les nageurs, » était devenue la garde-malade de son maître. La Rabouilleuse savait très bien que Jean-Jacques avait tort d'intenter ce procès à son oncle, car il était question de déposséder le Lyonnais d'une propriété achetée au docteur Rouget d'Issoudun par le docteur de la place des Terreaux, et payée en beaux écus; aussi n'était-ce qu'un calcul de la belle fille, qui n'avait que dix-neuf ans alors, « et cette tendance à l'embonpoint qui gagne toutes les campagnardes quand elles ne mènent pas aux champs et au soleil leur vie de travail et de privations. Flore, dont le corsage était développé et dont les épaules grasses et blanches dessinaient des plans riches et harmonieusement rattachés à son cou, qui se plissait déjà, mais dont le contour de la figure restait pur et le menton fin, » avait résolu ce coup d'État pour s'assurer de la puissance de ses charmes sur Jean-Jacques Rouget, dont le visage pâle et plombé dix-huit mois auparavant, « et dégradé par des boutons aux tempes et au front, s'était éclairci, nettoyé et coloré de teintes rosées. »

Le docteur Rouget, tout étourdi de l'incroyable procès que lui faisait Jean-Jacques Rouget, courut à Issoudun, « se rendit à la place Saint-Jean, qui est située au milieu de la rue appelée Grande-Narette dans sa partie supérieure et Petite-Narette dans sa partie inférieure, et frappa à la maison de M. Hochon, qui faisait face à celle de Jean-Jacques Rouget, et d'où l'on pouvait voir tout ce qui se passait chez Rouget lorsque les rideaux du père Hochon étaient tirés ou que les portes restaient ouvertes. » Borniche, le gendre de Hochon, assista à cette fameuse entrevue, et Hochon, Borniche et Rouget de Lyon convinrent que le procès serait perdu pour Jean-Jacques, et qu'il fallait plaider et exiger des dommages-intérêts. Lousteau-Prangin, le célèbre juge d'instruction, fut cependant consulté; il dit à Rouget de Lyon ce seul mot, « Allez! » et Rouget alla. Il gagna son procès, obtint six mille francs de dommages-intérêts, vendit sa propriété, qu'il avait achetée autrefois quatre-vingt-dix mille francs, cent cinquante-deux mille cinq cents francs à M. Mouilleron, qui se chargea des frais d'enregistrement de la vente. Après avoir réalisé un bénéfice de soixante deux mille cinq cents francs qui, ajoutés aux six mille francs de dommages et aux quarante mille de rapport de la susdite propriété pendant dix ans, Rouget de Lyon se trouva à la tête d'un capital de deux cent cinq mille francs, lesquels réunis à l'intérêt des intérêts des quarante mille francs, lui donnèrent à Issoudun une fortune de deux cent quatre mille cinq cents francs nets. Ce fut M. Héron, le notaire du défunt docteur Rouget, qui encaissa la somme du Lyonnais. Avant de retourner à Lyon, M. Rouget, par les conseils du même Héron, trouva à placer avantageusement ses fonds sur première hypothèque, au taux légal de cinq pour cent, se dessaisit joyeusement de son argent, en exigeant, toutefois, une simple commission de trois pour cent, avec remboursement intégral au bout de deux ans. Le remboursement eut lieu, et six ans s'étaient à peine écoulés, que le pauvre docteur de Lyon, qui courait la visite à trois francs le cachet, exigeait quarante francs chaque fois qu'il faisait atteler ses chevaux. Hochon l'avait mis de moitié dans un prêt de six cent mille francs fait à une société en commandite, pour l'exploitation de charbon de terre, et qui avait pour but d'introduire l'éclairage au gaz par toute la France. Le gérant de l'entreprise, M. Williams, du comté de Glocester, périt malheureusement à la suite d'une explosion; la société abandonna à Rouget et à Hochon les terrains qu'elle avait achetés, avec un pot-de-vin de cinquante mille écus, pour avoir main-levée de son emprunt. Rouget et Hochon empochèrent les cent cinquante mille francs, revendirent à la ville les terrains pour y construire un hospice, et, cette vente réalisée, le docteur Rouget, possesseur de sept cent mille francs, devint membre du conseil municipal, directeur d'un des principaux hôpitaux de Lyon, et, à la suite d'un ouvrage en six volumes sur la circulation du sang, fut nommé comte et sénateur, mourut en 1809, laissant une fortune évaluée douze cent mille francs, et fut enterré au Panthéon, côte à côte du brave maréchal Lannes.

Nous avons laissé Marie rêveuse lorsqu'elle eut entendu les derniers mots du docteur Rouget. En effet, si nos lecteurs veulent réfléchir un instant à la position dans laquelle elle se trouvait, ils comprendront son embarras. L'humanité seule, que l'on ne s'y trompe point, avait poussé Marie à son sublime dévouement. Lorsque le marquis lui apparut la poitrine traversée d'une balle, mourant, abandonné, sans secours, exposé aux fureurs d'un ennemi victorieux et inflexible, elle ne vit plus en lui l'homme qu'elle avait dû tant mépriser et détester, elle n'aperçut plus qu'une créature de Dieu souffrante et agonisante. Ce ne fut point le marquis qu'elle sauva, ce fut l'homme. Elle ferma pour ainsi dire les yeux et ne regarda le mourant qu'avec son cœur. Soins, fatigues, nuits entières employées à gagner quelque argent pour acheter ce qu'exigeait l'état du malade, Marie n'avait reculé devant rien; peut-être s'était-elle dit : « Quand il saura ce que j'ai fait pour lui, comment je me suis vengée de lui, moi, comment sera-t-il écrasé sous le poids de sa honte et de ses remords! peut-être le verrai-je à mes pieds, me demandant pardon de ses actes passés, et ma seule joie sera d'être impitoyable et de lui refuser le pardon qu'il me suppliera à mains jointes de lui accorder. » Puis, à mesure que son dévouement se prolongeait, grandi chaque jour par de nouveaux sacrifices, par d'admirables résignations, par d'adorables délicatesses de cœur, à mesure la sublimité de sa conduite étouffait dans son âme toute pensée mesquine, tout calcul vaniteux, toute représaille égoïste. Ce n'était plus la femme qui avait fait le bien par devoir ou par vengeance, mais la femme dont le cœur avait saigné à l'aspect d'une blessure saignante, qui, après s'être improvisée sœur de charité près d'un malheureux, une fois sa noble tâche remplie, voulait échapper même à un remerciment de l'homme qui lui devait de vivre encore.

Plusieurs fois, depuis que son malade allait mieux, Marie s'était demandé par quel moyen elle parviendrait à ce que le marquis ne sût jamais qui veillait auprès de lui, et elle n'avait rien arrêté. Un moment la pensée lui était venue de s'éloigner brusquement du blessé, de supposer un motif urgent de départ, de placer près d'Ernest une garde-malade et de lui faire parvenir chaque jour de l'argent; puis, elle songea en tremblant que cette garde-malade n'aurait point pour son blessé les soins minutieux et presque de tous les instants qu'exigeaient son état et sa faiblesse, et alors le mal pouvait augmenter, et le marquis mourir. — Oh! non, — s'écria-t-elle, — je remplirai ma mission d'humanité jusqu'au bout; je me suis chargée, aux yeux de Dieu, de son existence, et je ne l'abandonnerai que lorsque la santé et la vigueur lui seront revenues.

Elle ne s'occupa plus, pour le moment du moins, des précautions qu'il lui faudrait prendre afin que son malade ignorât ce qu'elle avait fait. Et voilà pourquoi elle pâlit quand Rouget lui annonça que bientôt Ernest n'aurait plus besoin d'elle. Cette nouvelle la rejetait dans un dédale de rêveries sans issue et dans toutes ses vagues appréhensions d'autrefois.

La situation de Marie était, vous le voyez, très grave. Comment en sortira-t-elle? Une fois, je vous le dirai lorsque j'aurai réfléchi pendant quelques minutes au moyen le plus convenable de la tirer d'affaire; en ce moment, je me trouve sous une impression de lecture qui ne me permet pas de m'occuper, d'ici à quelques heures du moins, de l'histoire que j'ai commencée et qu'il est de ma conscience d'amener à bonne fin. Cette impression, quelle est-elle? Lisez le chapitre suivant, si vous désirez le savoir.

XXX. — UNE HISTOIRE

Je viens de lire, dans un livre très religieux, approuvé du roi (je ne me rappelle pas parfaitement lequel, mais son nom n'y fait rien), une historiette passablement immorale. Pour Dieu, charmantes lectrices, ayez la générosité de ne point me croire l'auteur de ce petit scandale, que Rabelais n'eût pas dédaigné de placer dans son Pantagruel, s'il eût connu la chose. Avez-vous jamais, à la veille de quelque fête de convenance, dans l'ignorance (j'aurais dû écrire l'oubli) où vous vous trouviez des noms canonisés, consulté, je ne dirai pas l'almanach d'Eugène Bareste, le traducteur d'Ho-

mère, après madame Dacier, Bitaubé, Bignan et une douzaine d'autres pas plus hellénistes, tels que Montbel et compagnie, mais le calendrier grégorien? Non. Eh bien! vous avez dû y remarquer un nom de saint passablement profane. C'est assez vous dire que ce nom est celui de Triptolème. Vous allez me demander, si vous n'avez aucune notion de l'histoire mythologique, quel est ce Triptolème? C'est l'inventeur de la charrue et de l'art d'ensemencer. Vous apprendrez donc que ce saint est un saint d'une nouvelle fournée, comme messieurs tels et tels sont, depuis nos glorieuses, pairs de France, de fournée récente, ou plutôt appartiennent, pour nous servir d'une expression consacrée, à la dernière fournée. Enfin, l'âge n'y fait rien.

Voici le chapitre, voici la chronique : lisez ou passez; à votre aise.

En l'année 1550, vers le règne d'Henri II ou de tout autre, consultez les dates, il existait à Paris un monastère, et dans ce monastère beaucoup de moines, et parmi ces moines un frère ayant nom ou surnom Triptolème. Le moine était un garçon jovial, aimant le plaisir, ne faisant pas fi du vin, et ne méprisant pas précisément le sexe. Il était entré au couvent où il avait prononcé ses vœux, à l'âge de vingt-cinq ans, après une kyrielle d'aventures qui lui avaient fait une certaine réputation dans le monde des femmes galantes de son époque. Ajoutez à cela qu'il était assez joli garçon : teint brun comme celui des Espagnols, œil noir comme celui des Italiens, cheveux blonds comme ceux des Flamands; taille fine comme celle des muguets de l'époque ; taille d'un mètre soixante-dix-neuf centimètres, comme celle de tous les beaux hommes de tous les pays; voix douce comme celle de toutes les jolies femmes sobres; désinvolture gracieuse comme celle que nos élégants suivent aux Tuileries le jour, ou sur le boulevard de Gand le soir; tel était le signalement de frère Triptolème. Le pauvre garçon était entré dans les ordres à la suite d'une passion, ou plutôt au commencement d'une passion malheureuse, non pas pour lui, mais pour le frère de dona Elvire (c'était le nom de la dame de ses pensées), qu'il avait tué en duel. Dona Elvire, en honnête fille qu'elle était, congédia son amant après ce haut fait, et de désespoir il se réfugia, malgré les œillades d'une douzaine de beautés en renom alors, dans un couvent. Notez bien que j'ai lu cette histoire dans un livre qui date du seizième siècle, intitulé :

De Memorabilibus quæ adfuerunt in urbe Lutetiâ, anno N. D. J. C. MDLIX, et que vous trouverez à la Bibliothèque royale en le demandant à M. Magnin, le savant conservateur.

Frère Triptolème, en entrant au couvent par désespoir d'amour, n'avait pas songé que, si la chair est faible, le cœur n'est pas toujours entouré d'un triple airain, comme l'a prétendu le docte Horace, à propos d'une tempête. En effet, les tempêtes de terre ferme qui menacent souvent de faire sombrer les pauvres humains, sont les passions. Or, après un an d'une sévère prison, frère Triptolème commença à jeter un regard en arrière, et le profane s'avisa de regretter parfois le monde et ses pompes; par ses pompes, il entendait ne désigner que ces charmantes et enivrantes fleurs de la vie, ces beaux et splendides bouquets odorants qui, sur la terre, ont nom femmes et ailleurs anges. Il se rappela quelques délicieuses œillades qu'on lui avait traîtreusement décochées lorsqu'il était de ce monde, auquel il avait dit un adieu éternel, et il se repentit d'avoir agi sans consulter ses forces. La seconde année se passa au milieu de ces regrets qui sentaient le tison de plusieurs kilomètres, et lui auraient valu l'excommunication si le pape eût pu lire dans le fond de sa pensée ; puis, après deux ans d'une abnégation, lisez d'une abstinence complète, il lui prit des désirs d'indépendance qui durent faire bondir Satan de joie. Triptolème achevait sa vingt-septième année et entrait dans sa vingt-huitième. S'il avait été pendant quelque temps la coqueluche des grandes dames les plus coquettes et fréquentées de Paris, jugez quelle révolution sa tournure fit parmi les nonnains, et quels désastres produisirent ses grands yeux noirs surmontés de cils de même couleur. C'était une fièvre, une rage, un délire, une contagion! Les nonnains ne plaisantent jamais en fait d'amour, elles font vite et bien.

Il y avait alors un couvent dont les religieuses se rendaient en masse le dimanche à Notre-Dame; les frères du couvent de Triptolème s'y rendaient également le même jour. Une certaine sœur Ursule, ayant aperçu notre frater à la messe, s'éprit de lui, récita une foule d'Ave pour chasser le malin esprit qui la possédait, et finit, ne pouvant triompher de sa passion, par lui écrire une lettre que vous trouverez dans le volume ci-dessus indiqué, et qui laisse bien loin derrière elle la correspondance galante d'Héloïse et Abailard, inventée ou ressuscitée par l'élégiaque Colardeau. Triptolème fut, comme vous l'eussiez été à sa place, très désagréablement surpris de l'épistole, car sœur Ursule comptait huit lustres, dix rides sur le front, deux cents cheveux gris au moins, et trois enfants qu'un soudard lui avait faits avant son entrée au couvent. Sœur Ursule, dans son désespoir d'être repoussée, s'asphyxia, et Triptolème eut à faire pénitence d'un second meurtre avec préméditation.

Son malheur ne se borna pas là : une autre nonnain, sœur Madeleine, — le joli nom pour une pécheresse! et sœur Madeleine était jolie comme la Madeleine de l'Evangile et non moins qu'elle pécheresse, — au milieu d'un sermon avisa le beau Triptolème; elle ne lui écrivit point, car elle avait vu le monde, et savait que les œillades, en fait d'amour, arrivent plus droit à leur adresse que les lettres les plus galamment troussées.

Triptolème essuya d'abord leur feu avec une indifférence inouïe; une seconde attaque eut lieu et n'obtint pas un meilleur résultat. La nonne cependant ne désespéra pas. Elle enveloppa si bien le frère dans ses lacs d'amour à la troisième secousse, qu'il s'avoua vaincu et capitula.

A partir de ce moment, commença entre eux un délicieux roman de cœur, auquel ne manquait aucune péripétie.

Par malheur, nos deux amants ne se rencontraient qu'à l'église, et pour deux âmes fortement éprises, ce n'était point assez. Triptolème eût bien risqué les foudres papales pour se trouver une heure seulement avec sœur Madeleine dans son oratoire; hélas! comment s'y prendre pour y arriver? Si encore ils eussent pu traduire leur amour au moyen de leur voix! Les pauvres enfants en étaient réduits au simple langage des yeux, et leurs yeux s'étaient si bien exprimés de mille manières combien ils s'adoraient, qu'à moins de se répéter éternellement les mêmes serments au moyen des mêmes œillades, leur enivrante pantomime était à bout. Et puis ils avaient, au milieu de leur extase contemplative, levé si souvent leurs regards vers le ciel pour se dire qu'un jour ils s'y trouveraient réunis, qu'ils eussent préféré se donner rendez-vous sur la terre. Ensuite l'amour platonique a ses petites vanités aussi; et sœur Madeleine s'ennuyait de toujours exprimer les mêmes sentiments, quelque ravissants qu'ils dussent d'ailleurs paraître à Triptolème. Et Triptolème, qui avait épuisé toutes les délicatesses et tous les plus divins transports du langage muet pour traduire sa passion, craignait à chaque instant de demeurer en affront devant les exigences voluptueusement immatérielles de sa bien-aimée Madeleine. Leur embarras à tous deux était grand! Sœur Madeleine, et en ceci les femmes nous sont de cent coudées supérieures, résolut d'en sortir. Les amours mondains commencent et grandissent au moyen des lettres; chez les nonnes, c'est le contraire.

Elle se procura une plume et un ognon, puis elle déchira une page blanche de son livre de matines, traça à la hâte quelques mots, et les fit passer adroitement à Triptolème. Celui-ci, rentré dans sa cellule, baisa le poulet avec délire et l'ouvrit. Je ne vous peindrai pas son étonnement. Jamais frocard ne fut plus désappointé. Le poulet était blanc comme neige! Après s'être bien creusé le crâne pour s'expliquer ce que signifiait cette lettre dénuée de tous signes écrits, il chercha à interpréter le sens mystérieux qu'elle cachait. Il avait de l'imagination comme quatre bénédictins, et de l'amour à revendre à six forhans; et voici de quelle façon il traduisit l'épistole de sœur Madeleine:

« Je n'existe pas, lorsque je suis privée du doux feu de vos regards; avant de vous voir, je n'étais point. Si nous restons plus longtemps séparés, je mourrai. »

Il approcha plusieurs fois de la lampe le précieux chiffon de papier, comme pour enivrer ses yeux des paroles qu'il aurait pu contenir, quand tout à coup quelques caractères rouges se montrèrent. Oh! merveille! à mesure que le papier se chauffait à la lumière, à mesure de nouveaux caractères devenaient apparents. Et il lut enfin:

« Chère âme, demain soir, j'échapperai à la surveillance de la mère abbesse, et je demeurerai dans l'église lorsque tout le monde en sera parti. Faites en sorte de demeurer également. Je voudrais apprendre de votre bouche ce que vous avez voulu me dire par votre dernier signe. Après avoir regardé une sainte madone qui baisait au front son enfant, vous avez reporté sur moi vos yeux, et je les ai trouvés si doux et si tendres, que je me suis sentie troublée, et j'ai incliné le front.

» P. S. Soyez sans inquiétude à mon sujet; je rentrerai facilement à mon couvent, car j'ai eu soin de dérober à notre supérieure la clef de la porte du jardin qui conduit aux cellules. »

— Dieu soit loué! — dit Triptolème, — c'est elle-même qui me donne rendez-vous! — Un instant il eut la pensée de répondre à la lettre de Madeleine par un poulet brûlant; mais il réfléchit qu'il valait mieux réserver son éloquence pour son entrevue que de la dépenser en phrases inutiles.

Le lendemain, tout s'exécuta comme on était convenu: sœur Madeleine s'esquiva adroitement derrière un pilier de la chapelle, et Triptolème se cacha dans un confessionnal demeuré, par mégarde, ouvert. Ses sœurs parties, Madeleine regarda autour d'elle, à travers l'obscurité, et n'aperçut point son amant. Elle fit deux ou trois pas dans l'église; mais, presque au même instant, une porte du fond s'ouvrit, un homme s'avança en tenant une lumière qui vacillait; Madeleine, reconnaissant dans ce personnage un des desservants, glissa de pilier en pilier, tremblante de terreur, jusqu'à une espèce de cachette ouverte; à peine fut-elle entrée dedans qu'elle poussa un cri léger. Le desservant, après avoir fait le tour de l'église, passa devant cette même cachette, la ferma machinalement à double tour et s'éloigna.

Je jetterai un voile de discrétion sur l'entretien qui eut lieu entre Madeleine et frère Triptolème, les longues heures qu'ils demeurèrent dans le confessionnal à côté l'un de l'autre; car la cachette où s'était réfugiée la nonne n'était autre chose que le confessionnal où s'était blotti le moine. Ils n'en sortirent que bien avant dans la nuit.

Vous avez lu sans doute les adieux de Roméo et de Juliette, cet admirable type de l'amour des sens et du cœur? Vous entendez encore les doux baisers de Juliette, quand elle dit à son jeune et bel amant: « Non, ce n'est pas le jour; non, ce n'est pas l'alouette matinale!... — Et vous comptez les longs baisers rendus de Roméo, quand il s'arrache des bras de Juliette en lui répondant: « Oui, c'est le jour; c'est l'alouette matinale!... » — Eh bien, plus tendres furent les transports de sœur Madeleine, et plus enivrants ses longs baisers. Elle se pendait au cou de son amant, et lui disait: « Tu brilles sur ma vie comme le soleil sur le monde, et tu réchauffes mon âme comme ses rayons la terre. Tes yeux me regardent au milieu des ténèbres qui nous enveloppent, et ils me

brûlent; ta voix me parle, et elle m'est plus douce que la voix qu'on prête aux anges. Dieu m'avait donné la vie, tu m'as donné le bonheur: Dieu et toi ne serez plus qu'un dans mon adoration! »

Et c'étaient de nouveaux transports, de nouveaux délires, et mille projets qu'ils formaient; entre autres celui de quitter leur couvent et de n'y plus rentrer. Cependant les premiers rayons du jour commencèrent à poindre; Triptolème prit à deux mains la tête de sœur Madeleine, la baisa cent fois, et lui dit: — A bientôt, n'est-ce pas?

— Oui, — murmura la nonne, — et elle s'enfuit.

Triptolème, demeuré seul, fut un moment comme écrasé sous le poids de son bonheur. Il s'éloigna enfin de l'église, rentra à son couvent, et la solitude qui l'entourait l'effraya.

Le paradis venait de se refermer sur lui; il ne devait plus se rouvrir pour lui désormais.

Sœur Madeleine ne parut à l'église ni le lendemain ni les jours qui suivirent. En proie à une fièvre ardente, étendue sans force et sans couleur sur son lit, elle regardait ses souffrances comme un châtiment céleste.

Lorsqu'elle fut complétement rétablie, elle refusa de se rendre, comme auparavant, à la messe, et elle passa ses jours et une partie de ses nuits à prier. Elle devint, en peu de temps, un modèle de piété; la supérieure la proposait comme un modèle à ses jeunes compagnes; chacun l'eût canonisée volontiers. Sœur Madeleine, si elle eût pu choisir entre les honneurs du canonicat ou le renouvellement de la porte fermée du confessionnal, eût profanement donné la préférence au confessionnal avec Triptolème, car sa piété fervente n'était qu'une comédie: sœur Madeleine était grosse des faits du beau moine, et il y allait pour elle d'un éternel emprisonnement dans les caveaux de l'abbaye.

Nous avons omis de le dire, et nous rétablissons ici les faits pour expliquer bien clairement les événements qui vont suivre: la disparition de sœur Madeleine, pendant la nuit de son rendez-vous avec frère Triptolème, n'avait point été remarquée. Or, la nonne jouissait, avant son incartade, d'une réputation de chasteté que personne n'eût osé lui contester, pas même la supérieure, laquelle, pourtant, savait son monde par cœur, et, dans son printemps, avait fait des siennes.

Quelque futile que paraisse ce détail, il est pourtant indispensable; nos lecteurs, nos lectrices en jugeront.

Cette réputation de bonnes mœurs qu'avait méritée sœur Madeleine avant sa chute devait donc la mettre à l'abri de tout soupçon. Malheureusement, Triptolème ne plaisantait pas en fait d'amour; il y allait de franc jeu et, comme il l'a été écrit plus haut, la charmante nonne était, après son galant rendez-vous, dans un état tout à fait intéressant.

L'enfant n'avait point été difficile à être procréé; la difficulté était de le cacher à tous les regards. Après avoir longtemps réfléchi aux moyens auxquels elle aurait recours pour le faire disparaître, sœur Madeleine n'en trouva que deux, qu'elle repoussa avec horreur: le premier était de prendre certaines précautions, afin de ne pas laisser voir le jour à ce malencontreux enfant; le second était de s'en débarrasser au moment même où il devait naître pour la honte de sa mère. Sœur Madeleine était trop honnête fille pour accueillir de telles idées. Et puis, l'amour qu'elle avait porté et qu'elle portait encore à Triptolème, les obstacles que cet amour avait rencontrés; tout, jusqu'à l'originalité du rendez-vous pendant lequel elle passa de l'état de jeune fille à l'état de jeune mère, ces circonstances rendaient, par anticipation, cher à Madeleine l'enfant qui remuait dans ses entrailles. Pour le voir lui sourire, pour l'avoir près d'elle, le suivre pas à pas dans son enfance, s'entendre appeler en secret par lui: « Maman! » la nonne eût donné dix années de sa vie sur terre et un millier d'années de béatitude dans le paradis.

Cette adoration anticipée pour un enfant qui n'existait pas encore, qui peut-être n'existerait jamais, ou dont l'existence terrestre pouvait être de courte durée, était si grande, que Madeleine, vous ne le croiriez pas, prit un jour la résolution d'aller trouver la mère supérieure et de tout lui avouer. Cependant, prête à se jeter aux genoux de l'abbesse, elle eut le bon esprit de réfléchir qu'on ne lui laisserait pas son enfant, qu'on le sacrifierait à l'honneur du couvent, et qu'elle, pauvre mère, elle serait condamnée à une reclusion éternelle.

Madeleine s'était mis en tête de ne point se séparer de la chère créature que Dieu lui avait donnée, et pour y parvenir elle se condamna, pendant six mois, à une vie de piété si admirablement soutenue que ce fut autour d'elle un chorus d'éloges: chacun criait au miracle. C'est ce que voulait la rusée nonnain. Peu à peu, sa piété, déjà si fervente, redoubla. Sœur Madeleine eut des extases, et, pendant ses extases, des visions célestes; et, pendant ces visions célestes, des entretiens avec les anges. Trois mois ne s'étaient point écoulés depuis sa rencontre égrillarde avec frère Triptolème, qu'on accourait de cinq myriamètres à la ronde pour voir la nouvelle sainte. Un jour, c'était pendant la célébration de l'office divin, Madeleine tomba dans une extase mirifique qui dura deux heures au moins; et pendant cette extase, l'on entendit positivement la sainte causer avec les anges, et les anges lui répondre; et toutes les nonnes du couvent trouvèrent la voix de ces anges si douce, particulièrement celle d'un séraphin qui avait nom Raphaël, qu'elles enviaient le bonheur de leur sœur, qui pouvait le voir, lui parler et l'entendre. Ce fut au milieu de cette fameuse extase, qui se trouve consignée dans un bouquin du temps, intitulé: *de Sanctis deliriis*, que la supérieure prétendit avoir suivi le dialogue suivant, entre sœur Madeleine et le séraphin Raphaël: — Enfant de la terre, — lui dit le séraphin de sa céleste voix, — réjouis-toi, car le Seigneur a jeté les yeux sur toi, et il renouvellera en ta faveur un de ses plus grands miracles d'autrefois.

— Le Seigneur Dieu puissant soit béni ! — répondit la nonne.

— Couvre-toi d'un cilice, humilie ton âme, agenouille-toi pendant douze jours et douze nuits sur le pavé des autels ; telle est la volonté du Très-Haut, dont la bonté t'appelle à d'étranges destinées.

— Que sa volonté sainte s'accomplisse ! — répondit Madeleine.

Ici se termina son extase.

On en parla dans tout Paris ; chacun s'attendait à un grand miracle. Cependant le miracle n'arrivait pas.

A peu près à la même époque, un moine commençait à se faire remarquer à son couvent : inutile de dire que c'était frère Triptolème. Il avait compris la comédie que jouait sa bien-aimée, et voulait lui donner la réplique dans son rôle.

Bref, car il nous faut en terminer avec cette histoire édifiante, Triptolème fut mandé près de la supérieure, comme autrefois Daniel près de Balthazar, pour expliquer le sens de la dernière extase de sœur Madeleine. Triptolème fut pris au trébuchet, car il ignorait complétement les résultats de sa conversation au confessionnal ; cependant, en indigne moinillon qu'il était, il ne perdit point la tête, et demanda à ce qu'on le mit en contact avec le *sujet* aux extases divines.

On lui amena sœur Madeleine.

L'entretien suivant eut rapidement lieu entre eux, à voix basse.

— Que faut-il dire ? je suis à bout.

— Comment ! vous ne comprenez pas ?

— Pas le moins du monde.

— Je suis enceinte.

— Ah ! diable !

— Et il faut leur faire avaler cet **enfant**, entendez-vous ?

— J'y suis.

— J'ai passablement arrangé et avancé les choses ; mais il nous faut un moyen.

— Je le trouverai.

— Amour d'homme !

— Maintenant, plus un mot !

Triptolème se tourna gravement vers la supérieure et les nonnes qui étaient agenouillées à quelques pas de lui ; il leur annonça que sœur Madeleine allait rentrer sur-le-champ dans son oratoire, pendant qu'il sanctifierait le nom du Seigneur ; et que, lorsqu'elle sortirait de l'oratoire, le miracle serait accompli. Sœur Madeleine s'éloigna, et frère Triptolème, après avoir dit tout bas à l'oreille de la supérieure que Dieu l'avait choisi, lui, indigne moine, avec Madeleine qu'il n'avait jamais vue, pour opérer le miracle de la communion des âmes sur terre, s'agenouilla et pria avec ferveur. Madeleine ne rentra qu'au bout d'une heure ; elle était pâle, et se plaignit d'un violent mal de cœur. Triptolème déclara alors, à voix haute, que sœur Madeleine, par la volonté du Très-Haut, deviendrait mère d'un enfant, dont lui, Triptolème, était le père naturel.

Chacun fut ébahi, et regarda le frater comme un saint, comme un apôtre, comme un élu de Dieu.

Au bout de six mois, la nonne accoucha d'un gros garçon qu'on baptisa du nom de Triptolème II.

Il fut élevé dans le couvent, dorloté par toutes les religieuses, caressé par la supérieure, choyé par sa mère, et gâté par son père, qu'il appelait papa. L'archevêque de Paris, à qui l'on raconta cette aventure, voulut faire cesser le scandale en emmenant Triptolème II du couvent ; mais la supérieure le lui alla redemander, et l'archevêque fut obligé de le restituer. Triptolème Ier mourut dix ans plus tard, fut enterré dans un tombeau de marbre, et canonisé par l'Église. Sœur Madeleine fut canonisée et également enterrée dans un splendide tombeau de marbre blanc. Vers la fin du seizième siècle, les femmes frappées de stérilité se rendaient processionnellement au tombeau de saint Triptolème, et s'en retournaient fécondées. Il est vrai de dire qu'une communauté de pères capucins avait élu domicile auprès des deux sacrés mausolées, et qu'il fallait tirer la sonnette de leur domicile pour pénétrer jusqu'aux deux tombeaux. Triptolème II se fit également moine ; mais, à l'âge de vingt ans, il eut la faiblesse de s'amouracher d'une huguenote ; il sauta par-dessus les murs de son couvent, comme avait fait son père ; comme son père, il causa longuement avec la dame de ses pensées ; il lui fit un enfant, comme à Madeleine son père ; mais, cette fois, il y eut scandale ; dénoncé, il n'avoua pas l'enfant, comme l'avait fait son père ; mais il eut beau s'en défendre, l'enfant lui fut attribué. Condamné pour hérésie, il fut brûlé en place publique.

La morale de ceci est que la chose par elle-même n'est rien, que tout dépend de la manière de s'en servir.

XXXI. — UNE BONNE ACTION

Nous avons laissé Marie fort embarrassée, et incertaine de la conduite qu'elle devait tenir à l'égard du marquis de Beaufort. Après avoir longtemps médité, elle fit venir une garde-malade, une vieille femme de soixante ans, qui demeurait au bout de la ville, et la plaça auprès du blessé. Elle prévint cette bonne vieille que le médecin avait ordonné que le malade ne lui parlât ni ne la vit, afin d'éviter les dangers d'une trop vive émotion, et lui recommanda de ne jamais prononcer son nom, ni de laisser entrevoir qu'elle n'était pas seule à le veiller. La vieille se prêta à tout ce qu'exigeait Marie, et entra en fonction le jour même.

Il fut bien convenu que si Ernest lui adressait des questions sur l'endroit où il était, sur les personnes qui l'y avaient conduit, elle répondrait qu'elle l'avait trouvé mourant sur la route et l'avait fait transporter chez elle, où, depuis ce jour, il était démeuré.

— S'il vous parle de récompenser ce service, — ajouta le jeune fille, — rappelez-vous que vous ne recevrez rien, rien absolument.

— Je ne recevrai rien, — répondit la bonne dame.

Et, à partir de cet instant, elle s'assit au chevet du malade.

Ne croyez point cependant que Marie demeurait inactive. Celle qui lui préparait les boissons exigées par le docteur, c'était elle. Tout ce que le marquis approchait de ses lèvres, c'était elle qui l'apprêtait.

Elle avait pratiqué une légère ouverture en face du lit d'Ernest, et de là voyait, sans être vue, ce qui se passait dans sa chambre. Du reste, elle demeurait tout le jour chez elle, travaillant sans relâche. Elle ne sortait que la nuit pour livrer son ouvrage, et elle attendait qu'Ernest reposât. Alors elle entr'ouvrait avec précaution la porte de sa chambre, passait la tête en dehors, regardant avec une craintive précaution si le malade avait bien les yeux fermés. Quand elle était sûre qu'il ne pouvait la voir, elle s'avançait avec plus de confiance, posant légèrement un pied sur le carreau, puis un autre, et tout à coup elle glissait et disparaissait.

Cependant la santé du blessé s'améliorait ; ses yeux commençaient à briller de leur ancien éclat ; ses joues, pâles longtemps et maladives, prenaient cette teinte claire et rosée, indice de la convalescence.

Quelques jours encore, et il pourrait enfin se lever ! Quelle joie il éprouva lorsque sa garde-malade lui apprit cette bienheureuse nouvelle ! Se lever, après être resté pendant trois longs mois couché sans force sur un lit de douleur !

Il faillit sauter, de reconnaissance, au cou de la bonne vieille.

Le lendemain du jour où la complète guérison lui fut annoncée, madame Durand venait d'apporter une potion au marquis de Beaufort ; après l'avoir bue, il pria sa garde-malade de s'asseoir près de son lit.

— Madame Durand, j'ai une prière à vous faire et une question à vous adresser, — dit-il.

— Ah ! ah ! — pensa la mère Durand, — nous voici au chapitre des explications ; il tombe bien !... Eh bien, mon cher enfant, — lui répondit-elle, — j'écoute l'une et l'autre.

— Et me promettez-vous de les accueillir favorablement ?

— Si c'est en mon pouvoir de le faire, je vous le promets.

— Chez qui suis-je, madame Durand ?

— La jolie question !

— Oh ! répondez, je vous prie, chez qui suis-je ?

Marie, qui avait prêté l'oreille dès les premières questions, sentit une sueur froide glisser par tout son corps. Elle tremblait qu'il n'échappât quelque parole imprudente à madame Durand.

— Mais vous êtes chez moi, — reprit sans le moindre embarras la garde-malade.

— Chez vous ! — fit le marquis avec étonnement. — Et depuis combien de temps y suis-je ?

— Mais, depuis le jour où vous avez reçu cette horrible balle dans la poitrine ; je vous ai trouvé par hasard au milieu des morts ; vous respiriez à peine, mais j'ai mis la main sur votre cœur, il battait encore ; vous étiez jeune, vous m'intéressiez ; l'on vous a transporté dans ma pauvre demeure, et j'ai eu soin de vous. Est-ce là, mon fils, tout ce que vous vouliez apprendre ?

Le marquis prit dans sa main blanche la main desséchée de madame Durand, et il l'approcha contre ses lèvres. Madame Durand, par un sentiment naturel de pudeur (en effet cette bonne action dont Ernest voulait la remercier si vivement avait été accomplie par une autre) retira d'abord sa main ; puis bientôt, et dans la crainte que ce refus n'éveillât les soupçons du blessé, elle la laissa retomber dans celle d'Ernest, en lui disant : — Ça ne vaut pas la peine que vous m'en remerciiez ; je n'ai fait que ce que je devais faire, mon brave enfant.

— Mais je ne serai pas toujours souffrant, — répondit-il, — et alors... alors, — continua-t-il, — nous reparlerons de cela, ma chère madame Durand.

— Eh bien ! oui, c'est cela, nous en reparlerons... plus tard, car pour l'instant il faut dormir ; l'heure est avancée, bonsoir, mon enfant.

En achevant ces paroles elle tira les rideaux, et le malade ferma les yeux.

Quelques minutes s'étaient à peine passées que madame Durand entra avec précaution dans la chambre de Marie, et toutes deux s'entretinrent des questions d'Ernest. Ernest, cependant, ne dormait pas au moment où la vieille femme était entrée dans la pièce voisine, il songeait au sublime dévouement dont il avait été l'objet. Il regrettait de n'avoir plus de fortune pour pouvoir la partager avec cette bonne vieille qui, sans le connaître, pauvre, misérable peut-être, l'avait recueilli dans son logis et veillé comme eût fait une mère attentive près de son enfant. Tout à coup il prêta l'oreille, car il crut entendre deux voix se parler et se répondre. Par moment, il reconnaissait bien celle de la garde-malade, mais l'autre, celle qui lui semblait douce et harmonieuse, il ne l'avait jamais entendue.

Il se leva et appuya sa tête contre la muraille, afin de saisir quelques-unes des paroles qu'on prononçait à voix basse ; mais rien ne parvint à lui, rien que son nom prononcé par la voix harmonieuse et douce.

Et son étonnement fut grand, car il n'avait point dit son nom à madame Durand qui, du reste, ne s'en était jamais enquise. Or, comment pouvait-il se faire que l'on prononçât son nom qu'on devait ignorer?

Il écouta de nouveau et il crut, mais ce ne fut qu'un soupçon rapide comme l'éclair, que la voix qui avait dit et répété le nom d'Ernest lui était déjà connue. Il chercha à se rappeler où, et dans quelle circonstance elle s'était fait entendre à lui; ce fut en vain qu'il interrogea ses souvenirs.

— Il y a quelque secret là-dessous que je découvrirai, — se dit-il. Et il ne tarda pas à s'endormir.

Le lendemain il questionna de nouveau la mère Durand; elle lui fit exactement les mêmes réponses que la veille. Alors il lui parla de la conversation qu'il avait entendue; madame Durand parut embarrassée un instant, puis bientôt le traita de visionnaire.

Le marquis se disposait à répliquer, lorsqu'en fixant par hasard ses yeux sur la porte de la seconde chambre, il vit quelque chose de brillant se détacher tout à coup du papier de la muraille. Etonné, il fixa de nouveau ses regards sur la muraille et crut remarquer un petit trou. Il feignit de n'avoir rien vu, détourna la tête sans affectation et continua d'interroger madame Durand; puis il reporta brusquement ses yeux vers l'ouverture qu'il avait découverte, et il aperçut de nouveau un point brillant; cette fois ce point lumineux resta en place, et le marquis ne put s'expliquer ce qu'il pouvait être.

Ce ne fut que pendant la nuit qu'il devina l'énigme, et supposa avec raison que madame Durand l'avait trompé, et qu'une personne était dans la chambre voisine.

Cet incident, puéril en toute autre circonstance, redoubla la curiosité du malade, et il se promit de savoir bientôt à quoi s'en tenir sur le compte de la voix mystérieuse qui avait deux fois prononcé son nom, et de découvrir quelle était la personne qui se cachait pour le voir. Il ne put fermer l'œil de la nuit.

Marie n'avait pu également trouver un instant de sommeil; la conversation qu'elle avait eue la veille avec madame Durand et que le marquis avait, d'après son propre aveu, entendue, la jetait dans des craintes singulières. Il fallait prendre un parti, et un parti décisif; Marie se décida à abandonner la maison où elle avait passé trois mois près d'Ernest, dès le lendemain même. Mais, avant d'effectuer ce projet, il lui fallait mettre certaines choses en ordre, solder la propriétaire, payer la garde-malade et laisser quelque argent au convalescent. Elle se leva de très grand matin, dit à madame Durand qu'elle ne rentrerait que le soir, et sortit rapidement. Elle s'en alla terminer l'ouvrage qu'elle voulait livrer le jour même, dans le magasin de la lingère qui l'avait si loyalement accueillie sans la connaître. Le soir elle porta à sa propriétaire un mois de loyer, quinze jours seulement étaient dus; mais elle solda le mois entier pour que le marquis eût tout le temps de réfléchir à ce qu'il ferait une fois rétabli, sans avoir à s'occuper de chercher un asile; puis elle revint chez elle, et compta à madame Durand ce qu'elle lui devait, et huit jours de plus qu'il fut convenu entre elles qu'elle passerait auprès du malade, pendant un petit voyage de deux ou trois jours que Marie prétexta.

Quelque précaution que Marie eût mis à rentrer sans faire de bruit, elle ne put traverser la chambre d'Ernest sans qu'il ne s'éveillât. Il ouvrit les yeux et il lui sembla voir glisser, à travers l'obscurité, une forme blanche qui disparut aussitôt.

Il appela madame Durand, et, à son grand étonnement, il la trouva près de lui. Cependant, il était bien certain d'avoir vu quelqu'un passer rapidement à quelques pas de lui et ouvrir la porte de la seconde chambre.

Madame Durand avait, en entendant Marie frapper doucement, éteint la lumière afin qu'elle pût entrer sans être aperçue.

Une demi-heure plus tard, la bonne femme allait rejoindre Marie dans la chambre voisine, et le marquis crut entendre parler à voix basse.

Sa curiosité se trouva de nouveau éveillée, mais il ne dit rien, il avait son projet.

Marie, de son côté, songeant aux dangers que pouvait courir le malade, si, une fois qu'elle serait partie pour ne plus revenir, il s'avisait de questionner madame Durand pour éclaircir ses soupçons, résolut de lui écrire un petit billet afin de l'engager à ne pas se compromettre, et vers les minuit elle traça à la hâte les mots suivants :

« Monsieur le marquis, la personne qui vous a sauvé et vous a recueilli n'est point madame Durand, mais quelqu'un qui sait qui vous êtes, et qui a de puissants motifs pour ne point se faire connaître à vous. Cette personne vous demande, en échange du service qu'elle vous a rendu, que vous ne fassiez aucune recherche pour savoir qui elle est; ces recherches, d'ailleurs, seraient inutiles; car, maintenant que vous êtes hors de tout danger, elle va quitter Lyon pour toujours. Personne ne soupçonne ici que vous êtes le marquis de Beaufort, à l'exception de cette personne qui jure devant Dieu, en qui elle croit, et sur la tombe de son père qu'elle chérissait, de ne révéler à qui que ce soit votre présence en cette ville. Ainsi n'allez pas compromettre, par des démarches imprudentes, une vie qu'on a disputée heure par heure et minute par minute, pendant trois mois à la mort. »

Marie, après avoir écrit cette lettre, la cacheta et mit sur l'adresse :

« A Ernest. »

Cependant madame Durand, épuisée par les nuits sans sommeil qu'elle avait passées auprès du malade, venait de fermer les yeux. Le marquis profita de cette circonstance pour se lever et s'habiller. Quoique faible, il eut pourtant la force de faire quelques pas et

d'ouvrir la porte de la chambre où se tenait Marie. Celle-ci se retourna brusquement au bruit et poussa un cri de terreur; car le visage pâle de M. de Beaufort se dressait devant elle.

Le marquis recula, frappé de stupeur à la vue de Marie, qui s'était levée rapidement. Tous deux échangèrent un regard ; puis, bientôt le malade chancela et tomba dans les bras de la jeune fille.

Madame Durand accourut au bruit, et fut surprise de voir Ernest auprès de Marie.

— Ah! madame, — lui dit Marie avec un accent de reproche.

— J'ai soixante-cinq ans, ma fille, — répondit la bonne vieille, — et depuis huit jours mes yeux ne s'étaient pas fermés.

— C'est vrai, — répliqua doucement Marie; — et je n'ai plus le courage de vous accuser.

Le marquis de Beaufort rouvrait les yeux pourtant, et Marie Delaunay, redoutant les explications qu'il pourrait lui demander, annonça à madame Durand qu'elle passerait la nuit auprès du malade; qu'ainsi elle pouvait s'en retourner chez elle, et goûter quelques heures de ce repos dont elle avait tant besoin.

Madame Durand voulut rester ; Marie la supplia de se retirer, et la vieille partit.

Demeurée seule avec M. de Beaufort, Marie l'engagea doucement à regagner sa chambre; elle s'offrit même pour l'y conduire :

— Car vous êtes faible encore, — lui dit-elle, — et la moindre imprudence pourrait vous devenir fatale.

Mais le marquis n'entendait point les paroles de Marie, et il la regardait avec des yeux dans lesquels se lisait l'admiration, et Marie baissa la tête, comme si elle était toute honteuse. Et bientôt dans les yeux d'Ernest brillèrent de grosses larmes, et il prit la main de Marie, qui n'apporta aucune résistance, et il l'approcha avec vénération contre ses lèvres... et ses larmes, longuement contenues, tombèrent brûlantes comme du feu sur la main qu'il baisait.

Et Marie gardait le silence, et son cœur battait avec force.

Tout à coup le marquis quitta la main de la jeune fille; puis, s'agenouillant devant elle, il ouvrit la bouche pour parler, et il ne put prononcer que ces mots, qu'entrecoupèrent ses sanglots : — C'était vous!

— Monsieur, laissez-moi, laissez-moi, — s'écria Marie, violemment émue; — laissez, vous me tuez!

Elle voulut fuir, déjà elle avait gagné la porte de sa chambre. Ernest tendit ses mains suppliantes vers elle, et lui dit d'une voix faible : — C'est moi qui vais mourir, si vous m'abandonnez!

Marie s'arrêta tout à coup.

— C'est vrai, — dit-elle.

Et elle revint près d'Ernest.

— Je ne veux pas que vous demeuriez ainsi, — continua-t-elle bientôt; — d'ailleurs ce carreau est froid, et... et, tenez, la fièvre qui vous avait quitté depuis deux jours vient de vous reprendre; rentrez, rentrez dans votre chambre, monsieur; et d'ailleurs, que pourriez-vous avoir à me...

— A vous dire, — interrompit M. de Beaufort. — Oh! non, en effet, je n'aurais pas le courage de vous parler de vous, de ce que vous avez fait; votre conduite m'écrase; votre vengeance, si c'en est une, frappe juste.

— Vous ne pensez pas ce que vous dites, monsieur, vous ne le pensez pas, au moins? — s'écria Marie.

— Je le penserai si vous ne voulez pas m'entendre, Marie. Oui, il faut que je vous parle, et vous dise que depuis que je vous ai reconnue, je maudis le jour où vous m'avez arraché à la mort. Oh! tenez, j'étouffe, les sanglots me suffoquent, la honte me brise : laissez-moi me prosterner à vos pieds.

— Monsieur le marquis, — reprit Marie, — je vous ai sauvé parce que la charité chrétienne m'ordonnait de le faire, et non pas pour recevoir vos remerciments : voyez plutôt.

Et elle remit à Ernest la lettre qu'elle venait d'achever au moment où il était entré. Il la parcourut rapidement, et lui dit : — Vous n'êtes pas généreuse, mademoiselle; et j'eusse préféré mille fois avoir eu à lutter contre votre haine.

Marie le regarda en face, et son regard était sévère.

— Mais je vous hais, monsieur, — lui dit-elle; — oui, je vous hais de toutes les forces de mon âme.

— Et c'est pour cela que vous m'avez sauvé?

— Oh! oui, je vous hais, — répondit Marie, — car avant de vous connaître j'étais heureuse à faire envie à toutes mes compagnes...

— Et c'est parce que vous me haïssez que vous m'avez recueilli, moi, pauvre, mourant, et que vous m'avez conduit ici ?...

— Oh! oui, je vous hais, — continua Marie, — car vous avez tué mon père!...

— Et vous, vous avez passé des nuits entières près de mon chevet, afin d'arrêter sur mes lèvres la vie prête à s'en échapper ?..

— Vous avez incendié sa ferme, et, après m'avoir enlevée, vous m'avez tenue captive pendant trois ans dans un cachot!...

— Et vous, vous avez usé vos yeux à travailler près du malade, afin qu'il ne manquât pas des secours du médecin?

— Puis vous avez fait jeter mon Sébastien, mon fiancé, mon amant à la Bastille, parce qu'il avait eu l'insolence de venir vous demander celle qu'il aimait...

— Et vous, pendant mon sommeil, vous me prodiguiez encore vos soins; et comme mon salut était votre ouvrage, vous imploriez peut-être à genoux le Seigneur pour qu'il me fît vivre?

— Et, sans pitié pour mon désespoir, vous êtes venu me dire un jour : « Ton amant, tu ne le reverras plus; sa captivité a été changée en une déportation à perpétuité. »

— Et à tant de lâchetés, vous n'avez répondu que par un généreux pardon. Oh! soyez bénie mille et mille fois!...

— Et vous, marquis de Beaufort, — répliqua Marie en lui lançant un regard que la haine animait, — soyez maudit à toujours !

Cette scène avait brisé ses forces ; elle alla s'asseoir, ou plutôt se laissa tomber sur une chaise.

Le marquis demeura debout pendant quelques minutes ; puis, après avoir jeté sur Marie un regard tout à la fois rempli de repentir et d'admiration, il rentra dans sa chambre. Il se jeta tout habillé sur son lit ; mais quelque effort qu'il fît pour trouver un instant de sommeil, malgré sa faiblesse et l'émotion que cette entrevue inattendue lui avait causée, ses yeux ne purent se fermer.

Marie, de son côté, était en proie à de pénibles réflexions.

Elle regrettait de n'avoir point quitté ces lieux plus tôt.

Ses pensées se reportaient sur les jours de son bonheur si cruellement brisé, et elle se reprochait son dévouement envers M. de Beaufort.

Le marquis, écrasé sous le poids des légitimes accusations de Marie, maudissait la maladie qui le tenait cloué sur son lit ; il était honteux de devoir la vie à celle qu'il avait condamnée au malheur éternel. Puis, par moment, le souvenir de sa sœur, de sa chère Laure, se dressait comme un fantôme devant ses yeux épouvantés, et il se demandait avec terreur ce qu'elle était devenue. La haine persévérante de Sébastien ne pouvait-elle pas, n'ayant pu frapper le frère, être retombée impitoyable, terrible, sur une pauvre jeune fille ?

Il s'avouait bien que Sébastien, en agissant comme il l'avait fait, n'avait usé que d'un droit de légitimes représailles ; et cependant s'il se sentait criminel près de Marie, aucun remords ne se rattachait au souvenir de Sébastien. Deux hommes s'étaient trouvés en présence, tous deux avaient lutté : l'un, emporté par son amour ; l'autre, compromis dans son amour-propre, dans sa dignité de seigneur tout-puissant ; l'homme du peuple, après avoir été vaincu dans un premier combat, avait repris une épouvantable revanche quelques années plus tard ; seulement cette revanche avait été trop loin ; car, ne pouvant atteindre le frère, elle avait sans doute frappé la sœur.

Et pourtant, qui le premier avait donné le signal d'une lutte déloyale ? Ce n'était point Sébastien.

Pour arriver à ses fins, lui, le marquis de Beaufort, lui, le haut et puissant seigneur, avait-il un moment reculé devant une lâcheté ? Avait-il été arrêté une minute par les terribles résultats que devait infailliblement amener sa conduite ? Non, il avait marché à pieds joints sur l'honneur, sur la loyauté, sur le bonheur d'une famille honorable et respectée.

Ernest convenait bien intérieurement qu'à la place de Sébastien il eût agi comme lui, car les événements de 89 lui avaient dessillé les yeux ; il commençait à comprendre que, quelque haut placés que soient les hommes, ils sont tous les enfants d'une même famille, et que les nobles ne comptent pas plus, aux yeux du Créateur de toutes choses, que le plus humble des enfants du peuple ; et cependant il ne pardonnait point la vengeance de Sébastien.

Celle de Marie, au contraire, lui semblait sublime : rendre le bien pour le mal, sauver celui qui avait été sans pitié, se venger à force de bienfaits, c'était à ses yeux la plus sûre et la plus impitoyable de toutes les vengeances.

Il se sentait petit devant elle, et pourtant cet abaissement ne laissait dans son cœur ni haine ni colère ; il s'avouait vaincu, et il proclamait à voix haute la grandeur de celle qui avait pardonné. De Marie à lui, il y avait scission d'hostilités, et quoi qu'il advînt dans la suite, il se disait qu'il refuserait tout nouveau combat si on le lui présentait.

Mais il n'en était pas ainsi de lui à Sébastien ; la lutte finie, elle devait recommencer plus effrayante et sans merci.

Marie, vers le milieu de la nuit, sortit de sa chambre et entra sans bruit dans celle du marquis ; il ne lui restait plus des émotions de la journée qu'un abattement moral. Elle craignait que son entrevue avec le malade n'eût redoublé la fièvre qui s'était emparé de lui.

Elle entra donc, et, apercevant Ernest étendu sur son lit et la tête à demi cachée dans ses mains, elle fit un mouvement en arrière et courut à la seconde chambre. Mais, quelque rapide qu'eût été ce mouvement et prompte sa disparition, M. de Beaufort avait relevé la tête, et ses regards s'étaient fixés sur Marie.

Il se jeta à bas de son lit, la rejoignit, et lui dit : — Pourquoi me fuir ?

Une vive rougeur colorait les joues de la jeune fille.

— Oh! n'ayez pas de honte de ce que vous faites, — continua le jeune homme ; — doit-on jamais rougir des bonnes actions que le cœur suggère ?

— J'étais venue, — interrompit Marie, — pour m'assurer si vous reposiez enfin.

— Vous êtes venue parce que vous êtes grande, bonne, clémente, admirable comme la Vierge dont vous portez le nom, — lui dit le marquis, — ne le sais-je pas?... Croyez-vous que je ne vous connaisse pas, que je n'aie pas lu dans votre âme, que je n'apprécie pas à leur inestimable valeur ces trésors de générosité et d'humanité ?

— Assez, monsieur, — lui répondit Marie, — vous êtes extrême en toutes choses ; je ne veux pas vous entendre parler davantage, car je croirais peut-être à votre repentir, et je n'y veux pas croire, afin que ma haine pour vous vive éternellement.

— Haïssez-moi, Marie, vous le devez ; mais ne m'empêchez pas de vous admirer, — repartit Ernest.

— Écoutez, — interrompit la jeune fille : — demain nous nous séparerons. Maintenant que vous avez percé le mystère qui m'en-

veloppait, nous ne pouvons plus demeurer sous le même toit : vous devez le comprendre, monsieur...

— Et je le comprends, mademoiselle...

— Eh bien ! oublions pour un instant le passé ; vous n'êtes plus à mes yeux le marquis Ernest de Beaufort, et je ne suis plus aux vôtres Marie Delaunay ; nous sommes deux étrangers : vous, un homme que j'ai trouvé souffrant et à qui j'ai eu le bonheur d'être utile ; moi, une jeune étrangère, qui a fait pour vous ce qu'elle aurait fait pour tout autre, qui n'a consulté que son cœur et la religion, et à laquelle vous ne devez aucune reconnaissance...

Marie, tout en prononçant ces paroles, s'était rapprochée d'Ernest.

— Mademoiselle, — dit-il, — je suis bien faible, et cependant je ne vous répondrai que debout, si vous restez debout devant moi ; asseyez-vous. Vous me rendrez au moins la justice de penser que je n'ai plus pour vous d'autre sentiment que celui de la reconnaissance ; et pourtant, — continua-t-il d'une voix émue, — si jamais une femme eût pu m'inspirer un sentiment plus doux, vous seule... Mais vous vouliez me parler, je vous écoute, et veux oublier que si vous avez guéri les blessures de mon corps, depuis cette nuit je me crois vulnérable ailleurs.

Marie s'assit, et le marquis se plaça à côté d'elle.

— Ah! — lui dit-elle, — monsieur, pourquoi m'avez-vous forcée à vous haïr ? Oh ! mais non, ce n'est pas votre faute, mais celle de votre éducation, de votre naissance ; je vous hais, et pourtant il y a en vous de nobles sentiments, de généreuses inspirations.

Ernest lui prit la main.

— Tenez, — lui répondit-il en essuyant une larme, — voilà qui rachète le mal que vous m'avez fait en vous vengeant de moi par le pardon et l'oubli. Oui, vous l'avez dit, l'éducation m'a rendu mauvais, méprisable, et... Mais continuez...

— Eh bien, — répliqua la jeune fille, — j'ai songé que vous pourriez encore courir des dangers en restant en France, et voici une carte de civisme que j'ai demandée pour un frère supposé ; je vous la remets : il vous sera donc facile de quitter la France et d'échapper aux périls qui entourent le nom des ducs de Beaufort.

Et elle lui donna un papier signé des noms des représentants du peuple à Lyon.

Cependant le marquis venait de repousser la main de Marie.

— Vous me refusez ? — lui dit-elle.

— Oui.

— Et pourquoi ?

— Parce que je vous dois trop déjà.

— J'ai entrepris une pénible tâche, — lui dit Marie ; — ah! qu'un faux amour-propre ne la laisse point inachevée !

— Vous le voulez ?

— Je l'exige...

— Mais comment jamais pourrai-je m'acquitter envers vous ?

— Croyez-vous que j'aie songé à cela ?

— Oh! je le sais, vous n'avez songé à rien qu'à me sauver, Marie ; mais, — continua-t-il avec un pénible effort sur lui-même, — j'ai un moyen de m'acquitter peut-être, Marie. Lorsque vous reverrez Sébastien...

— Sébastien...

— Lorsque vous le reverrez... dites-lui que j'oublie tout, que je pardonne tout, et mon arrestation qu'il a sollicitée, et celle de ma pauvre sœur...

— Votre arrestation?... celle de votre sœur?... — interrompit Marie satisfaite ; — mais vous l'avez donc revu ?

— L'ignorez-vous ?

— Vous l'avez revu ? vous avez revu mon Sébastien?...

— Mais oui...

— Et quand ?

— Il y a six semaines...

— Et où donc ?

— A Paris.

— A Paris ?

— Oui.

— A Paris ! Vous avez revu mon Sébastien à Paris, et il y a six semaines?... Mais non, c'est impossible, vous me trompez... ou plutôt la fièvre, le délire, m'égarent... J'ai cru entendre...

— Mais ne saviez-vous pas qu'il fût à Paris ? — répondit le marquis stupéfait.

— Devant Dieu, jurez-moi que c'est la vérité, monsieur.

— Devant Dieu, je vous le jure.

— Oh! merci, Seigneur, murmura Marie en tombant à deux genoux sur le carreau de la chambre : ta main s'est donc lassée de me poursuivre ! il m'est donc permis de pouvoir être heureuse !

— Marie, — lui dit M. de Beaufort, — me refuserez-vous votre pardon ?

— Oh! je vous pardonne, — lui répondit Marie : — je vous pardonne, j'oublie tout, tout !

Elle lui tendit la main, le marquis appliqua dessus ses lèvres brûlantes ; la joie rayonnait dans ses yeux.

XXXII. — Le temps s'écoule

Le lendemain, Marie Delaunay se mettait en route pour Paris ; le marquis prenait le chemin de Calais.

Nous ne raconterons point ici quels événements conduisirent quelques années plus tard, lorsque la tourmente révolutionnaire fut apaisée, M. de Beaufort en France. Nous dirons seulement que bien des orages avaient courbé sa tête lorsqu'il revint à Paris afin d'y trouver sa chère Laure, dont le souvenir ne l'avait pas abandonné. Nos lecteurs savent quel hasard les fit se rencontrer, et la stupeur du marquis quand il apprit que Laure de Beaufort était devenue la femme de Sébastien Dupuis.

XXXIII. — COUP D'ŒIL RÉTROSPECTIF

Il nous faut maintenant jeter un regard rétrospectif, et nous reporter à la scène terrible que nous avons esquissée dans un chapitre précédent. L'on se rappelle sans doute la découverte de la lettre du marquis de Beaufort. Sébastien Dupuis, après avoir accablé de son mépris injuste l'innocente et malheureuse Laure, sortit du salon, laissant sa femme en proie à un horrible désespoir. Il courut s'enfermer dans sa chambre. Quand sa colère fut un peu calmée, il réfléchit à tout ce qui venait d'avoir lieu, et il résolut d'en finir sur-le-champ avec Laure. Quelques instants après il se rendait près d'elle, mais il la trouva si faible qu'il n'eut pas le courage de lui annoncer son projet. Laure, en l'apercevant se dressa sur son lit, et, lui tendant la main, murmura ces paroles : — Je ne vous en veux pas.

Sébastien, involontairement, tressaillit au son de cette voix ; mais bientôt le souvenir de l'injure qu'il croyait avoir reçue l'affermit dans sa résolution. Il repoussa la main de sa femme, et répondit : — Vous avez besoin de repos, madame, je vous laisse.

Il sortit, et ne revint que le soir.

Laure, cependant, remise de sa stupeur, voulut s'expliquer la conduite de son mari, et trembla en songeant que la lettre du marquis, tombée par hasard entre les mains de Sébastien et mal interprétée par lui, n'eût été la cause des terribles paroles qu'il lui avait dites. Cependant, quelque dangereux que lui semblât un complet aveu, elle comprit qu'il était de son devoir, de sa dignité, de tout révéler ; et puis elle espéra que le temps qui s'était passé depuis la dernière entrevue de son frère et de celui qui plus tard était devenu son époux, pouvait avoir affaibli le ressentiment dans le cœur de ce dernier. Elle se décida à tout apprendre à Sébastien et à implorer le pardon d'Ernest de Beaufort. Mais elle ne se sentait pas le courage de le lui dire en face.

Elle lui écrivit la lettre suivante :

« Sébastien, vous m'avez condamnée sans m'entendre ; vous m'avez jugée coupable sans un instant réfléchir à l'immensité de l'amour que je vous porte ; vous m'avez crue épouse criminelle ; et cette pensée seule peut me faire oublier les épouvantables soupçons dont mon cœur saigne encore. Vous avez surpris, vous avez lu une lettre qui m'était destinée, et m'avez traitée d'infâme sans vous demander d'où venait cette lettre. Si vous m'aviez aimée, Sébastien, vous ne m'auriez pas condamnée sans m'interroger, et condamnée sans appel : les lois les plus sévères laissent à l'accusé le droit de défense, et ce droit, vous ne me l'avez pas même accordé. Pourtant, je ne me suis point montrée si inflexible à votre égard, moi votre femme, lorsque j'ai surpris le fatal secret qui m'enlevait votre tendresse ; mon désespoir s'est exprimé avec des sanglots, mais non pas avec des paroles de colère ; la perte de votre amour était mon arrêt de mort ; j'ai lutté contre les penchants de votre cœur sans vous accuser ; ma tendresse eût augmenté même, s'il m'eût été possible de vous aimer davantage. Pour combattre cet amour, dont la révélation était la perte de mon bonheur, je n'ai employé que les armes d'une femme qui aime : tendres soins, affection plus expansive, voilà ce que j'ai mis en usage pour reconquérir votre cœur. Mais aussi je vous aimais, moi, qu'avez-vous fait, vous, qui ne m'aimez plus ? Vous m'avez injuriée, insultée, profanée dans ce que j'avais de plus cher, de plus vénéré, de plus précieux au monde, dans ma tendresse pour vous ! Et maintenant il ne vous reste plus qu'à m'abandonner. Allez, je n'essayerai point de vous retenir ; ces serments prononcés aux pieds des saints autels, je vous en délie ; si vous refusez, je saurai, par ma conduite, vous montrer la vôtre. Nous ne pouvons plus vivre à côté l'un de l'autre ; si par une faiblesse ou une compassion humiliante vous vouliez demeurer près de moi, tout mon honheur n'en serait pas moins détruit. Votre amour même dût-il, nouveau phénix, renaître de ses cendres, il ne me serait pas donné de ne plus me souvenir ; et jusque dans vos bras ces terribles paroles : « Madame, vous êtes une infâme ! » empoisonneraient ma vie ! Tant que vous ne m'avez rendue que malheureuse, j'ai pu fermer les yeux et pardonner, l'amour est si indulgent ! mais vous m'avez soupçonnée, injuriée, et en le faisant vous avez brisé mon cœur et éteint en lui l'adoration dont je vous avais entouré. L'autel existe toujours, mais l'idole est tombée de son piédestal. Ainsi, Sébastien, et je vous le dis parce que je veux que cela soit, oubliez-moi ; rayez de votre existence les jours que vous m'avez consacrés ; oubliez les instants, les années de bonheur que je vous dois ; une autre vous appelle, une autre aimée avant moi ; l'amour que vous m'avez cru porter n'était, soyez-en sûr, qu'une soustraction faite à celui qu'elle était en droit d'attendre de vous, une erreur involontaire de votre cœur. Retournez vers elle, et soyez heureux ; moi, je rejoindrai mon frère, qui m'appelle et me réclame aussi ; mon frère dont vous avez lu la lettre, et qui peut-être a besoin de mon affection pour supporter la vie. Lorsque la première fois nous nous sommes rencontrés, c'était dans une prison, et j'étais auprès de lui. Supposez que tout le temps écoulé depuis lors ne soit qu'un rêve pénible : il vient de finir. Nous nous réveillons libres ; une femme vous offre le bonheur, mon frère m'entr'ouvre ses bras : allons chacun où le hasard nous entraîne.

» Adieu !

» LAURE. »

Cependant le marquis de Beaufort s'était, pour la seconde fois, rendu au rendez-vous qu'il avait assigné à sa sœur, et grand avait été son étonnement de n'y rencontrer personne. Il pensa que sa lettre ne lui avait pas été remise, pourtant celui à qui il l'avait confiée n'avait aucun intérêt à la garder. Un moment l'idée lui vint de se présenter chez Sébastien Dupuis et de demander Laure ; il se décida à écrire une troisième lettre pour lui donner rendez-vous pour le lendemain, au même endroit. Le lendemain, à midi, il se promenait sous les grands arbres des Tuileries.

XXXIV. — LE DRAME MARCHE

Sébastien, la tête en feu, était sorti de chez lui, nous l'avons dit dans le chapitre précédent ; il prit au hasard le premier chemin qui s'offrit à ses regards, et marcha sans aucun projet arrêté. Croyait-il sa femme coupable ? ou voulait-il profiter d'une apparence de culpabilité pour s'armer d'un prétexte ? nous ne le croyons pas. Cependant, quelque certain qu'il pût être de l'affection, de l'amour de Laure, le doute, il faut l'avouer ici, était entré dans son âme. Cette lettre interceptée, destinée à sa femme, car elle ne s'était point seulement donné la peine de le nier, cette lettre semblait tellement positive, explicite, qu'il ne lui était même pas donné de douter. Et pourtant, quand il descendait en lui-même, quand il se demandait pourquoi Laure l'eût accepté pour époux, elle, issue d'une noble et ancienne famille, elle qui eût pu facilement entrer dans une noble maison, douée comme elle l'était de tous les avantages de la naissance, de la beauté et de la vertu !... alors mille pensées contraires se heurtaient dans sa tête, et tout devenait chaos à ses yeux. Si quelqu'un fût venu lui apprendre que sa femme le trompait, il eût chassé avec mépris cette personne ; mais il avait vu, il avait eu entre les mains, il avait lu ce fatal message qui condamnait Laure ! Or, qui pouvait le lui avoir adressé ? elle ne connaissait personne. Depuis longtemps, Sébastien lui tenait lieu de famille, d'amis ; et puis, quelque grand que fût son amour pour Marie, son cœur cependant ne pouvait se défendre d'une immense affection pour Laure. Les hommes sont tous ainsi faits : Sébastien voulait bien aimer ailleurs, mais il n'aurait jamais pardonné à sa femme de ne en aimât un autre que lui. Perdu au milieu de toutes ses pensées, Sébastien se dirigea, presque sans y faire attention, du côté de la barrière de Passy. Arrivé là, il suivit le bord de l'eau jusqu'à l'endroit de la route que l'on appelle le Point-du-Jour et sert de limite à Auteuil, charmant petit village situé entre Passy et Boulogne. Un instant, il voulut revenir sur ses pas, puis la fraîcheur de l'eau calma la fièvre qui le dévorait ; il poursuivit son chemin jusqu'à l'avenue qui mène d'un côté à Boulogne ou à Saint-Cloud, et qui de l'autre conduit à Sèvres. Il s'assit bientôt sur une borne, et se prit à réfléchir longuement. Après mille combats, il longea la route de Sèvres.

Parvenu au pont, il détourna à gauche, suivit encore le bord de l'eau jusqu'au milieu du petit Meudon, puis il entra à gauche également sous une allée d'arbres, et se trouva, après un quart d'heure de marche, sur les hauteurs de la montagne, à peu de distance du château de Meudon, et à quelques minutes de Bellevue.

Bellevue alors n'était point celui que nous connaissons aujourd'hui : c'était un vaste et charmant jardin qui se prolongeait jusqu'aux grands arbres des bois ; quelques masures seulement apparaissaient à de longs intervalles.

A mesure que Sébastien avançait, il se sentait oppressé. Cependant son pas était devenu plus rapide.

Une petite maison entourée d'une haie et construite au milieu d'un jardin s'offrit enfin à ses regards ; il s'appuya contre un arbre, accablé de fatigue. Puis tout à coup il s'élança d'un bond par-dessus la haie dans le jardin, poussa un grand cri, et tomba à genoux devant une femme.

Cette femme, c'était Marie !

Marie, en le reconnaissant, laissa échapper une exclamation de surprise.

Puis, se remettant de son émotion, elle lui dit : — Vous ici, monsieur ?

— Oui, moi, — répondit Sébastien ; — et cette fois, Marie, je viens près de vous pour ne plus vous quitter.

— Ah ! Sébastien, — continua-t-elle vivement, — vous manquez de courage ou de générosité.

— Eh ! que venez-vous me parler de courage ! — interrompit Dupuis. — Croyez-vous donc que je puisse étouffer les sentiments de mon cœur et le condamner à ne plus vous aimer ?

— Sébastien, oubliez-vous qu'une barrière infranchissable nous sépare ? qu'un serment éternel vous lie à une femme ? que tout est fini entre nous deux ?

Sébastien cependant s'était levé.

— Marie, — dit-il à la pauvre jeune femme, — m'aimez-vous ?

Marie garda le silence.

— M'aimez-vous ? — dit encore Sébastien.

— Oui, je vous aime.

— Eh bien, un mot, et personne ne pourra plus nous séparer, et je vous appartiens pour toujours.

— Vous savez bien que c'est impossible, Sébastien ; allons, ami, soyez courageux autant que je suis courageuse : mon amour est au moins égal au vôtre. Puisque notre destinée sur la terre est de souffrir, résignons-nous. Qui sait ? Dieu peut-être, en souvenir de nos souffrances ici-bas, nous réunira-t-il au ciel !

— Marie, vous ne m'aimez plus, — interrompit Sébastien.

Marie devint pâle en écoutant ces paroles ; après quelques minutes de silence, elle lui répondit : — Eh bien! non, Sébastien, je ne vous aime plus! Vous êtes à mes yeux un frère seulement, rien de plus. L'amour que j'avais pour vous, vous l'avez étouffé, et, je le sens, il ne pourra plus renaître.

Sébastien écouta froidement ces paroles, et quand elle eut fini : — Adieu, — lui dit-il; — vous ne me verrez plus, Marie!

— Adieu! — lui dit-elle.

Et il s'éloigna.

Et quand elle le crut loin d'elle, Marie se jeta à genoux et murmura : — O mon Dieu! merci de m'avoir donné tant de courage!

— Oh! j'étais bien certain que tu m'aimais toujours! — s'écria Sébastien en se remontrant tout à coup.

Marie se leva rapidement et lui dit : — Vous avez surpris mon secret, monsieur, et cette action nous portera malheur à tous deux !

Sébastien demeura atterré; lorsqu'il fut enfin sorti de sa stupeur, il chercha Marie par toute la maison et ne la trouva point. Le jour commençait à baisser; fatigué de ses recherches inutiles, et persuadé d'ailleurs que Marie était partie, il se décida à regagner Paris. Deux heures plus tard il rentrait chez lui. Le lendemain au matin, comme il ouvrait la porte, deux lettres frappèrent ses yeux; la domestique les avait oubliées sur une table, dans la salle à manger. Il reconnut à première vue l'écriture : l'une venait de sa femme; il la jeta sur le carreau sans même daigner l'entr'ouvrir. Il brisa le cachet de la seconde; c'était un nouveau rendez-vous à Laure, à midi, aux Tuileries. Il bondit de joie. Enfin, il allait donc savoir qui écrivait à sa femme.

A midi il était aux Tuileries, sous la grande avenue, et de loin il aperçut un homme qui semblait attendre à l'endroit même désigné à Laure.

Le marquis Ernest de Beaufort avait remarqué également que depuis quelques minutes un homme, le visage caché par un mouchoir qu'il tenait sur sa bouche, longeait l'avenue où il était, et par moment paraissait le regarder avec curiosité. Cet examen, dont il était depuis quelques minutes l'objet et le but, finit par lasser le marquis; il alla droit à l'homme et lui dit : — Vous me connaissez, monsieur ?

— Le marquis de Beaufort! — s'écria Sébastien en reculant de quelques pas.

— Sébastien! — dit le marquis.

— C'était vous! — reprit vivement Dupuis.

— Deux mots, — interrompit Ernest.

— Parlez, monsieur.

— L'on m'a dit que vous êtes devenu l'époux de ma sœur?

— C'est vrai, monsieur.

— Nous ne pouvons que nous détester; je ne vous demanderai pas qu'après avoir été si longtemps ennemis nous oubliions nos anciennes haines; j'attends de vous seulement la vérité. Etes-vous le mari... le mari légitime de Laure?

— Oui, monsieur.

— En ce cas, monsieur, je n'ai plus rien à ajouter, si ce n'est que je regrette que vous soyez son époux.

— Une insulte!

— Non, monsieur, c'est un souvenir. J'avais pensé, la dernière fois que je m'étais rencontré avec une femme dont le dévouement, dont la générosité ne pourraient point trouver de mots sur terre pour les qualifier, que vous ne l'auriez jamais oubliée.

— De qui voulez-vous parler?

— D'une femme à qui je dois la vie, d'une femme qui vous a aimé, monsieur, et que vous avez sans doute sacrifiée à ma sœur!

— Marie!

— Marie, monsieur; Marie qui doit être morte, puisque vous êtes l'époux d'une autre!

— Marie qui existe, Marie que j'aime toujours, Marie...

— Assez, monsieur! — s'écria le marquis; oubliez-vous donc que je suis le frère de Laure, et que j'ai le droit de vous demander compte de son bonheur?

— Et si je l'osais, marquis de Beaufort, je te demanderais, moi, de quel droit tu m'as pris la femme que j'aimais, tu l'as lâchement tenue prisonnière dans un cachot... de quel droit...

— Vos reproches ne seront pas si cruels que ceux que je me suis adressés... Continuez, monsieur, je ne vous répondrai pas.

En prononçant ces paroles, il salua Sébastien Dupuis et s'éloigna.

Sébastien, de retour chez lui, trouva encore la lettre de Laure à la place où il l'avait laissée; il l'ouvrit, la lut et comprit la grandeur d'âme de sa femme. Honteux de sa conduite et de ses injustes soupçons, il se rendit près de sa femme et lui dit : — Laure, je vous ai injustement accusée; je vous en demande pardon.

— Je l'accepte, — répondit sa femme, — car faute avouée et pardonnée n'est plus une faute.

— Vous êtes noble et généreuse, Laure, — interrompit Sébastien.

— Je comprends aussi votre terrible résolution; cependant, s'il m'était permis de lutter contre ce projet, je n'essayerais de le faire qu'en vous disant ces simples mots : Vous aurez du courage, mais le courage vous donnera-t-il le bonheur?

— Pensez-vous donc, monsieur, que je puisse être plus malheureuse que je ne le suis depuis six mois?

— C'est vrai, — reprit Sébastien.

— Ah! croyez-moi, la résolution que j'ai prise était le seul parti que me dictaient votre repos et le mien, et plutôt que de vouloir m'en détourner, vous devez m'engager à y persister.

— Vous pensez donc que je ne vous aime pas?

— Je pense que vous n'avez plus d'amour pour moi, c'est tout.

Sébastien courba la tête et se retira en silence.

XXXV. — DEUX RIVALES

Marie, en s'enfuyant précipitamment de Bellevue, avait compté y revenir le lendemain, car c'était là qu'elle voulait oublier sa vie passée. Mais l'émotion que lui avait causée son entrevue avec Sébastien avait si fortement réagi sur elle, qu'en arrivant à Paris elle se sentit prise tout à coup d'un violent accès de fièvre; elle se traîna comme elle le put jusqu'à sa chambre, c'est-à-dire jusqu'à la maison qui donnait en face de celle de Laure; elle se glissa avec précaution le long du mur, monta l'escalier, ouvrit sa porte, la referma et se jeta tout accablée sur son lit. Elle ne put fermer les yeux de la nuit; brisée, brûlante, vers le milieu de la nuit elle se leva, car elle étouffait; elle se mit à la fenêtre, et il lui sembla apercevoir de la lumière dans la chambre de Sébastien; elle referma vite ses persiennes et continua de plonger ses yeux dans la chambre qu'occupait l'homme qui avait dû être son époux. Elle l'aperçut enfin; il lui parut si pâle et si accablé qu'il lui fit pitié.

— Hélas! se dit-elle, lui aussi, il souffre!

Le lendemain elle resta chez elle toute la journée, car elle redoutait en sortant de rencontrer Sébastien. Lorsque la nuit commença à tomber, elle se disposa à sortir; en ce moment l'on frappa à sa porte.

Etonnée, elle ne répondit pas, pensant d'abord que l'on s'était trompé; mais un second coup retentit, et elle dit sans ouvrir : — Qui est là?

— Moi, mademoiselle; je viens montrer à quelqu'un la chambre que vous quittez.

Marie, reconnaissant la voix du portier, se hâta d'aller ouvrir. Le portier entra; il était suivi d'un homme; Marie l'eut à peine regardé qu'elle se sentit défaillir, et fut obligée de s'appuyer contre son lit.

— Qu'avez-vous, mademoiselle? — lui dit le portier en cherchant à la soutenir.

— Rien, — répondit Marie.

Cependant, l'homme qui venait d'entrer dans la chambre venait d'apercevoir Marie : — Vous! — lui dit-il.

— Oui, moi, — répondit Marie, — moi que vous ne pensiez plus revoir...

— Et qui vous croyais morte ce matin, Marie, et qui ai appris avec joie et étonnement que vous existiez...

Puis, se tournant vers le portier, qui écoutait : — Monsieur, — lui dit-il, — cette chambre me convient; quel que soit le prix de location, je l'arrête : voici le denier à Dieu.

Il donna au portier une pièce d'argent, et celui-ci sortit avec force salutations, et en regardant Marie d'un air passablement fin.

— Comment se fait-il que vous soyez venu précisément dans cette maison, en face?...

— En face de la maison qu'occupe ma sœur, n'est-ce pas, Marie? Comment se fait-il que vous soyez venue, vous, justement vous y établir?

— Je serai franche, — répondit Marie : — c'était pour apercevoir quelquefois Sébastien que j'ai loué cette chambre.

— Et moi, c'est pour entrevoir quelquefois ma sœur que je viendrai y demeurer. Mais comment se fait-il que je vous retrouve ici et qu'une autre soit devenue la femme de l'homme que vous aimiez?

— Hélas! c'est une bien triste histoire, — répondit Marie; — qu'il vous suffise de savoir que j'ai cherché inutilement, après notre séparation à Lyon, Sébastien Dupuis dans tout Paris. Je ne l'ai retrouvé que plusieurs années après; alors il était trop tard, il était marié.

— Et il n'est pas heureux, — interrompit le marquis; — et ma pauvre sœur n'est pas heureuse, je le sais : je la quitte il n'y a qu'un instant; elle m'a tout avoué. Sébastien vous aime, et cet amour le tue, comme il tuera ma chère Laure.

M. de Beaufort demeura fort avant dans la nuit auprès de Marie, et quand il la quitta, il lui fit promettre de ne pas s'éloigner de Paris avant qu'il l'eût revue. Marie le lui promit, et le marquis se retira.

Le lendemain, on frappa de nouveau à la porte de Marie. Pensant que c'était Ernest, elle alla ouvrir, et ce fut Laure qui entra, Laure, dont le visage pâle annonçait une souffrance profonde et intérieure : — C'est encore moi, madame! — lui dit-elle. — Pardonnez-moi ma démarche, ce sera la dernière, je vous le jure : je viens pour avoir avec vous une dernière explication.

Marie s'empressa d'offrir une chaise à Laure, qui s'assit : — Mon frère sort de chez moi, — poursuivit madame Delaunay; — il m'a tout dit, tout raconté, et je vous admire; aussi, madame, ne vous attendez de ma part à aucun reproche. Lorsque je vous en ai adressé, j'étais insensée! c'était ma douleur qui parlait, et non pas ma raison : je sais ce que vous doit mon frère, et je sais aussi qu'une autre, à votre place, n'eût pas résisté... et vous avez résisté noblement, vous!...

— Madame, nous sommes bien malheureuses, — lui dit Marie; — et si je connaissais un moyen pour vous rendre le bonheur, croyez-le, je n'hésiterais pas un instant.

— Oh! je sais ce dont vous êtes capable, après ce que vous avez fait.

— Eh bien! cherchez, trouvez, dites-moi ce qu'il faut faire, et devant Dieu j'en fais ici le serment, je ferai ce que vous me conseillerez.

— Répondez-moi franchement : votre amour pour Sébastien est-il aussi grand que vous me l'avez dit?

— Si Sébastien me commandait un crime, madame, je le commettrais; pour qu'il recouvrât le repos, s'il fallait descendre à quelque lâcheté, quelque action infâme, un vol, par exemple, eh bien! je ne reculerais pas devant la honte. Jugez si je l'aime!

— Eh bien! c'est à moi de quitter la partie, de vous céder la place, — répondit Laure.

— Que dites-vous, madame?

— Je vous dis que demain, Marie, vous pourrez sans crainte aimer Sébastien; demain j'aurai quitté Sébastien...

— Et vous croyez que j'y consentirai... Oh! non, madame; quoi que vous disiez, cela ne sera point : j'irais plutôt trouver votre frère! j'amènerais plutôt Sébastien à vos pieds!

— Non, Marie, c'est inutile, ma résolution est prise. Sébastien ne peut plus m'aimer; je ne puis plus être heureuse désormais. Pourquoi vous empêcherais-je de jouir d'un bonheur que vous avez mérité par dix années de souffrances et de larmes? Et puis, je ne suis pas seule, moi, mon frère me reste; eh bien! lui et moi nous quitterons Paris, la France; nous irons loin, bien loin, dans un pays où personne ne nous connaîtra... et le temps, le temps qui, à la longue, use toutes les peines, cicatrise toutes les blessures, affaiblira dans mon cœur la fatale passion qui le consume.

— Ne parlez pas ainsi, — s'écria Marie; — car, au lieu de regarder votre conduite comme un noble dévouement, elle ne serait plus bientôt à mes yeux qu'une faiblesse. Comment! vous êtes la femme de Sébastien, et vous voulez céder votre époux à une femme que vous ne connaissez pas et qui l'a aimé autrefois!

— Eh! que vous importe cet ancien amour, le vôtre ne doit-il pas l'avoir remplacé?

— Ah! madame, à votre place je ne serais pas si clémente; car je ne voudrais pas donner à cette femme le droit qu'elle puisse vous dire : « Si vous ne me disputez pas le cœur de votre époux, c'est, madame, que vous ne l'aimez plus... »

— Vous savez bien, vous...

— Moi, — interrompit Marie, — je ne sais rien, si ce n'est que j'ai là, devant mes yeux, une femme qui m'a dit que l'abandon de son époux lui causerait la mort; elle m'a dit cela il y a un mois, et aujourd'hui elle vient me proposer de me l'abandonner... Mais, madame, — continua Marie, — si vos sentiments sont changés, si l'amour d'un autre homme a remplacé dans votre cœur votre ancienne affection pour Sébastien, qu'ai-je besoin que vous veniez vous en faire un mérite près de moi? Tout à l'heure je vous ai dit que pour Sébastien je commettrais un crime, une lâcheté, une infamie! J'ai menti, madame; car, votre mari, je le hais, car je le méprise, car j'aurais honte de l'avoir aujourd'hui pour amant, lui qui ne m'a pas assez aimée pour pouvoir lutter victorieusement contre l'amour provisoire que vous lui aviez inspiré!

Marie, après avoir achevé ces mots, ouvrit la porte et sortit, laissant Laure toute stupéfaite.

XXXVI — UN NOBLE DÉVOUEMENT

Le marquis Ernest de Beaufort se rendit le soir même chez Marie, au moment où elle venait de rentrer.

— Marie, — lui dit-il, — j'ai vu ma sœur, elle est découragée. Il n'y aurait qu'un seul moyen de la sauver.

— Quel est-il?

— Vous seule êtes maîtresse de sa vie, de son bonheur...

— Que faut-il faire?

— Je vous l'écrirai.

— Pourquoi ne pas me le dire?

— Vous comprendrez mon silence lorsque vous aurez lu ma lettre.

Le lendemain au matin, Marie reçut cette lettre, et lut, au milieu des marques du plus profond étonnement :

« Je vous l'ai dit, Marie, je ne pouvais vous apprendre de vive voix ce que je vous écris. Ce que vous allez lire vous semblera si monstrueux, si bizarre, que vous en croirez à peine vos yeux lorsque vous l'aurez lu, que vous reprendrez le papier pour le relire encore, et que, quand vous serez convaincue de ne pas vous être trompée, vous me traiterez de fou ou de misérable. Marie, je vous aime; je vous aime depuis la nuit dans laquelle j'ai appris quelle reconnaissance je vous devais. Je vous aime parce que j'ai trouvé en vous la plus haute noblesse de cœur que jamais homme puisse soupçonner. Je vous aime parce que je vous ai méconnue autrefois, injuriée, outragée. Je vous aime parce que vous êtes malheureuse, et que votre malheur est mon ouvrage. Je vous aime parce que personne au monde ne pourra réparer le mal que je vous ai fait, et que je ne me pardonnerai jamais mes crimes envers vous si je les répare moi-même. Cet amour, peut-être vous l'expliquerez-vous lorsque vous saurez que ce n'est point une de ces passions qui n'ont en vue que la possession d'une femme. Je vous aime sans vous désirer; votre visage porte une expression de tristesse recueillie qui en fait à mes yeux un adorable type de beauté. Mais ce n'est point pour les grâces dont Dieu vous a parée que je vous aime; je vous aime parce que votre âme me semble un tabernacle de sentiments divins. Je vous aime pour vous regarder des heures entières, et, tombant à vos genoux, vous dire : Le bonheur, c'est vous! Je vous aime, Marie, parce que, si vous ne repoussiez pas ce que je vous demande, ma vie tout entière serait employée à vous faire oublier le passé; je ne serais point pour vous un amant, mais un second père que Dieu vous aurait donné, mais un frère que vous pourriez dire votre protecteur. Oui, Marie, il est un moyen, un seul, si vous voulez conserver la vie à ma pauvre sœur, et ce moyen, vous l'avez déjà deviné. Non, tant que Sébastien pourra concevoir l'espoir de recouvrer votre amour, ma sœur ne

goûtera aucun instant de repos. Et, s'il faut vous l'avouer, j'ai... oui, j'ai peur que, cédant à un acte de désespoir, Laure ne se tue. Comprenez-vous, Marie, ma sœur morte! je ne l'aurais retrouvée que pour la perdre aussi cruellement! Je ne vous demande rien, je ne vous conseille rien, je vous dis seulement qu'il y a un moyen pour rendre le repos à une malheureuse jeune femme qui jamais ne vous a offensée, et dont vous causez involontairement le malheur. Si vous jugez ma lettre digne d'une réponse, tâchez qu'elle m'arrive le plus tôt possible : ce seront quelques instants de chagrin que vous épargnerez à ma sœur.

» Marquis ERNEST DE BEAUFORT. »

Marie, après avoir passé la nuit sans pouvoir fermer les yeux, écrivit vers le matin la réponse suivante à Ernest :

« Monsieur de Beaufort, comme vous me l'avez marqué, au premier moment j'ai cru rêver; puis j'ai continué, je ne l'amour que vous dites me porter ne m'a point semblé monstrueux, comme vous me l'écrivez. Vous ne vous rendez pas plus justice aujourd'hui que vous ne m'avez rendu justice autrefois. Ma conduite, après tout, qui n'a été que naturelle, vous a paru grandiose, et vous avez reporté sur la femme le peu de mérite de son action. Vous m'aimez, oui, je vous crois; mais vous ne pouvez m'aimer que d'amitié, que par reconnaissance, si vous me permettez ce mot. Je ne m'expliquerais point autrement cet amour, et si je pensais qu'il fût plus que de l'affection, je ne vous répondrais pas. Oui, il faut sauver votre sœur. Vous m'offrez un moyen, un moyen qui ne serait point réalisable avec tout autre que vous; mais auprès de vous je le crois possible. L'étrangeté même de votre projet peut faire tomber seul le bandeau qui couvre les yeux de Sébastien, le détacher de l'amour qu'il me porte, et assurer le repos de votre chère sœur. Mais, si je vous ai bien compris, je ne serai jamais pour vous qu'une seconde Laure. J'ai aimé, j'aime encore Sébastien; je me dévoue, et de tout cœur; je veux bien opposer entre Sébastien et moi une barrière invincible, mais je ne veux pas rougir devant moi; je veux, en un mot, que mon corps retourne pur à la terre, comme mon cœur montera vers Dieu, souillé par aucun amour. Je veux enfin que vous m'estimiez et que, lorsque nous serons seuls, nous puissions nous regarder tous deux sans baisser les yeux. Si votre réponse est conforme aux désirs de cette lettre, je deviens votre femme. »

M. de Beaufort se rendit en toute hâte près de Marie, et lui dit : — Je n'en attendais pas moins de vous, et maintenant donnez-moi votre main, et écoutez le serment qu'ici je fais : Devant Dieu, qui m'entend et lit dans le fond de mon âme, je jure de réparer, autant qu'il sera en mon pouvoir, le mal que je vous ai fait; pour tout le monde, vous serez ma femme; mais, je vous le jure, vous ne serez pour moi jamais qu'une sœur bien-aimée.

— Monsieur le marquis, je reçois votre parole, vous avez la mienne; quand voulez-vous?...

— Dans huit jours, — répondit Beaufort.

— Dans huit jours donc.

— Et maintenant, une prière : promettez-moi de ne faire aucune tentative pour revoir Sébastien, car tout serait détruit.

— Je vous le promets.

Ils se séparèrent. Le lendemain, Laure vint voir Marie accompagnée de son frère; elle courut à elle, lui ouvrit ses bras, et la pressa sur son cœur. Marie lui serra la main affectueusement. Pendant huit jours, Marie ne sortit point de sa chambre; le neuvième, le marquis Ernest de Beaufort vint la prendre, et lui annonça qu'une voiture l'attendait pour la conduire à la municipalité. Marie éprouva un frisson involontaire; mais si grand était l'empire qu'elle avait sur elle, que son visage ne changea même point de couleur, et que sa voix ne trahit aucune émotion.

— Dans quelques instants je serai prête, — répondit-elle froidement.

— Deux heures plus tard ils étaient mariés.

Et Sébastien ne savait rien, ne soupçonnait rien.

Ce ne fut que le lendemain que la fatale lettre de *faire part* lui arriva; il eut à peine parcouru qu'il tomba sans connaissance à terre. Laure accourut près de lui, et la lettre, qui était sur le parquet et qu'elle ramassa, lui apprit que le sacrifice de Marie était consommé.

XXXVII — TERRIBLE CATASTROPHE

Marie, en se rendant aux raisons du marquis de Beaufort, avait trop présumé de ses forces; dans le premier moment, elle n'avait point réfléchi que toute espérance de bonheur lui était défendue, tout, jusqu'au bonheur innocent d'attendre des heures entières que Sébastien passât dans la rue, et de l'entrevoir à travers ses rideaux pendant quelques minutes. L'immensité de son dévouement s'offrit à elle lorsqu'il ne lui était plus possible de reculer devant et elle l'accepta dans tout son malheur et dans toute sa sainteté. Le soir même de son mariage, elle partit pour Bellevue avec le marquis Ernest de Beaufort; ce fut là qu'ils convinrent de passer une partie de l'été; la santé de Marie était délabrée, et le grand air, le calme, le repos, la vue des champs, l'oubli, pouvaient seuls rétablir sa santé chancelante. La maison qu'ils devaient occuper se composait de deux étages, chacun divisé en trois pièces. Au milieu du jardin était un petit pavillon ayant salon, un cabinet de travail, au choix, et une chambre à coucher. Le tout avait été loué à Marie pour la saison, moyennant la somme de deux cents francs. Le marquis de

Beaufort avait fait meubler cette maison très-simplement : il fut convenu entre les nouveaux époux que Marie occuperait le pavillon ; le marquis devait habiter le premier étage de la maison ; une bonne, qui avait été arrêtée la veille du mariage, logeait au second. M. de Beaufort avait fait placer dans le petit salon de sa femme une bibliothèque qu'il avait choisie lui-même et un piano. Ernest s'était proposé de tâcher de rendre moins pénible la nouvelle existence de Marie en cherchant à la distraire par des lectures utiles pour le cœur et l'esprit.

Lorsque Sébastien Dupuis fut revenu à lui, il aperçut devant lui Laure qui le regardait avec inquiétude.

— Ah ! c'est vous, — lui dit-il ; — je dois vous sembler bien coupable, Laure ; mais ce coup inattendu a brisé toutes mes forces...

— Je sais tout, — lui répondit-elle, — et je vous pardonne.

— Après tout, — continua Sébastien, — elle a eu plus de courage que je n'en aurais eu à sa place, et elle m'a donné l'exemple ; ce serait lâcheté insigne à moi de me plaindre lorsqu'elle s'est sacrifiée, car je ne pense pas qu'elle puisse aimer...

Il s'arrêta, se souvenant qu'il parlait du frère de Laure...

— Elle ne peut pas l'aimer, — continua Laure, — il lui a fait trop de mal ; il a marqué trop funestement dans sa vie pour que tout sentiment d'affection fût possible de sa part ; mais elle a agi ainsi...

A son tour, Laure s'arrêta, épouvantée des paroles qu'elle venait de prononcer.

— Ainsi, vous le pensez comme moi, — dit Sébastien, — elle ne peut l'aimer... mais alors pourquoi s'est-elle condamnée à devenir sa femme ?

— Je l'ignore, — reprit Laure.

— Je le devine, — repartit Sébastien après quelques instants de silence. — Elle l'a épousé parce que, la noble créature qu'elle est, a compris que tout bonheur entre elle et moi serait un crime, un vol qu'elle ferait à l'amour qu'elle suppose que vous me portez... elle a ainsi agi parce qu'une fois devenue la femme d'un autre, la femme de mon beau-frère, — dit-il avec amertume, — elle m'était désormais sacrée. . Après tout, elle a bien fait, je redeviens homme à partir de ce moment, je rougirais d'être dépassé par elle en grandeur, en force, et puisqu'elle veut oublier, j'oublierai aussi.

Il mit la tête dans ses mains.

— Mon cœur saignera plus d'une fois, — reprit-il bientôt, — avant que sa blessure soit cicatrisée ; mais rien ne dure, et un jour viendra où je ramènerai ton époux repentant à tes pieds.

Laure écoutait, et son visage rayonnait par moment, comme si l'espérance fût descendue dans son âme.

— Oh ! oui, je te r'aimerai comme aux premiers jours de notre union tranquille, — continua Sébastien en se levant et en marchant à grands pas dans l'appartement. — Et pourquoi ne l'oublierais-je pas, elle ? Je l'avais bien oubliée pendant des années entières ; et ce miracle, qui l'avait opéré ? toi, ma Laure ! Mon Dieu ! mon Dieu ! — poursuivit-il, — que ne l'avez-vous rappelée à vous ? Pourquoi, en la faisant vivre, l'avoir condamnée, ainsi que moi, à d'éternelles douleurs !

Ici le visage de Laure se rembrunit ; elle voulut cacher l'émotion, le chagrin que lui causaient les paroles de son mari ; elle s'approcha de lui, et lui mettant doucement les mains sur le front : — Ami, — lui dit-elle, — votre pauvre tête brûle comme du feu, calmez-vous ; ne désespérez pas de Dieu, et ayez confiance en mon amour ; oui, j'en ai le pressentiment, bientôt le bonheur vous sera rendu.

— Tu l'espères ? — reprit Sébastien.

— J'ai foi dans la bonté du Ciel...

— Et moi je n'espère pas, — murmura lentement Sébastien. — Mais aussi, — reprit-il, — si tu connaissais Marie comme je la connais... si tu savais toute l'immensité de son amour...

— Mais croyez-vous donc que je ne vous aime pas, moi ? — interrompit Laure en laissant tomber une larme sur les mains de son époux ; — croyez-vous donc que cette femme soit seule capable de dévouement ? Est-ce que je n'ai pas voulu partir, m'éloigner de toi pour toujours, de toi, mon époux ? Et pourquoi le faisais-je, si ce n'était par dévouement pour toi ?

— Oh ! pardonne, pardonne, ma Laure, — dit Sébastien, — pardonne à un pauvre insensé qui ne sait ce qu'il dit, qui brise le cœur de ceux qu'il devrait admirer ; pardonne, et Dieu te rendra un jour en bonheur ce que tu souffres aujourd'hui... Et tiens, — continua-t-il, — déjà il entend ma voix : c'était un accès de fièvre, un moment de délire ; vois-tu, je suis plus calme, mon front est moins brûlant, et je n'ai plus que ton nom sur mes lèvres.

Il prit la main de sa femme et la porta contre sa bouche.

Le reste de la journée se passa assez tristement, mais Sébastien ne prononça pas une seule fois le nom de Marie ; vers les neuf heures du soir, Laure lui demanda s'il veillerait la nuit.

— Je ne sais, — répondit Sébastien ; — mais si tu es fatiguée, repose-toi : je t'irai rejoindre bientôt.

Laure rentra dans sa chambre à coucher et ne put dormir ; mille fatales pensées l'assiégeaient. Enfin, elle entendit sonner trois heures du matin, et elle s'étonna de ne point voir son mari ; elle se leva, passa un peignoir et se rendit au salon. Sébastien n'y était point ; elle courut à son cabinet de travail, il n'y était pas non plus ; elle l'appela, personne ne répondit ; son chapeau, sa canne, n'y étaient plus ; la porte de sortie était fermée à double tour, et la clef n'était plus sur la porte.

Plus de doute, Sébastien avait profité du silence de la nuit pour sortir de la maison. Il était trois heures, et il n'avait point reparu où était-il allé ? Un funeste pressentiment glaça son cœur.

Demeuré seul, Sébastien s'était jeté dans son fauteuil, et là, involontairement, ses pensées s'étaient reportées vers Marie ; il cherchait à s'expliquer le mystère de son mariage ; puis il ramassa la fatale lettre de *faire part*, et, tout à coup, il devint pâle. — Oh ! mais non, c'est impossible ! — s'écria-t-il, — qu'elle ne m'appartienne pas, je m'y suis résigné ; mais appartenir à un autre, et à cet homme, jamais !

Il était en délire ; il repoussa avec rage loin de lui son fauteuil, traversa rapidement le salon, courut à son cabinet, ouvrit une armoire, en sortit deux pistolets, les chargea, les mit sous sa redingote, et s'éloigna de chez lui après avoir fermé doucement la porte à double tour. Il monta dans le premier fiacre qu'il rencontra, promit vingt francs au cocher s'il le conduisait en une heure à Bellevue, et partit au triple galop ; arrivé à la manufacture de Sèvres, il se fit arrêter, paya le conducteur, et le congédia. Il monta rapidement le chemin ardu qui conduit dans le bois de Bellevue et disparut bientôt sous une allée de peupliers.

Onze heures venaient de sonner ; la nuit était sombre, pas une étoile dans le ciel, que d'épais nuages sillonnaient de tous les côtés ; le vent sifflait par moment dans les branches d'arbres ; la nature était comme en deuil. Marie venait de prendre congé du marquis, qui l'avait embrassée au front, et elle était depuis une demi-heure rentrée dans son pavillon. M. de Beaufort, fidèle à sa promesse, avait reconduit sa femme jusqu'à l'endroit charmant qu'elle s'était choisi pour habitation, et était monté chez lui.

Marie, après être restée quelques minutes assise contre sa fenêtre, absorbée dans de tristes pensées, s'était mise au lit.

Cependant Sébastien approchait de la maison qu'il savait occupée par Marie et le marquis ; il doubla le pas et l'atteignit. Les lumières brillaient dans la chambre à coucher du marquis, et Sébastien, escaladant le jardin, se trouva bientôt sous les fenêtres de la maison.

— Ils sont là, — se dit-il, — et il arma ses pistolets.

En ce moment, le marquis ouvrit sa fenêtre ; Sébastien se cacha vite derrière un arbre et chercha à entrevoir Marie, car il la supposait auprès de son mari ; cependant Marie ne paraissait pas. M. de Beaufort referma bientôt les fenêtres, et Sébastien, étonné de n'avoir ni vu ni entendu Marie, posa ses pistolets à terre, monta sur l'arbre, plongea avidement ses regards jaloux dans la chambre d'Ernest, et put se convaincre qu'il était seul. Au même instant, il lui sembla voir, au milieu du jardin, une lumière briller et vaciller ; il y courut, et aperçut Marie qui refermait sa croisée.

Il respira un peu ; le dévouement de Marie s'expliquait ; elle avait épousé Beaufort pour rendre tout amour entre *lui*, Sébastien, et *elle*, pauvre femme, impossible ; mais son mariage ne la conservait pas moins sacrée aux yeux de son amant. Il devina tout, il comprit tout, et il fut sur le point de retourner à Paris. Puis bientôt d'étranges hallucinations passèrent devant ses yeux ; il crut voir Marie à cette même fenêtre où il venait de la voir un instant, et elle se penchait, et elle le voyait, et elle lui souriait, et elle lui parlait.

Délirant, à moitié fou, il s'élança contre la porte du pavillon ; il la poussa violemment. Marie, effrayée, jeta un cri ; Sébastien ouvrit la porte et se précipita dans la chambre.

— Vous ! — lui dit-elle, — vous, Sébastien !

— Oui, — lui répondit-il ; — notre amour t'a rendue ma femme, à moi, et non pas celle d'un autre, et tu m'appartiens !

— Je vous en supplie, partez, — continua-t-elle en joignant les mains : — qu'il me plaigne, lui, mais qu'il ne me méprise pas !

— Ecoute, Marie, — interrompit Sébastien : — j'ai juré de ne sortir d'ici que tu ne m'appartiennes.

Marie voulut de nouveau supplier Sébastien de se retirer ; mais il tomba à ses genoux, l'entoura de ses bras, la couvrit de ses baisers, au milieu d'ineffables paroles d'amour, et ce pauvre Marie, éperdue, transportée, enivrée, haletante, eut à peine la force de dire à Sébastien : — Le bonheur, et puis la mort, n'est-ce pas ?

— Le bonheur et la mort ! . . — répondit son amant.

Une heure après, une double détonation se fit entendre dans le jardin ; le marquis de Beaufort accourut, trouva la porte du pavillon ouverte, monta l'escalier, et deux cadavres frappèrent sa vue.

Laure ne put survivre à Sébastien ; elle mourut un an après, d'une maladie de langueur.

Le marquis Ernest de Beaufort, afin de se soustraire aux regrets qui le consumaient, repassa en Angleterre, et ne revint en France qu'à la rentrée des Bourbons.

Il était, en 1830, maréchal de camp ; depuis, il a suivi Charles X à Holy-Rood, et cette terre d'exil est devenue pour lui une seconde patrie.

FIN

Paris. — Imp. de Edouard Blot, rue Saint-Louis, 46
(Ancienne maison Dondey-Dupré).